"十四五"职业教育国家规划教材

国家职业教育物联网应用技术专业
教学资源库配套教材

iCVE
智慧职教
高等职业教育电类课程
新形态一体化教材

物联网项目
规划与实施

（第2版）

▶ 主编 杨埙 黄丹梅 王鸿磊
▶ 副主编 姚进 何海 王小平

中国教育出版传媒集团
高等教育出版社·北京

内容提要

本书是"十四五"职业教育国家规划教材,也是国家职业教育物联网应用技术专业教学资源库配套教材之一。

国家职业教育专业教学资源库是教育部、财政部为深化高等职业教育教学改革,加强专业与课程建设,推动优质教学资源共建共享,提高人才培养质量而启动的国家级高职教育建设项目。物联网应用技术专业于 2014 年 6 月被教育部确定为国家职业教育专业教学资源库年度立项及建设专业。本书是物联网应用技术专业教学资源库"物联网项目规划与实施"课程的配套教材,是按照高职高专物联网应用技术专业人才培养方案的要求,总结近几年国家示范高职院校专业教学改革经验编写而成的。

本次配套教材编写实现了互联网与传统教育的完美融合,采用"纸质教材+数字课程"的出版形式,以新颖的留白编排方式,突出资源的导航,扫描二维码,即可观看微课、动画等视频类数字资源,随扫随学,突破传统课堂教学的时空限制,激发学生的自主学习,打造高效课堂。资源具体下载和获取方式请见"智慧职教"服务指南,教学课件及教学文件资源服务见"郑重声明"页的资源服务提示。

本书以培养技术技能型物联网项目规划与实施人才及提高物联网项目规划与实施从业人员职业技能与素养为目标,依托校企合作,融入大量社会生产、生活中的真实物联网项目案例及应用场景,强化技能训练,实用性和操作性极强,着重培养读者在物联网项目规划与实施过程中的方案设计能力、设备安装调试能力、工程实施能力以及标准意识与规范操作能力。本书理论与实践紧密结合,从招投标、需求分析、方案设计、项目实施四大模块展开,将物联网项目规划与实施的知识点与技能点融合在多个任务实施的过程中,通过【任务目标】→【任务描述】→【知识准备】→【任务实施】→【任务拓展】逐步递进,引导读者在完成任务的同时,轻松掌握知识点与技能点。

本书可作为高等职业专科院校、高等职业本科院校、成人高校、民办高校物联网相关专业的课程教学用书,也可作为社会相关从业人员的业务参考书或相关企业培训用书。

图书在版编目(CIP)数据

物联网项目规划与实施 / 杨埙,黄丹梅,王鸿磊主编. -- 2 版. -- 北京:高等教育出版社,2025.9.
ISBN 978-7-04-062438-0

Ⅰ. TP393.4;TP18

中国国家版本馆 CIP 数据核字第 2024JJ8703 号

Wulianwang Xiangmu Guihua yu Shishi

策划编辑	孙 薇	责任编辑 孙 薇	封面设计 赵 阳 王 琰	版式设计 童 丹
责任绘图	于 博	责任校对 张 薇	责任印制 刁 毅	

出版发行	高等教育出版社	网　址	http://www.hep.edu.cn
社　址	北京市西城区德外大街 4 号		http://www.hep.com.cn
邮政编码	100120	网上订购	http://www.hepmall.com.cn
印　刷	北京市大天乐投资管理有限公司		http://www.hepmall.com
开　本	850mm×1168mm　1/16		http://www.hepmall.cn
印　张	16	版　次	2018 年 4 月第 1 版
字　数	400 千字		2025 年 9 月第 2 版
购书热线	010-58581118	印　次	2025 年 9 月第 1 次印刷
咨询电话	400-810-0598	定　价	46.80 元

本书如有缺页、倒页、脱页等质量问题,请到所购图书销售部门联系调换
版权所有　侵权必究
物 料 号　62438-00

"智慧职教"(www.icve.com.cn)是由高等教育出版社建设和运营的职业教育数字教学资源共建共享平台和在线课程教学服务平台,与教材配套课程相关的部分包括资源库平台、职教云平台和 App 等。用户通过平台注册,登录即可使用该平台。

● 资源库平台:为学习者提供本教材配套课程及资源的浏览服务。

登录"智慧职教"平台,在首页搜索框中搜索"物联网项目规划与实施",找到对应作者主持的课程,加入课程参加学习,即可浏览课程资源。

● 职教云平台:帮助任课教师对本教材配套课程进行引用、修改,再发布为个性化课程(SPOC)。

1. 登录职教云平台,在首页单击"新增课程"按钮,根据提示设置要构建的个性化课程的基本信息。

2. 进入课程编辑页面后,在"教学任务"的"课程设计"中"导入"教材配套课程,可根据教学需要进行修改,再发布为个性化课程。

● App:帮助任课教师和学生基于新构建的个性化课程开展线上线下混合式、智能化教与学。

1. 在应用市场搜索"智慧职教+"App,下载安装。

2. 登录 App,任课教师指导学生加入个性化课程,并利用 App 提供的各类功能,开展课前、课中、课后的教学互动,构建智慧课堂。

"智慧职教"使用帮助及常见问题解答请访问 help.icve.com.cn。

序

国家职业教育专业教学资源库建设项目是教育部、财政部为深化高职院校教育教学改革,加强专业与课程建设,推动优质教学资源共建共享,提高人才培养质量而启动的国家级建设项目。2014年6月,物联网应用技术专业被教育部、财政部确定为高等职业教育专业教学资源库立项建设专业,由无锡职业技术学院主持建设物联网应用技术专业教学资源库。

2014年6月,物联网应用技术专业教学资源库建设项目正式启动建设。按照教育部提出的建设要求,建设项目组聘请了天津大学姚建铨院士担任首席技术顾问,确定了无锡职业技术学院、重庆电子工程职业学院、北京电子科技职业学院、天津电子信息职业技术学院、常州信息职业技术学院、山东科技职业学院、福建信息职业技术学院、上海电子信息职业技术学院、南京信息职业技术学院、淄博职业学院、威海职业学院、江苏农牧科技职业学院、重庆城市管理职业学院、四川信息职业技术学院、南京工业职业技术学院、辽宁轻工职业学院、湖北工业职业技术学院17所院校,北京新大陆时代教育科技有限公司、重庆电信研究院、思科系统(中国)网络技术有限公司、山东欧龙电子科技有限公司等29家企业,以及工业和信息化部通信行业职业技能鉴定指导中心、全国高等院校计算机基础教育研究会高职高专专业委员会作为联合建设单位,形成了一支学校、企业、行业紧密结合的建设团队。

物联网应用技术专业教学资源库整个建设过程遵循系统设计、结构化课程、颗粒化资源的原则,以能学辅教为基本定位,通过整合合作院校、行业协会、企业、政府资源,构建了满足教师、学生、企业员工和社会学习者需要的资源空间和服务空间。资源空间建设了专业建设库、课程资源库、虚拟仿真库、工程案例库、培训认证库、行业企业库、作品展示库、职教立交桥库八个资源子库,服务空间提供微信推送学习相关信息、在线组课、组卷和测试、互动、浏览、智能查询、网上学习、多终端应用八种服务,并于2016年年底圆满完成了资源库建设任务。

本套教材是"职业教育物联网应用技术专业教学资源库"建设项目的重要成果之一,也是资源库课程开发成果和资源整合应用实践的重要载体。教材体例新颖,具有以下鲜明特色。

第一,以物联网系统集成作为专业人才的定位,系统化确定课程体系和教材体系。项目组对企业职业岗位进行调研,分析归纳出物联网应用技术专业职业岗位的典型工作任务,项目组按照逻辑关系、认知规律,进行了物联网应用技术专业课程体系顶层设计。系统化设计课程体系实现了顶层设计下职业能力培养的递进衔接。

第二,项目组按照结构化课程的原则,对课程内容进行明确划分,做到逻辑一致,内容相谐,既使各课程之间知识、技能按照专业工作过程关联化、顺序化,又避免了不同课程之间内容的重复,开发了"物联网项目规划与实施""物联网设备编程与实施"等课程的教学资源及配套教材。

第三,有效整合教材内容与教学资源,打造立体化、线上线下、平台支撑的新型教材。学生不仅可以依托教材完成传统的课堂学习任务,还可以通过"智慧职教"(包含职业教育数字化学习中心、职教云、云课堂App)学习与教材配套的微课、动画、技能操作视频、教学课件、文本、图片等资源(在书中相应知识点处都有资源标记)。其中,微课及技能操作视频等资源还可以通过移动终端扫描对应的二维码来学习。

第四,传统的教材固化了教学内容,不断更新的物联网应用技术专业教学资源库提供了丰富鲜活的教学内容,极大丰富了课堂教学内容和教学模式,使得课堂的教学活动更加生动有趣,大大提高了教学效果和教学质量。

第五,本套教材装帧精美,采用双色印刷,并以新颖的版式设计,突出、直观的视觉效果搭建知识、技能与素质结构,给人耳目一新的感觉。

本套教材的编写历时近三年,几经修改,既具积累之深厚,又具改革之创新,是全国 17 所院校和 29 家企业的 250 余名教师、企业工程师的心血与智慧的结晶,也是物联网应用技术专业教学资源库三年建设成果的集中体现。我们相信,随着物联网应用技术专业教学资源库的应用与推广,本套教材将会成为物联网应用技术专业学生、教师、企业员工、社会学习者立体化学习的重要支撑。

国家职业教育物联网应用技术专业教学资源库项目组

2017 年 7 月

前　言

　　"物联网项目规划与实施"是一门综合性、应用性极强的课程,是实现物联网应用的最终途径。本书以党的二十大精神为指引,以培养造就"大国工匠""高技能人才"为核心构建思政育人体系,本书遵照职业能力标准,遵从以目标为导向、以项目为载体、以任务为驱动的教学组织形式,选用物联网应用领域的真实案例作为项目,按照物联网工程项目规划与实施的真实过程分解任务,重构知识点和技能点,让读者能以工程思维、系统思维了解物联网工程项目规划与实施的步骤、规范和方法,并将工匠精神之爱岗敬业、精益求精、务实与创新等内容有机融入,使得在任务实施环节既能训练学生的工程技能,又能培养铸就学生的工匠精神,从而培养出具备大国工匠精神的高技能人才。

　　本书分为四个模块。模块一介绍物联网工程项目的基本概念与建设流程、物联网工程项目招投标、工程造价及概预算的相关知识,着重训练学生的招投标及工程造价、概预算技能,并培养学生爱岗敬业的工匠精神;模块二介绍物联网工程项目需求分析的基本概念、要点和方法,着重训练学生把握与提炼客户需求及编制需求分析文档的能力;模块三介绍物联网工程项目方案设计的内容及要点,着重训练学生的方案设计能力、设备选型能力及设计说明编制能力,并培养学生精益求精、务实与创新的工匠精神;模块四介绍物联网工程项目实施环节中的施工准备与计划、设备安装与调试、系统测试、故障分析与排查及项目验收,着重训练学生在以上各方面的工程实施能力与工程技能。

　　本书第 2 版在第 1 版基础上,增加了工程造价的内容,细化了招投标、需求分析、工程制图与识图、云平台选型与设备上云等部分的内容,更新了部分行业标准规范、教学课件与教学文件,使得内容更加完善,更符合当下物联网行业发展现状与物联网工程规划设计与实施现状,并将原模块四中的部分内容调整到模块三,模块四中设备安装调试的内容也做了相应增加和顺序调整,使得全书知识体系与能力架构逻辑更严密,更符合物联网工程的实际情况。

　　本书由重庆城市管理职业学院的杨塈和黄丹梅、徐州工业职业技术学院的王鸿磊担任主编,重庆城市管理职业学院的杨塈、黄丹梅、姚进、何海、王小平、孙志勇和徐州工业职业技术学院的王鸿磊完成编著。其中,模块一由黄丹梅、姚进编写;模块二由孙志勇、黄丹梅编写;模块三由杨塈、王鸿磊、黄丹梅、何海、姚进编写;模块四由何海、王小平、姚进、杨塈、王鸿磊编写。全书统稿由杨塈、王鸿磊完成。

　　在本书的编写过程中,重庆艾申特电子科技有限公司孔策、黄超明、张友、刘岸、刘显文、曹凤琼等,以及紫光物联智能家居、新大陆科技集团有限公司、中国信通院西部分院(重庆信通院)、中国电子系统给予了大力支持,重庆电子科技职业大学、无锡职业技术学院等兄弟院校给予了宝贵的意见、建议、鼓励、支持及指导,在此表示衷心感谢!

　　本书的编写还得到了重庆市高等教育教学改革基金资助项目(编号:203618、182084)、重庆市教育科学"十三五"规划基金资助项目(编号:2020—GX—387)、重庆市教委科学技术研究计划项目(编号:KJQN202203309)、现代职业教育科教融汇共同体课题(编号:KJ2024Y0002)、重庆市高等职业技术教育研究会课题"高等职业教育'教学资源库—课程—教材'三位一体共建机制的探索与实践"等的大力支持,在此一并致谢!

　　由于编者水平有限,书中难免有疏漏和不妥之处,恳请读者批评指正。

编著者

2025 年 4 月

目　录

模块一

物联网工程项目概述

　　物联网的问世，打破了人们的传统思维。 过去的思维一直是将物理基础设施和 IT 基础设施分开：一方面是机场、公路、建筑物；另一方面是数据中心、个人计算机、宽带等。 而在物联网时代，电缆将与芯片、宽带整合为统一的基础设施。 在此意义上，基础设施更像一块新的地球工地，世界的运转就在它上面进行，其中包括经济管理、生产运行、社会管理乃至个人生活。物联网使物理世界和数字世界有机地融合到了一起。

　　随着物联网技术的快速发展，以及各国对物联网技术的重点关注，物联网的应用行业日趋广泛，应用场景落地加速，给大量物联网工程项目的建设带来契机，从而进一步推动了技术的融合与发展，也必将会给人类社会的发展带来新的机遇与挑战。

任务一　认识物联网工程项目

【任务目标】

【知识目标】
- 掌握物联网工程项目的概念
- 了解物联网工程项目的应用领域
- 掌握物联网工程项目的技术框架与关键技术

【能力目标】
- 能够描述物联网工程项目的应用领域
- 能够分析某物联网工程项目的技术框架与关键技术

【素养目标】
- 培养主动观察的意识
- 培养独立思考的能力
- 培养积极沟通的意识
- 培养团队合作的能力
- 激发科技兴国的爱国热情
- 培养创新能力与创业意识

【任务描述】

　　李先生在重庆市区购买了一套两居室新房。崇尚科技、追求技术的他,想要为自己打造一套具备安全、便利、智能、舒适性的智能家居系统新居。李先生的新房户型图如图 1-1 所示。现在,你所在的团队打算承接李先生家的这项智能家居项目。

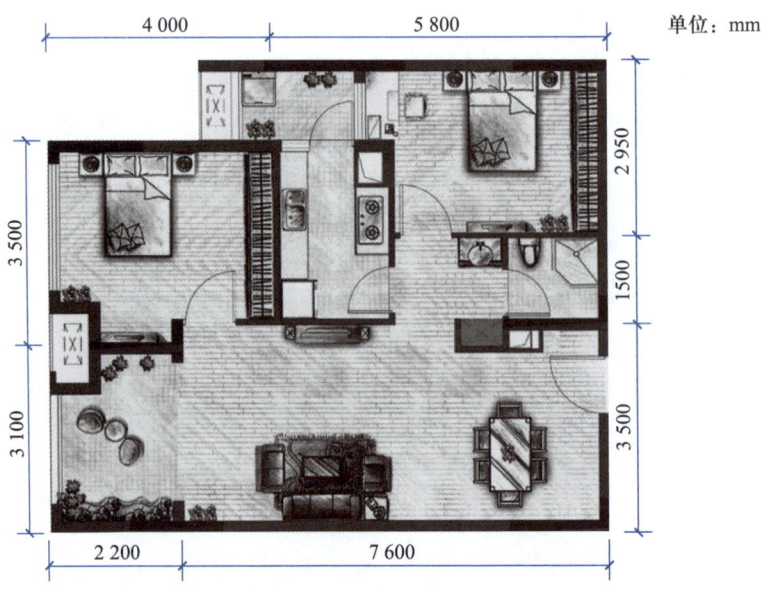

图 1-1　李先生的新房户型图

【知识准备】

1.1.1 物联网工程项目的概念及应用领域

教学课件
物联网工程项目的
概念及应用领域

1. 物联网工程项目的概念

随着物联网行业的加速发展及应用场景的落地,物联网工程项目的建设也越来越多。

微视频
物联网工程项目的
概念及应用领域

所谓项目是指按限定的时间、限定的资源、限定的质量标准等约束条件完成的一次性任务。可具体描述为:项目是一项具有特定目标的有待完成的专门任务,是在一定的组织架构内、限定的资源条件下、计划的时间内,按满足一定的质量、进度、投资、安全等要求完成的一次任务。大批量、重复进行、局部、目标不明确的任务都不能称为项目。

工程项目则是以工程建设为载体的项目,为了满足特定的功能或需求而展开的,比如设计、建造或安装某项设施,如建造一条路、修建一个高铁站、开发一个软件系统等。工程项目种类繁多,主要包括:建筑工程、市政工程、道路工程、桥梁工程、园林工程、水电工程、物联网工程等。

物联网工程项目,即应用物联网技术、物联网设备等建设基于物联网技术的行业应用工程建设活动。物联网工程项目是一项综合性的工程活动,主要包括物联网系统的规划、设计、实施、管理与维护等多个环节,涉及物联网开发和应用的各方面,要求物联网工程技术人员根据既定的目标,依照国家、行业或企业规范,制订物联网建设的方案,协助工程招投标,开展设计、实施、管理与维护等工程活动。

2. 物联网工程项目的应用领域

目前物联网工程项目的应用如图 1-2 所示,主要有智能交通、智能电网、智能家居、智能物流、工业与自动化控制、医疗健康、环境与安全检测、精细农牧业、金融与服务业、国防军事等。

3. 智能家居应用

智能家居融合了无线传感器网络(WSN)、互联网、人工智能、云平台等多种先进技术,使得家居中的物品具有感知能力、通信与信息共享能力,且可被操控。例如,出门在外,人们可以通过手机、计算机远程遥控各智能家居系统并远程查看家里情况;门口机具有拍照留影功能,家中无人时如果有来访者,系统会拍下照片供主人回家查询;在回家的路上提前打开家中的空调和热水器;到家开门时,借助门磁或红外传感器,系统会自动打开过道灯,同时打开电子门锁,安防撤防,开启家中的照明灯具和窗帘,迎接主人的归来;回到家里,使用遥控器、手机或语音可以方便地控制房间内的各种电器设备,可以通过智能化照明系统选择预设的灯光场景,读书时营造书房的舒适与安静,卧室里营造浪漫的灯光氛围,厨房配有可视电话,可以一边做饭,一边接打电话或查看门口的来访者。

智能家居应用不但能让家居环境变得更加舒适、便捷、安全、健康,还改变了人们的传统生活方式,把人从服务于家庭的角色中解放出来,使人的生活质量得到提高,让人更具有生命力和活力。

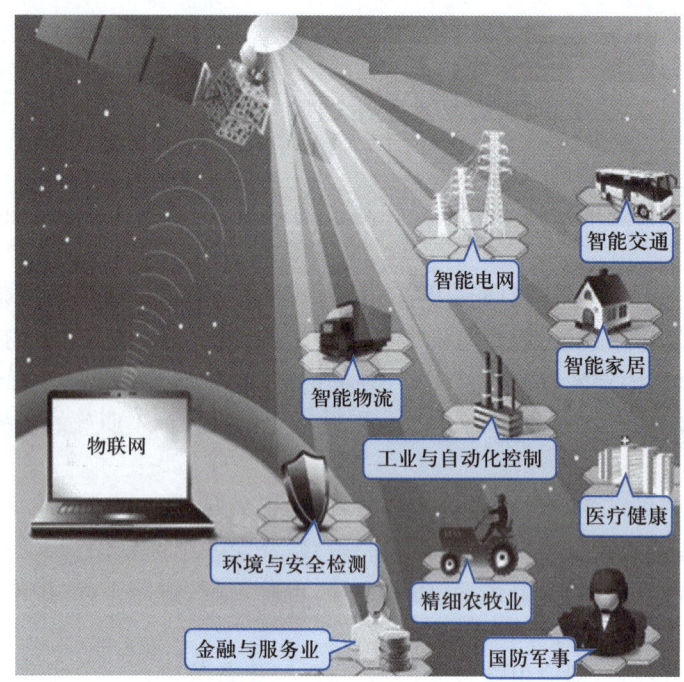

图 1-2　物联网工程项目的十个重点应用领域

1.1.2　物联网工程项目的技术框架及关键技术

　　物联网工程项目的技术框架如图 1-3 所示,它包括感知层及其关键技术、传输层及其关键技术、平台层及其关键技术、应用层及其关键技术和公共技术。

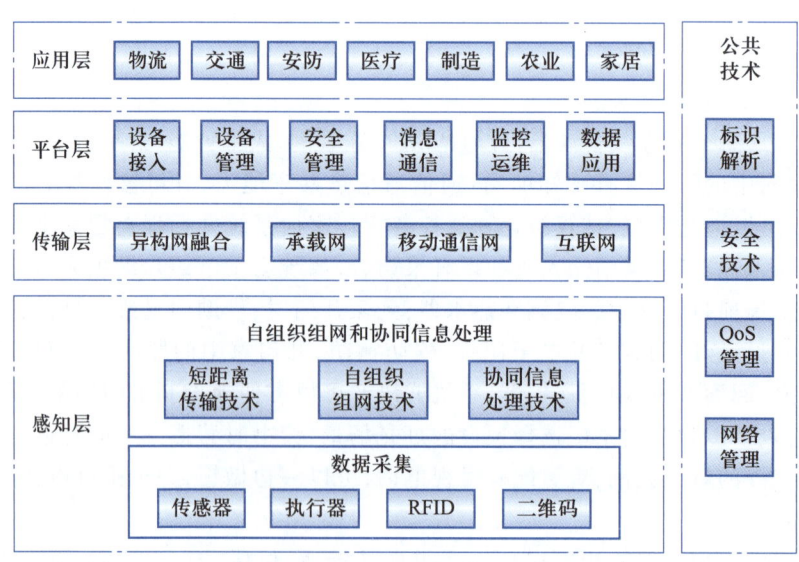

图 1-3　物联网工程项目的技术框架

1. 感知层及其关键技术

感知层的数据采集与感知主要用于采集物理世界中发生的物理事件和数据,包括各类物理量、标识、音频、视频数据。物联网的数据采集及标识涉及 RFID、多媒体信息采集、二维码、实时定位、微机电系统(MEMS)和传感器等技术。传感器网络组网和协同信息处理技术实现 RFID、传感器等数据采集技术所获取数据的短距离传输、自组织组网以及多个传感器对数据的协同信息处理。

2. 传输层及其关键技术

传输层实现更加广泛的互联功能,能够把感知到的信息无障碍、高可靠性、高安全性地进行传送,需要异构网技术与移动通信技术、互联网技术和下一代承载网技术相融合。传输层关键技术包括:WiFi、蓝牙、ZigBee、LPWAN、移动通信技术(3G/4G/5G)、IPv6 等。

3. 平台层及其关键技术

平台层提供设备接入、设备管理、安全管理、消息通信、监控运维以及数据管理、处理和服务等数据应用功能,充当连接传输层和应用层的桥梁。平台层的参与者是各式的平台服务提供商。平台层的关键技术有云计算、云平台等。

4. 应用层及其关键技术

应用层基于平台层提供的数据和服务,结合行业技术,针对不同行业进行应用开发、解决方案制订和系统集成,将物联网的优势与行业的生产经营、信息化管理、组织调度结合起来,实现具体的应用场景和功能,构建智能化的行业应用。应用层的关键技术有:大数据、人工智能等,以及智能交通、智能电网、智能物流、智能家居等众多行业中的关键技术。

5. 公共技术

公共技术不属于物联网技术的某个特定层面,而是与物联网技术架构的四层都有关系,它包括标识解析、安全技术、服务质量(QoS)管理和网络管理。

【任务实施】

李先生家的智能家居项目中,需要应用哪些物联网技术? 通过四层架构进行分析。

要求:图文并茂,采用 PPT 的形式展示,课内发言,时间 3~5 min。

评估标准:

评估细则	分值
包含的技术不少于 5 个	25 分(每缺少一个扣 5 分)
清晰地划分出各项技术所属的物联网层次	50 分(每错一个扣 5 分)
叙述条理性强,表达清晰	10 分
整体汇报文案配色及排版美观	10 分
PPT 办公软件操作熟练	5 分

任务二　物联网工程项目建设流程

【任务目标】

教学课件
物联网工程项目的
生命周期

微视频
物联网工程项目的
生命周期

【知识目标】
- 掌握物联网工程项目的建设流程
- 掌握立项阶段的主要工作内容
- 掌握实施阶段的主要工作内容
- 掌握验收投产阶段的主要工作内容

【能力目标】
- 能够做好物联网工程项目建设阶段的各项工作
- 能够编写物联网工程项目可行性研究报告

【素养目标】
- 培养主动观察的意识
- 培养独立思考的能力
- 培养积极沟通的意识
- 培养团队合作的能力

【任务描述】

根据项目建设发展的内在联系和发展过程,物联网工程项目建设流程分成若干阶段,各阶段有不同的工作内容,同时又有机地联系在一起。物联网工程项目的建设程序具体包括哪些流程,每一个工作流程中的主要内容又是什么,本任务正是要解决这几个疑问。

【知识准备】

物联网行业基本建设项目和技术改造建设项目,尽管其投资管理、建设规模等有所不同,但建设过程中的主要流程基本相同。物联网工程项目的一般建设流程要经过立项、实施、验收投产 3 个阶段,如图 1-4 所示。

1.2.1　物联网工程项目的立项阶段

立项阶段是物联网工程项目建设的第一阶段,这一阶段的主要任务是进行项目论证和评估。主要的工作内容是完成项目建议书、可行性研究和专家论证评估。

1. 项目建议书

撰写项目建议书是物联网工程项目建设程序中最初阶段的工作,是在项目立项阶段准备的一份关键文件,用于向上级管理层或决策者提出对特定项目进行批准的建议。其主要作用是为了推荐建设项目,论述项目建设的必要性、条件的可行性和获得的可能性,是投资决策前对拟建项目的轮廓设想。项目建议书的主要内容有以下几个方面:

① 项目基本情况:项目名称、建设规模、地点等初步设想。

图 1-4　物联网工程项目的基本建设流程

② 项目概述：介绍项目提出的背景、建设的必要性和主要依据。

③ 市场分析：对项目所在市场进行调研和分析，包括市场需求、竞争情况、市场规模等，以确定项目的市场前景。

④ 技术评估：评估项目所涉及的关键技术和技术可行性，包括技术难题、技术创新、技术支持等。

⑤ 经济效益评估：进行项目的经济分析，包括投资估算和资金来源，以及预期收益、投资回收期等，以评估项目的财务可行性和经济效益。

⑥ 社会效益评估：说明项目对当地社会的影响，包括减少环境污染、改善民生水平、提高公共服务水平等。此外，还应考虑项目对社会公平性、公众健康和社会稳定的影响。

⑦ 项目实施规划：提供项目的工作计划、进度安排、关键里程碑等，展示项目的实施方案。

⑧ 风险评估和管理：综合评估项目可能面临的风险，并提出相应的风险管理策略和措施。

综上所述，项目建议书的主要内容应围绕项目建设背景、市场分析、技术评估、经济效益、社会效益以及实施规划等方面展开，以提供决策者对项目全面了解和评估的依据。编写项目建议书时，需要确保其内容全面、准确、可靠，并根据特定项目的需求进行适当的调整和补充。这将有助于决策者做出明智的决策，并为项目的成功实施奠定基础。

2. 可行性研究

可行性研究报告由审批部门对项目进行审批,经批准的可行性研究报告是物联网工程项目进行初步设计的依据。工业和信息化部对物联网基建项目规定:凡是大中型项目、利用外资项目、技术引进项目、主要设备引进项目、国际出口局新建项目、重大技术改造项目等都要进行可行性研究。有些项目也可以将提出项目建议书同可行性研究合并进行,但对于大中型项目还是应分两个阶段进行。

完成可行性研究报告一般要进行以下几个步骤的工作:

① 筹划、准备及资料搜集。

② 现场条件调研与勘察。

③ 确立技术方案。

④ 投资估算和经济评价分析。

⑤ 编写可行性研究报告书。

⑥ 项目审查与评估。

在对跟项目有关的政策、市场、技术、经济等各方面进行调查后,编制可行性研究报告,报告的主要内容根据行业的不同而各有所侧重,物联网建设工程项目的可行性研究报告一般包括以下几项主要内容:

① 总论。概述项目提出的背景、投资的必要性和研究的依据与范围。

② 拟建规模与需求预测。提出拟建规模和市场预测等。

③ 建设技术方案论证。包括组织方案、设备选型方案以及配套设施。

④ 分析可行性条件。包括市场可行性、技术可行性、经济可行性等。

⑤ 投资估算和资源需求。列出项目的投资估算、资金筹措和资源需求,包括资金、人力资源、设备等。

⑥ 建设进度安排的建议。包括项目的主要工作量、工作计划、进度安排等。

⑦ 维护组织、劳动定员与人员培训。

⑧ 经济及社会效益预测。对项目建成后的经济、社会效益进行预测,对项目可能存在的风险状况进行预测和评价。

⑨ 需要说明的其他有关问题。

3. 专家论证评估

论证评估是项目立项阶段的最后一关,"先论证,后决策"是现代项目管理的一项基本原则。项目论证与评估可以分步进行,也可以合并进行。论证的对象可以是未完成的或未选定的方案,而评估的对象一般需要正式的"提交";论证时着重于听取各方专家意见,评估时更强调要得出权威的结论。项目评估完成之后,应编写正式的项目评估报告。

项目评估报告一般应包括以下内容:

① 项目概况。

② 评估目标。

③ 评估依据。

④ 评估内容。

⑤ 评估机构与评估专家。

⑥ 评估过程。

⑦ 详细评估意见。

⑧ 存在或遗漏的重大问题。

⑨ 潜在的风险。

⑩ 评估结论。

⑪ 进一步的建议。

因评估机构并无决策权,评估结论一般以建议的方式给出,如"建议立项""建议不立项""建议补充材料,重新评估"等。

1.2.2 物联网工程项目的实施阶段

项目实施阶段的主要任务就是工程设计、施工并对施工工程进行监理。项目实施阶段是建设程序最关键的阶段,主要包括以下三个部分:

1. 勘察设计

(1)勘察

勘察在工程项目实施阶段中扮演着重要的角色,其主要作用是获取和评估项目所涉及的地理、地质、水文、气象等自然环境因素的信息,为设计和施工提供必要的基础数据和参考依据。通过勘察,可以更好地理解项目区域的条件和潜在的问题,为项目的顺利实施提供科学依据。

复杂工程分为初勘和详勘两个阶段。

初勘阶段是勘察的起始阶段,主要目的是对项目所处的地理环境、基础土地状况和可能存在的问题进行初步了解和评估。

详勘阶段是在初勘的基础上,对项目区域进行更加详细的勘察和评估,以获取更精确和全面的信息。

初勘和详勘是勘察阶段中的重要环节,通过它们可以收集和分析必要的数据和信息,为后续的设计和施工提供科学依据和风险评估。这些工作对于确保工程项目的安全性、可行性和经济性至关重要。

(2)设计

一般物联网工程项目建设设计过程划分为两个阶段,即初步设计阶段和施工图设计阶段。对于大型复杂项目,可根据不同行业的特点和需要,在初步设计之后增加技术设计阶段。

初步设计是设计的第一步,是根据批准的可行性研究报告,以及有关的设计标准、规范,并通过现场勘察工作取得可靠的实际基础资料后进行编制。

初步设计的主要任务是确定项目的建设方案,进行设备的选型,编制工程项目总概算量等。初步设计文件应当满足编制施工招标文件、主要设备材料订货和编制施工图设计文件的需要,是下一阶段施工图设计的基础。

技术设计的主要任务是根据已批准的初步设计,对设计中比较复杂的项目、遗留问题或特殊需要,通过更详细的设计和计算,进一步研究和阐明其可靠性和合理性,准确地解决各个主要技术问题。

施工图设计的主要内容是根据批准的初步设计和主要设备订货合同,绘制正确、完整和尽可能详细的施工图纸,并编制施工预算。施工图设计完成后,必须报具备审查资格的审查单位审查,并报审批部门进行审批。

2. 建设准备

建设单位根据建设项目或单项工程的技术特点,适时组织机构,做好以下工作:

① 制定工程项目建设管理制度,落实管理人员。

② 汇总技术资料。

③ 落实施工和生产材料、设备的订货。

④ 办理建设工程质量监督手续。

⑤ 委托工程监理。

⑥ 准备必要的施工图纸。

⑦ 组织施工招投标,择优选定施工单位。

⑧ 办理施工许可证等。

按规定做好施工准备,具备开工条件后,建设单位申请开工,进入施工阶段。

3. 施工

建设单位将建设工程发包,对施工、监理单位进行招投标,从中评定出技术、管理水平高,信誉可靠且报价合理的中标企业,且应确定相应的工程施工资质或工程监理资质。

建设工程具备了开工条件并取得施工许可证后方可开工。

施工单位应严格按照批准的施工图设计进行施工。

监理单位代表建设单位对施工过程中的工程质量、进度、资金使用进行全过程管理控制。

在施工过程中,对隐蔽工程在每一道工序完成后应由建设单位委派的物联网工程监理师随工验收,验收合格后才能进行下一道工序。

1.2.3　物联网工程项目的验收投产阶段

为了保证物联网工程项目的施工质量,工程结束后,必须经过验收才能投产使用。这一阶段的主要工作内容包括初步验收、生产准备、试运转及竣工验收。

1. 初步验收

初步验收通常是指单项工程完工后,为检验单项工程各项技术指标是否达到设计要求的过程。初步验收一般是由施工企业完成施工承包合同工程量后,依据合同条款向建设单位申请项目完工验收,提出交工报告,由建设单位或委托监理公司组织相关设计、施工、维护、档案及质量管理等部门参加。

2. 生产准备

生产准备是指工程项目交付使用前必须进行的生产、技术和生活等方面的必要准备,应包括以下几个方面:

① 培训生产人员。一般在施工前培训生产人员,且生产人员可直接参加施工、验收等工作,便于生产人员熟悉工艺过程、方法,为今后独立维护打下坚实的基础。

② 按设计文件配置好工具、器材及备用维护材料。

③ 组织好管理机构、制定规章制度以及配备好办公、生活等设施。

3. 试运转

试运转由建设单位负责组织,供货厂商、设计、施工和维护部门参加,对设备、系统的性能、功能和各项技术指标以及设计和施工质量等进行全面考核。经过试运转,如发现有质量问题,由相关责任单位负责免费返修。

4. 竣工验收

竣工验收是工程项目建设过程的最后一个环节,由相关部门对工程进行系统验收。当系统试运转结束并具备了验收交付使用的条件后,建设单位应向主管部门提交竣工验收报告,编制项目工程总决算,并系统整理出相关技术资料(包括竣工图纸、测试资料、重大障碍和事故处理记录),清理所有财产和物资等,报上级主管部门审查。

【任务实施】

以项目负责人的身份确定李先生家智能家居项目的建设流程。

要求:列举出建设流程每个阶段的任务,进行课堂发言。

评估标准:

评估细则	分值
建设流程完整、正确	70 分
叙述详细、表达流畅	30 分

任务三　物联网工程项目招投标

【任务目标】

【知识目标】
- 掌握物联网工程项目招投标的概念
- 掌握物联网工程项目招投标的流程
- 熟悉招投标文件常见的格式与内容

【能力目标】
- 能够为给定的物联网工程项目撰写招投标文件
- 能够模拟给定的物联网工程项目招投标过程中的个别环节

【素养目标】
- 培养主动观察的意识
- 培养独立思考的能力
- 培养积极沟通的意识
- 培养团队合作的能力

【任务描述】

大型物联网工程项目在正式实施前都要经过招投标。那么,什么是招投标,招投标的流程是怎样的,如何撰写招投标文件,本任务正是要为大家解决这几个疑问。

教学课件
物联网工程项目招
投标基本概念

微视频
物联网工程项目招
投标基本概念

【知识准备】

1.3.1　物联网工程项目招投标的概述

1. 招投标的概念

招投标是招标投标的简称。招标和投标是一种商品交易行为,是交易过程的两个方面。招投标是一种国际惯例,是商品经济高度发展的产物,是应用技术、经济的方法和市场经济的竞争机制的作用,有组织地开展的一种择优成交的方式。这种方式是在货物、工程和服务的采购行为中,招标人通过事先公布的采购和要求,吸引众多的投标人按照同等条件进行平等竞争,按照规定程序并组织技术、经济和法律等方面专家对众多的投标人进行综合评审,从中择优选定项目的中标人的行为过程。其实质是以较低的价格获得最优的货物、工程和服务。

2. 物联网工程项目招投标的概念

物联网工程项目招投标是指专门针对物联网工程项目展开的招标和投标行为。

物联网工程项目招标是指物联网工程项目招标人在发包建设项目之前,公开招标或邀请投标人,根据招标人的意图和要求提出报价,择日当场开标,以便从中择优选定中标人的一种经济活动。

物联网工程项目投标是物联网工程项目招标的对称概念,指具有合法资格和能力的投标人根据招标条件,经过初步研究和估算,在指定期限内填写标书,提出报价,并等候开标,决定能否中标的经济活动。

招投标的主体:招投标过程中的主要参与者是招标人与投标人。招投标必须是法人或其他组织。根据《中华人民共和国招标投标法》,自然人不能成为工程建设项目的投标人。

3. 物联网工程项目招标投标的相关规范

根据中国招标投标公共服务平台以及相关的政府官网发布的信息,截至2024年6月,现行工程项目相关的主要招投标规范如下:

《中华人民共和国招标投标法》(1999年通过,2017年修正)

《中华人民共和国招标投标法实施条例》(2011年公布,2019年修订)

《中华人民共和国政府采购法》(2002年通过,2014年修正)

《中华人民共和国政府采购法实施条例》(2015年3月1日起施行)

《必须招标的工程项目规定》(2018年6月1日起施行)

《工程建设项目施工招标投标办法》(2003年公布,2013年修订)

4. 物联网工程项目招标投标的分类

根据《中华人民共和国招标投标法》第二章第十条规定:招标分为公开招标和邀请招标。

公开招标又称无限竞争性招标,是指由招标人通过报刊、广播、电视、网络等公共传播媒体,介绍、发布招标公告或信息,邀请不特定的法人或者其他组织参加投标的方式。优点:选择范围宽、打破垄断、公平竞争;缺点:工作量大、时间长、成本高。

　　邀请招标又称有限竞争性招标,是指招标人以投标邀请书的方式邀请特定的法人或者其他组织投标。采用邀请招标方式时,招标人应向三个以上(含三个)特定的、具备承担施工招标项目能力的且资信良好的法人或其他组织发出投标邀请书。优点:降低招标的费用、减少招标的工作量、缩短招标时间;缺点:选择范围窄、竞争性高、存在抬标的风险。

1.3.2　物联网工程项目招投标的范围

　　根据《中华人民共和国招标投标法》《中华人民共和国招标投标法实施条例》《必须招标的工程项目规定》和其他相关法律法规,工程项目招标的范围可以根据具体情况划分为以下三种类型:

1. 必须招标的工程范围

　　依据《中华人民共和国招标投标法》,中华人民共和国境内进行下列工程建设项目,包括项目的勘察、设计、施工、监理以及与工程建设有关的重要设备、材料等的采购,必须进行招标:

① 全部或者部分使用国有资金投资或者国家融资的项目。

② 使用国际组织或者外国政府贷款、援助资金的项目。

③ 大型基础设施、公用事业等关系社会公共利益、公众安全的项目。

2. 邀请招标的工程范围

　　依据《中华人民共和国招标投标法实施条例》,依法必须进行公开招标的项目,有下列情形之一的,可以邀请招标:

① 技术复杂、有特殊要求或者受自然环境限制,只有少量潜在投标人可供选择。

② 采用公开招标方式的费用占项目合同金额的比例过大。

3. 可以不进行招标的工程范围

　　依据《中华人民共和国招标投标法实施条例》,有下列情形之一的,可以不进行招标:

① 需要采用不可替代的专利或者专有技术。

② 采购人依法能够自行建设、生产或者提供。

③ 已通过招标方式选定的特许经营项目投资人依法能够自行建设、生产或者提供。

④ 需要向原中标人采购工程、货物或者服务,否则将影响施工或者功能配套要求。

⑤ 国家规定的其他特殊情形。

　　总之,需要强调,具体工程项目招标范围的划定应遵循国家相关的法律、法规,并根据工程的性质、规模以及招标实施主体的要求进行具体决策,并参考相关行业的法律、法规或咨询相关部门的指导意见,以确保符合具体要求。

1.3.3　物联网工程项目招标的流程

　　物联网工程项目招标的具体工作流程一般根据工程项目的需要,分成三个阶段:准备阶段、招标阶段和决标阶段,如图1-5所示。

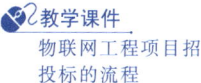
教学课件
物联网工程项目招投标的流程

微视频
物联网工程项目招投标的流程

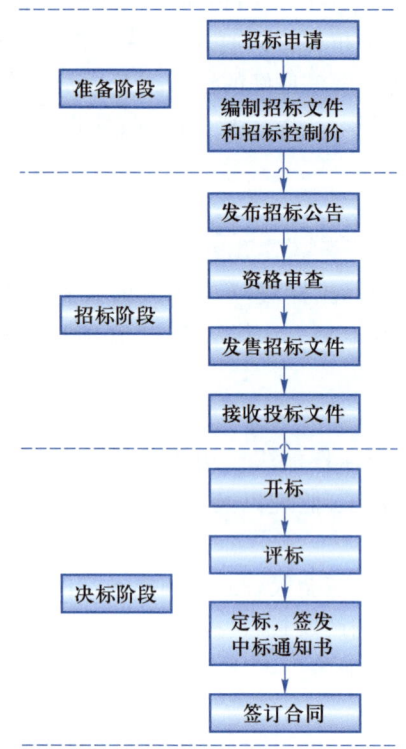

图 1-5   物联网工程项目的招标流程图

1. 准备阶段

① 招标申请:招标人应当办理有关的审批手续、确定招标方式以及划分标段等工作。

② 编制招标文件和招标控制价(如果有):控制价是最高价,是上限,是公开的,所有报价必须在控制价以内。

2.招标阶段

① 发布招标公告或发出投标邀请书:招标公告是指采用公开招标方式的招标人(包括招标代理机构)向所有潜在的投标人发出的一种广泛的通告;投标邀请书是指采用邀请招标方式的招标人,向三个以上(含三个)特定的具备承担施工招标项目能力的且资信良好的法人或者其他组织发出的参加投标的邀请。

② 资格审查:指招标人对申请人或投标人的经营资格、专业资质、财务状况、技术能力、管理能力、业绩、信誉等方面评估审查,以判定其是否具有参与项目投标和履行合同的资格及能力的活动。

③ 发售招标文件:招标文件的出售日期不得少于 5 日。

④ 接收投标文件:投标人应当在招标文件要求的提交投标文件截止时间前,将投标文件密封送达投标地点。

3. 决标阶段

① 开标:投标人少于 3 个的,不能开标。

② 评标:评标由招标人依法组建的评标委员会负责。

③ 定标,签发中标通知书:招标人应当接受评标委员会推荐的中标候选人,不得在评标委员会推荐的中标候选人之外确定中标人。

④ 签订合同:招标人和中标人按招标文件和中标人的投标文件订立书面合同。同时应向未中标的投标人退还投标保证金。

1.3.4　物联网工程项目投标的流程

投标人收到招标文件后,以承接施工任务为目的编制投标文件,在规定的时间内参加投标。主要包括以下流程:

教学文件
物联网工程项目投标流程及技巧

① 组织投标班子:投标人平时应设置投标工作机构,掌握市场动态、积累有关资料。投标班子一般应包括:经营管理类人员,专业技术类人员,商务金融类人员。

② 投标准备工作:投标人获取招标信息后,开始投标准备工作:资料预备,投标决策,并填写资格预审调查表。

③ 研究招标文件:主要分析投标人须知、设计图纸、工程范围、工程量表以及招标文件中有关价款方面的规定等。

④ 调查投资环境:主要考察施工现场、调查项目环境、调查业主和竞争对手等,尽量避免承担项目相关风险。

⑤ 编制投标文件:校核招标文件中的工程量清单,编制施工规划或施工组织设计,确定利润,确定报价,制作投标文件。

⑥ 递送投标文件:应当在招标文件要求提交投标文件的截止时间前,将投标文件密封送达投标地点。

⑦ 参加开标会议:要注意其投标文件是否被正确启封、宣读,对于唱标出现的错误,应当场提出异议。

⑧ 签订合同:未中标的投标人有权要求招标人退还其投标保证金;中标人收到中标通知书后,应在规定的时间和地点与招标人签订合同。

1.3.5　物联网工程项目招投标文件的编制

招标文件既是投标人编制投标文件的依据,又是招标人组织招标工作、评标、定标的依据,也是招标人与中标人订立合同的基础。招标文件的编制,在整个采购过程中起着至关重要的作用。

1. 招标文件

招标文件是招标过程中发布给投标人的文件,它包含了项目的详细信息和要求。招标文件按照功能作用可以分成以下几个部分:

（1）招标公告（投标邀请书）

招标公告（投标邀请书）是招标文件的首要内容,其中包括招标项目的项目概况与招标范围、投标人资格要求、招标文件的获取及递交等。

（2）投标人须知

主要包括招投标文件格式、开标时间地点、评标办法等,主要阐述招标项目需求概况和招标投标活动规则,对参与项目招标投标活动各方均有约束。

（3）评标办法

主要介绍评标的方法、评审标准及评标程序,描述评标委员会评审标准和程序,以及评标委员会的组成和责任等信息。

（4）合同条款及格式

主要内容有通用合同条款、专用合同条款以及合同协议书等,包括双方权利和义务、工程范围、工期、付款条件、索赔和争议解决等具体合同条款。

（5）工程量清单

工程量清单是对招标项目的工作范围和数量的详细描述,通常包括项目中的各项工程量及计量单位。

（6）施工图纸

施工图纸是招标文件中的重要内容,它是对工程项目的详细设计图纸和图纸说明,包括平面图、剖面图、构造图等,用于指导施工的具体实施。

（7）技术标准和要求

项目的技术标准和要求,这些内容详细描述了项目所需的技术规格、质量标准、施工方法、材料要求等。投标人需要仔细阅读这些要求,并确保其投标文件满足相应的技术标准和要求。

（8）投标文件格式

主要规定投标文件的格式要求和主要内容等,投标人需要根据招标文件中的格式要求来编制和提交投标文件。

2. 投标文件

投标文件一般包含三部分,即商务部分、技术部分、价格部分:

① 商务部分包括公司资质,公司情况介绍等一系列内容,同时也是招标文件要求提供的其他文件等相关内容,包括公司的业绩和各种证件、报告等。

② 技术部分包括工程的描述、设计和施工方案等技术方案,工程量清单、人员配置、图纸、表格等和技术相关的资料。

③ 价格部分包括投标报价说明、投标总价、主要材料价格表等。

1.3.6　典型工程的招投标案例分析

下面我们通过几个具体案例来学习招投标文件的撰写,见教学文件"农业物联网应用系统开发与专业设备采购安装公司项目招标文件""通信建设项目施工招标文件范本（试行）""建筑工程投标文件范本""某酒店弱电智能化系统施工招标文件"。

【任务实施】

某房地产开发商要建一个智能家居体验样板间,户型为四房两厅两卫,面积128 m²,户型结构如图1-6所示。要求含视频监控系统、安防报警系统、可视对讲系统、家电控制系统、综合布线系统。

① 请你以该项目招标负责人身份为该项目拟定招标文件。

② 你所在的公司想要参与上述智能家居体验样板间的竞标,请你以投标方的身份,拟定投标文件（制作标书）。

教学课件
物联网工程项目招投标文件撰写

微视频
物联网工程项目招投标文件撰写

教学文件
农业物联网应用系统开发与专业设备采购安装公司项目招标文件

教学文件
通信建设项目施工招标文件范本（试行）

教学文件
建筑工程投标文件范本

教学文件
某酒店弱电智能化系统施工招标文件

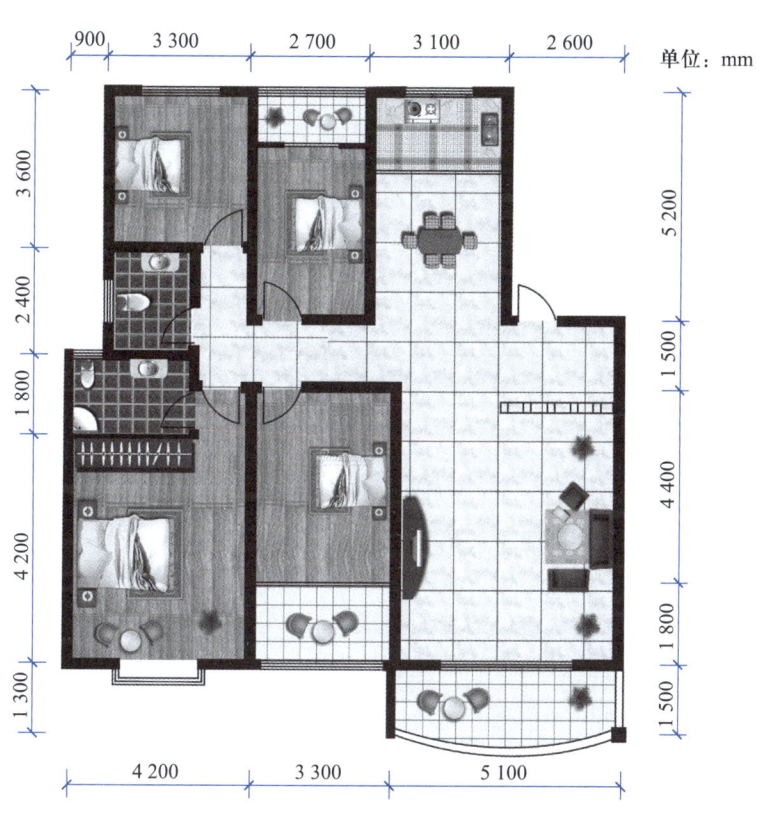

图 1-6　智能家居体验样板间户型图

要求：① 根据项目需求用 Word 制作招标文件；

② 根据项目招标文件要求撰写投标文件。

评估标准：

评估细则	分值
招标与投标文件内容完整	20 分
技术细节具体、全面	40 分
商务要求阐述充分、完整	25 分
表述准确	10 分
格式正确，排版美观	5 分

【任务拓展】

分两个小组角色扮演模拟招投标过程，两组同学分别扮演招标方和投标方。

要求：充分融入角色，体会各自角色的岗位要求及所需专业技能和职业素养。

评估标准：

评估细则	分值
专业能力	40 分
沟通能力	30 分
应变能力	20 分
商务礼仪	10 分

任务四   物联网工程项目造价

【任务目标】

【知识目标】
- 掌握物联网工程项目造价的概念及作用
- 掌握物联网工程项目造价的分类
- 掌握物联网工程项目造价的费用组成
- 掌握物联网工程项目概预算的概念、流程
- 掌握概预算定额的概念及作用

【能力目标】
- 掌握物联网工程项目的预算定额
- 掌握物联网工程项目预算编制流程及方法
- 掌握物联网工程项目概预算表格的编制
- 能够撰写给定物联网工程项目的概预算编制说明

【素养目标】
- 培养主动观察的意识
- 培养独立思考的能力
- 培养积极沟通的意识
- 培养团队合作的能力

【任务描述】

物联网工程项目造价的概念是什么,有何作用,在物联网工程建设的不同阶段有哪些不同的表现形式,物联网工程项目造价的主要组成又是什么,如何套用相关定额为物联网工程项目做概预算,本任务正是要解决这几个问题。

【知识准备】

1.4.1   工程造价概述

1. 工程造价的概念

物联网工程项目属于工程项目,在工程项目建设过程中,从立项阶段到实施阶段

再到验收投产阶段,牵涉工程项目的各种成本、开支、利润等,也就是我们通常所说的工程造价。

工程造价就是指工程的建设价格,是指为完成一个工程的建设,预期或实际所需的全部费用总和。从业主(投资者)的角度来定义,工程造价是指工程的建设成本,即为建设一项工程预期支付或实际支付的全部固定资产投资费用。

工程造价的核心内容是投资估算、设计概算、修正概算、施工图预算、工程结算、竣工决算等。

工程造价的主要任务是根据图纸、定额以及清单规范,计算出工程中所包含的直接费、企业管理费、措施费、规费、利润及税金等。

2. 工程造价的作用

① 为项目决策提供重要的依据和参考,通过对工程造价的分析和评估,帮助项目方确定项目的可行性和经济性。

② 预算编制和控制:工程造价可以用于编制项目预算,并对项目实施过程中的费用进行控制和管理,确保项目的投资预算得到有效控制。

③ 投标和合同管理:工程造价对投标活动起到重要的指导作用,它可以帮助招标人评估投标价格的合理性,并对投标文件进行评审。此外,工程造价还可以为合同管理提供依据,确保合同价格的合理性和准确性。

④ 风险评估和优化决策:工程造价可以帮助识别和评估项目中的风险因素,并提供优化决策的依据,以降低风险和成本,提高项目的经济效益。

1.4.2 工程造价的形式

在工程项目的不同建设阶段,工程造价通常会采用不同的形式进行估算和管理。以下介绍针对不同建设阶段工程造价的形式。

教学文件
工程造价形式

1. 投资估算

投资估算是在项目筹备阶段进行的,在项目初步规划和可行性研究阶段进行的初步估算。它用于评估项目的投资规模和可行性,帮助决策者做出是否进一步推进项目的决策。

2. 设计概算

设计概算是在项目设计阶段进行的造价估算。根据初步设计图纸和设计方案,对项目的各项费用进行预估,包括材料、施工工艺、劳动力成本等。设计概算可用于项目审批、投标、合同谈判等环节。

3. 修正概算

修正概算指在技术设计阶段,按照概算定额、概算指标编制的工程造价。它对初步设计概算进行修正调整,并进行更精确的费用估算,比设计概算更接近项目的实际价格,为施工阶段提供更准确的预算依据。

4. 施工图预算

施工图预算是根据项目的最终施工图纸进行的造价估算。根据施工图纸中详细的工程数量和材料规格,结合实际市场价格,编制施工阶段的预算计划和费用分析。这个阶段的预算更加准确,用于确定施工合同价格和成本控制。

5. 施工预算

施工预算是在施工阶段进行的造价管理。施工单位根据施工现场的实际情况,结合施工计划和进度安排,对施工过程中各项费用进行控制和管理,包括材料采购、人工成本、设备使用费等。施工预算是编制实施性成本计划的主要依据。

6. 工程结算

工程结算是在工程完成后进行的结算工作。根据施工实际完成情况和合同约定,对工程各项费用进行核算和结算,包括工程量、变更索赔、补偿款等。工程结算可用于最终支付和结清各方之间的项目费用。工程结算是指施工企业按照承包合同和已完工程量向建设单位(业主)办理工程价清算的经济文件。

7. 竣工决算

竣工决算是在项目完工后进行的最终决算工作。根据实际完成情况和工程结算结果,对整个项目的实际造价进行总结和核算,包括实际成本、利润、税费等。竣工决算用于项目的最终支付和审计审查。

教学文件
工程造价费用组成

1.4.3　工程造价的费用组成

工程造价费用组成包括工程费用、工程建设其他费用、预备费、建设期贷款利息、固定资产投资方向调节税。

1. 工程费用

工程费用是指直接与工程项目建设相关的成本,包括人工费、材料费、设备及工器具购置费、施工费、措施项目费等。这些费用是实际用于工程项目的具体建设过程中的支出。

2. 工程建设其他费用

工程建设其他费用是指在工程建设过程中产生的非直接成本相关的费用。这些费用可能包括土地使用费、项目审批费、勘察设计费、咨询费、检测费、技术服务费等。具体费用会根据项目的不同而有所差异。

3. 预备费

预备费是用于应对工程项目建设过程中的不可预见因素和不确定性风险的费用,如设计变更及施工过程中可能增加工程量的费用。它通常是以一定比例的方式计算,以确保项目能够应对可能的额外支出或调整。预备费的使用需要经过合理的控制和审批。

4. 建设期贷款利息

如果工程项目需要通过借款来进行资金筹措,那么在建设期间需要支付的贷款利息也会计入工程造价中。这是由于借款所需支付的利息属于项目的资金成本,需要在工程造价中进行考虑。

5. 固定资产投资方向调节税

固定资产投资方向调节税是指在我国境内用各种资金进行固定资产投资的单位和个人,按其投资额征收的一种税。开征固定资产投资方向调节税的目的,在于贯彻国家产业政策,控制投资规模,引导投资方向,改善投资结构,加强重点建设,以实现经济和产业结构的调整,促进国民经济持续、稳定、协调地发展。

1.4.4　物联网工程项目概预算的编制

1. 物联网工程项目概预算的概念

工程项目概预算是指在工程建设过程中,根据不同设计阶段的设计文件的具体内容和有关定额、指标及取费标准,预先计算和确定建设项目的全部工程费用的技术经济文件。

教学课件
物联网工程项目概
预算概念、编制
流程

2. 物联网工程项目概预算的作用

物联网工程项目概预算的主要作用有以下三个方面:

① 是限额领料、实行经济核算的依据。

② 是企业加强施工计划管理、编制作业计划的依据。

③ 是实行计件工资、按劳分配的依据。

微视频
物联网工程项目概
预算概念、编制
流程

3. 物联网工程项目概预算的编制流程

了解了物联网工程项目概预算的概念和作用后,再来了解物联网工程项目概预算的编制流程。

编制物联网工程项目的概预算一般按照以下五个步骤进行:

(1) 熟悉施工图纸及施工组织设计

在编制施工图预算之前,必须熟悉施工图纸,详尽地掌握施工图纸和有关设计资料,熟悉施工组织设计和现场情况,了解施工方法、工序、操作及施工组织、进度。要掌握单位工程各部位概况,对工程的全貌和设计意图有了全面、详细的了解以后,才能正确使用定额结合各分部分项工程项目计算相应工程量。

(2) 熟悉定额并掌握有关规则

工程项目预算定额有关工程量计算的规则、规定等,是正确使用定额计算定额"三量"的重要依据。因此,在编制施工图预算计取工作量之前,必须弄清楚定额所列项目包括的内容、适用范围、计量单位及工程量的计算规则等,以便为工程项目的准确列项、计算、套用定额子目做好准备。

(3) 列项、计算工程量

施工图预算的工程量,具有特定的含义,不同于施工现场的实物量。工程量往往要综合、包含多种工序的实物量。工程量的计算应以施工图及设计文件参照预算定额计算工程量的有关规定列项、计算。

工程量是确定工程造价的基础数据,计算要符合有关规定。工程量的计算要认真、仔细,既不重复计算,也不漏项。计算底稿要清晰、整齐,便于复查。

(4) 套定额子目,编制工程预算书

将工程量计算底稿中的预算项目、数量填入工程预算表中,套相应定额子目,计算工程直接费,按有关规定计取其他直接费、现场管理费等,汇总求出工程直接费。

直接费汇总后,即可按预算费用程序表及有关费用定额计取间接费、计划利润和税金,将工程直接费、间接费、计划利润、税金汇总后,即可求出工程造价。

(5) 编制工料分析表

将各项目工料用量求出汇总后,即可求出用工或主要材料用量。

审核,编写说明,签字,装订成册。

工程预算书计算完毕,为确保其准确性,应经有关人员审核后,结合工程及编制情况填写编制说明,填写预算书封面,签字,装订成册。

4. 定额的分类、概念及作用

教学课件
定额的概念

微视频
定额的概念

教学文件
定额分类

定额是规定的数量标准。如工程定额就是在合理的劳动组织和合理地使用人工、材料、机械和仪表的条件下,预先规定完成单位合格产品所消耗的资源数量的标准,它反映一定时间的社会生产力或企业水平的高低。

(1) 定额的分类

工程定额种类繁多,根据其性质、内容、形式和用途的不同,可有以下五种分类方式。

① 按主编单位和执行范围分为:全国统一定额、行业统一定额、专业通用定额、地区统一定额、企业定额、补充定额等。

② 按编制程序和用途分为:工期定额、施工定额、预算定额、概算定额、投资估算指标等。

③ 按生产要素分为:劳动定额、材料消耗量定额和机械台班定额。

④ 按照专业性质分为:通用定额、行业通用定额和专业专用定额等。

⑤ 按费用性质分为:建筑工程定额、安装工程定额、其他费用定额、间接费用定额等。

(2) 定额的概念

定额是一种规定的额度,广义地说,就是处理特定事物的数量界限。在现代社会经济生活中,定额无所不在,在生产领域有工时定额、原材料消耗定额、原材料和成品半成品储备定额、流动资金定额等,都是企业管理的重要内容。在工程建设领域也存在多种定额,它伴随着管理科学的产生而产生,伴随着管理科学的发展而发展。

(3) 预算定额的概念

预算定额是编制施工图预算时,计算工程造价和计算工程劳动力(工日)、机械(台班)、材料需要量的一种定额。预算定额一般是一种计价的定额,在工程建设定额中占有很重要的地位。从编制程序看,它是概算定额编制的基础。

预算定额需要按照施工图纸和工程量计算规则计算工程量,还需要借助于某些可靠的参数计算人工、材料和机械(台班)的消耗量,并在此基础上计算出资金的需要量,从而计算出施工工程的价格。它是由国家及各地区编制和颁发的一种法令性指标。

(4) 预算定额的作用

预算定额的主要作用有以下五个方面:

① 是编制施工图预算,确定和控制工程造价的基础。

② 是对设计方案进行技术经济比较和分析的依据。

③ 是施工企业进行经济活动分析的参考依据。

④ 是编制标底、投标报价的基础。

⑤ 是编制概算定额和估算指标的基础。

(5) 概算定额的概念

概算定额又称为扩大结构定额,其规定了完成单位扩大分项工程或单位扩大结构构件所必须消耗的人工、材料和机械(台班)的数量标准,它是预算定额的综合扩大。

概算定额是在预算定额基础上根据有代表性的通用设计图和标准图等资料,以主要工序为准,综合相关工序,进行综合、扩大和合并而成的定额。

这里要特别说明,概算定额是由预算定额综合而成的。

（6）概算定额的作用

概算定额的主要作用也有五个方面,如下所述:

① 是扩大初步设计阶段编制设计概算和技术设计阶段编制修正概算的依据。

② 是对设计项目进行技术经济比较和分析的基础资料之一。

③ 是编制项目主要材料计划的参考依据。

④ 是编制概算指标的依据。

⑤ 是编制招标控制价和投标报价的依据。

5. 工程量的计算与定额的使用

教学课件
工程量的计算、定额的使用

（1）工程量的计算

工程量的计算包括以下两项内容:工程量计算的基本原则和基本准则。

1）工程量计算的八大基本原则

① 工程量计算的主要依据是施工图设计文件、现行预算定额的有关规定及相关资料。

微视频
工程量的计算、定额的使用

② 概预算人员应能够熟练地阅读图纸。

③ 概预算人员应掌握预算定额中定额项目的"工作内容"的说明、注释及定额项目设置、定额项目的计算单位等,以便统一或正确换算、计算出工程量与预算定额的计量单位。

④ 概预算人员对施工组织、设计也应了解和掌握,并且掌握施工方法以利于工程量计算和套用定额。

⑤ 概预算人员还应掌握和运用与工程量计算相关的资料。

⑥ 工程量计算顺序,一般情况下应按预算定额项目排列顺序及工程施工的顺序逐一统计,以保证不重不漏,便于计算。

⑦ 工程量计算完毕,要进行系统整理。

⑧ 整理过的工程量,要进行检查、复核,发现问题及时修改。

2）工程量计算的基本准则

① 工程量的计算应按工程量的计算规则进行,即工程量项目的划分、计量单位取定、有关系数的调整换算等,都应按相关的计算规则确定。

② 工程量的计量单位有物理计量单位和自然计量单位,以及表示分部、分项工程计量单位。

③ 物联网建设工程无论初步设计,还是施工图设计都应依据设计图纸统计计算工程量。

④ 工程量计算应以设计规定的所属范围和设计分界线为准,布线走向和部分设置以施工验收技术规范为准,工程量的计量单位必须与定额计量单位相一致。

⑤ 工程量应以施工安装数量为准,所用材料数量不能作为安装工程量。

（2）定额的使用

物联网工程项目定额可参考包括但不限于下列规范或标准:《信息通信建设工程预算定额》（共 5 册）,《信息通信建设工程费用定额》及《信息通信建设工程概预算编制规程》,《建设项目设计概算编审规程》,地方性的建筑工程、装饰工程、安装工程、市

政工程计价定额,工程建设其他费用计算的标准文件,省市建设行政主管部门颁发的有关文件,建设单位提供的有关基础资料,主管部门的相关规定。下面以 2017 版的通信工程定额为例进行介绍。

2017 版的通信工程定额,由工业和信息化部于 2017 年颁布施行。本定额通信专业工程分册包括:

《第一册　通信电源设备安装工程(册名代号 TSD)》;

《第二册　有线通信设备安装工程(册名代号 TSY)》;

《第三册　无线通信设备安装工程(册名代号 YSW)》;

《第四册　通信线路工程(册名代号 TXL)》;

《第五册　通信管道工程(册名代号 TGD)》。

下面以综合布线工程举例说明定额的使用。综合布线工程根据标准说明,适用于《第四册　通信线路工程》。

① 安装综合柜,建议套用定额 TXL7-029、030。

② 安装网络箱,建议套用定额 TXL7-031。

③ 双绞线缆(五类缆)链路测试:是指以太网交换机接口至信息插座之间的带 RJ45 接头的线路段测试,包括网络设备及跳线,但不包括交换机。

④ 布放墙吊五类缆,建议套用定额 TXL4-52;布放钉固五类缆,建议套用定额 TXL4-54;布放槽道五类缆,建议套用定额 TXL4-62。

⑤ 布放、终接 4 芯双绞线缆(五类缆),可套用布放、终接 8 芯双绞线缆(五类缆)相应定额。

⑥ 双绞线缆(五类缆)跳线定额(TXL7-062)中包含制作和布放。

⑦ 开填槽:埋 ϕ50 管的,按定额的 2 倍计取。

⑧ 安装 8 位模块式信息插座,包含 RJ11、RJ45。

⑨ 电缆链路和光纤链路测试只适用于综合布线工程。

⑩ 综合布线工程中不计取施工测量工程量。

6. 概预算表格的编制及概预算编制说明编写

通过概预算表格的编制,可以充分了解工程项目的经济技术指标。这里将从编制依据、编制程序、表格的组成和编制顺序几个方面对概预算表格编制进行简述。下面以通信工程相关规范为例说明。

(1) 设计概算的编制依据

设计概算的编制依据如下所述:

① 批准的可行性研究报告。

② 初步设计图纸及有关资料。

③ 国家相关管理部门发布的有关法律、法规、标准规范。

④ 地方政府对概算编制的政策性文件。

⑤《信息通信建设工程预算定额》(目前通信工程用预算定额代替概算定额编制概算)、《信息通信建设工程费用定额》《通信建设工程施工机械、仪表台班费用定额》及其有关文件。

⑥ 建设项目所在地政府发布的土地征用和赔补费等有关规定。

⑦ 有关合同、协议等。

（2）施工图预算的编制依据

教学课件
概预算表格的编制
及概预算编制说明
编写

施工图预算的编制依据如下所述：

① 批准的初步设计概算及有关文件。

② 施工图、标准图、通用图及其编制说明。

微视频
概预算表格的编制
及概预算编制说明
编写

③ 国家相关管理部门发布的有关法律、法规、标准规范。

④《信息通信建设工程预算定额》《信息通信建设工程费用定额》《通信建设工程施工机械、仪表台班费用定额》及其有关文件。

⑤ 建设项目所在地政府发布的土地征用和赔补费用等有关规定。

⑥ 有关合同、协议等。

（3）设计概算的组成

设计概算由编制说明和概算表组成。

1）编制说明

编制说明应包括以下内容：

① 工程概况、概算总价值。

② 编制依据及采用的取费标准和计算方法的说明。

③ 工程技术经济指标分析：主要分析各项投资的比例和费用构成，分析投资情况，说明设计的经济合理性及编制中存在的问题。

④ 其他需要说明的问题。

2）概算表

概算表是信息通信建设工程预算管理中使用的一份重要文件，它汇总了工程项目的预计成本。概算表的目的是确保项目在财务上的可行性，并为项目的预算管理提供依据。它通常在项目的初步设计阶段或施工图设计阶段编制，并作为项目投资决策和资金筹措的重要参考。在实际操作中，概算表需要根据《信息通信建设工程预算定额》和《信息通信建设工程费用定额》等相关规定进行编制。

（4）施工图预算的组成

施工图预算由编制说明和预算表组成。

1）编制说明包括的内容

① 工程概况、预算总价值。

② 编制依据及采用的取费标准和计算方法的说明。

③ 工程技术经济指标分析。

④ 其他需要说明的问题。

2）预算表

预算表是信息通信建设工程中用于详细列出工程成本估算的财务文件，它是项目财务规划和管理的重要组成部分。预算表的编制应遵循《信息通信建设工程预算定额》和《信息通信建设工程费用定额》等相关规范和标准。编制准确的预算表对于控制项目成本、避免超支以及确保项目顺利完成具有重要意义。

（5）设计概算、施工图预算的编制程序

设计概算、施工图预算应按照以下程序进行编制：

① 收集资料,熟悉图纸。

② 计算工程量。

③ 套用定额,选用价格。

④ 计算各项费用。

⑤ 复核。

⑥ 写编制说明。

⑦ 审核出版。

（6）概预算表格的组成

按照《信息通信建设工程概算预算编制规程》的规定,概预算主要由以下 10 个表格组成：

① 建设项目总预算表(汇总表)。

② 工程预算总表(表一)。

③ 建筑安装工程费用预算表(表二)。

④ 建筑安装工程量预算表(表三甲)。

⑤ 建筑安装工程机械使用费预算表(表三乙)。

⑥ 建筑安装工程仪器仪表使用费预算表(表三丙)。

⑦ 国内器材预算表(表四甲)(国内主要材料表);国内器材预算表(表四甲)(设备表)。

⑧ 引进器材预算表(表四乙)。

⑨ 工程建设其他费预算表(表五甲)。

⑩ 引进设备工程建设其他费预算表(表五乙)。

（7）概预算表格的编制顺序

通常情况,按照下列顺序对概预算表进行编制：

① 表三计算依据:工程量统计+定额手册,主要统计人工费、辅材费、机械台班费。

② 表四(主材、设备)计算依据:设计方案。

③ 表二计算依据:各种取费费率和前面表结果,统计安装工程费,包括各种直接费用和间接费用。

④ 表五计算依据:各种取费费率和前面表的结果,统计其他工程费,例如青苗补偿、破路后恢复等。

⑤ 表一计算依据:各种取费费率和前面表结果,计算工程总造价。

【任务实施】

模拟某物联网工程,运用所学知识进行分析、研究,完成该工程项目的预算编制。

要求:班组成员以小组合作或独立工作的形式,完成项目相关编制内容。

评估标准：

评估细则	分值
工程量的计算	40 分
定额查找	20 分
预算表格编制	40 分

模块二

物联网工程项目需求分析

　　物联网应用是广泛的，也是多学科交叉的，主要是通过整合目前已经成熟的技术，构建一套完整的解决方案。要构建一套完善的物联网应用系统，对该工程项目进行需求分析是最重要的步骤。本模块主要介绍物联网工程项目需求分析的目标及要点，从而掌握进行需求分析的科学方法。

任务一　物联网工程项目需求分析概述

【任务目标】

【知识目标】
- 掌握物联网工程项目需求分析的概念
- 掌握物联网工程项目需求分析的三大要素
- 掌握物联网工程项目需求分析的目标及内容
- 掌握物联网工程项目需求分析的步骤

【能力目标】
- 能够按步骤进行物联网工程项目的需求分析

【素养目标】
- 培养主动观察的意识
- 培养独立思考的能力
- 培养积极沟通的意识
- 培养团队合作的能力
- 培养解决问题的能力

教学课件
物联网工程项目需求分析的目标及要点

微视频
物联网工程项目需求分析的目标及要点

【任务描述】

在实际工作中,某公司了解到一个客户有物联网方面的需求,你作为公司物联网专家需要前往现场与客户进行物联网需求的交流。然而,在完成这项工作之前首先要明确,什么是需求分析、了解需求分析的目标、内容、要点及步骤。

【知识准备】

2.1.1　物联网工程项目需求分析概述

1. 需求分析的概念

需求=期望目标+问题+要求。期望目标指客户对工程项目的期望目标,问题指存在的问题及工作中的困难,要求指客户对工程项目的要求。

需求分析,通俗讲是指对要解决的问题进行详细的分析,弄清楚问题的要求,并有的放矢地去准备。

在物联网工程项目中,需求分析指的是在建立一个新的或改变一个现存的物联网系统时,对新系统的定义、目的、范围和功能进行详细描述的过程。需求分析是物联网工程项目中的一个关键过程,在这个过程中,客户处于主导地位,需求分析人员和项目经理负责整理并确定客户的需求,和客户就项目的细节问题进行充分沟通,并分析和寻求新系统的解决方法,为物联网工程项目实施打下基础。

2. 需求分析的三要素

需求分析的三要素包括客户、场景和需求,即什么样的客户,在什么场景下,有什么需求。

客户:即客户是什么人、客户的身份角色(职场人士、老年人士、学生等)以及客户需求的原因和动机。

场景:即客户实现需求的具体情景。

需求:即客户欲望的满足。

3. 需求分析的基本任务

在物联网工程项目中,需求分析的基本任务是准确地回答"工程必须做什么",即工程任务这个问题。通过需求分析,我们可以逐步细化工程的功能和性能,确定工程设计的限制和工程同其他工程元素的接口定义,同时还可以定义工程的其他有效性需求。

要解决"工程必须做什么"的问题,就要全面地理解客户的各项需求,并能准确地表达我们所理解的客户需求。物联网工程项目归类于非标准化项目,所以深刻地理解客户的真实想法及项目的实际情况非常重要。

2.1.2 物联网工程项目需求分析的目标及内容

1. 需求分析的目标

物联网工程项目涉及感知层的传感器、传输层的网络设备、平台层的物联网平台、应用层的服务器及应用软件等,存在多学科、多领域及多企业合作的交叉性,物联网工程项目的需求分析目标,可以归纳为以下五点:

① 确定项目任务。

② 细化项目的功能和性能。

③ 确定项目设计的限制。

④ 确定项目同其他项目元素接口定义。

⑤ 定义项目的其他有效性需求。

2. 需求分析的内容

物联网工程项目需求分析的主要内容如图 2-1 所示,包括客户的真实想法、所需要的技术支持、项目的实际情况和所需要的人员配备。

图 2-1　需求分析的主要内容

2.1.3 物联网工程项目需求分析的步骤

需求分析是物联网工程项目计划阶段非常重要的环节,该环节决定了项目"需要实现什么",为下一步"如何去实现"提供了明确的方向。需求分析的基本步骤如图 2-2 所示。

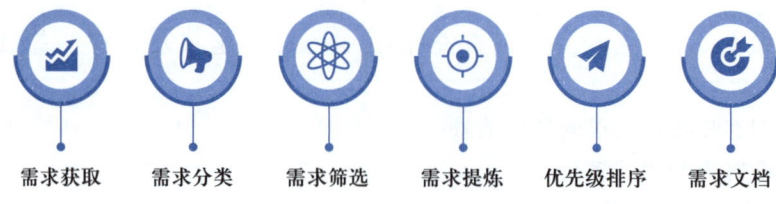

需求获取　　需求分类　　需求筛选　　需求提炼　　优先级排序　　需求文档

图 2-2　需求分析的步骤

需求获取：确定需求获取的目标及范围，根据目标选择对应的方式来获取需求，获取方式包括：客户调研、问卷调查、客户访谈、信息采集等。

需求分类：根据不同的对象，将需求分为功能需求、非功能需求等。

需求筛选：筛选真伪需求，主要从真实性、价值性和可行性三个维度来进行筛选，过滤掉虚假的、不可行的、没有价值的、价值不大的或投入产出比不理想的需求。

需求提炼：对筛选后的需求进行提炼，目的在于从获取的表面需求中提炼出客户的本质需求。找出"为什么要做"比"做什么"更重要。

优先级排序：按照需求的轻重缓急，进行优先级排序。

需求文档：将收集到的需求进行分析、汇总、归类，输出需求文档，为接下来的工作做好铺垫。需求文档必须交予客户和相关部门进行评审。

2.1.4　物联网工程项目需求分析的注意事项

1. 充分挖掘客户隐性需求

客户所提供的是其能想到的功能需求，很多问题并不在客户考虑的范围之内。作为项目承担方，需要将客户没明确提出但确实存在的需求挖掘出来。否则，若只是简单地按照客户提出的功能要求去设计、规划和实施项目，最终完成的项目将很难完全满足客户需要。这可能导致客户需求不得不做出更改，甚至系统设计方案也需推倒重来。这类问题都是由于没有充分挖掘客户隐性需求造成的。因此，我们一定要在需求分析时就避免这种情况的发生，不要等到项目建成以后才发现问题。

2. 充分沟通细节

在客户的业务需求中可能包含着很多的细节，这些细节需要向客户征询以便更好地理解客户的需求。只有通过提出越来越多的问题，我们最终获取的客户需求才能越具体。在提问的过程中，我们能够引导客户思考一些他们原本没有考虑过的问题，这有助于客户找到一种更合理的需求，从而确保项目的成功交付。

3. 抽象提炼业务需求，体现系统的可扩展性

有些客户只知道自己的业务需求，并不精通技术。某些业务需求在实现过程中会遇到各种问题。因此，项目承担方需要把业务需求抽象到系统中，将包括设计、开发、运行、实施及维护等方面的需求进行罗列，并考虑如何用切实可行的技术去实现它们，同时思考这些需求中可能存在的问题并特别注意，在源头上规避无法满足客户需求的问题。若这一步工作没做充分，问题将会在后面的项目实施过程中暴露出来，到时解决的代价将更大。客户的需求本身是无休止的，因为他们本身也在变，但当初期的分析合理时，后面的变动也将在逻辑上进行变动，从而体现出系统的可扩展性。

4. 明确设备对接接口

在需求分析文档中,应重点阐述各部分设备之间需要进行对接的接口,便于各个设备厂家和集成商更好地理解并实现设计功能。

5. 明确责任归属

物联网涉及感知层的传感器、传输层的网络设备、平台层的物联网平台、应用层的服务器及应用软件等,所以存在多学科、多领域及多企业合作的交叉性。在需求分析文档中,我们要明确各企业和各部门的责任,明确项目在最终的验收环节出现问题时的责任归属。

【任务实施】

归纳物联网工程项目需求分析的内容和工作要点。

要求:对物联网工程项目需求分析的步骤进行详细阐述。

评估标准:

评估细则	分值
需求分析每一步骤的工作内容	30 分
需求分析每一步骤的作用	30 分
需求分析每一步骤的基本工作方法	30 分
需求分析的注意事项	10 分

任务二 物联网工程项目功能性需求分析

【任务目标】

【知识目标】
- 掌握物联网工程项目需求分析分类
- 掌握物联网工程项目定性分析的目标及要点
- 掌握物联网工程项目定量分析的目标及要点

【能力目标】
- 能够根据物联网工程项目的需求交流确定定性分析的目标及要点
- 能够根据物联网工程项目的需求交流确定定量分析的目标及要点

【素养目标】
- 培养主动观察的意识
- 培养独立思考的能力
- 培养积极沟通的意识
- 培养团队合作的能力

【任务描述】

物联网工程项目需求分析分为功能性需求分析和非功能性需求分析。功能性需

教学课件
定性分析的目标及要点

微视频
定性分析的目标及要点

求主要是指直接与系统的具体功能相关的一类需求,如灯泡的照明、手机的通信等。其中,功能性需求分析从研究对象的角度,又可以分为定性分析和定量分析。本任务将分别介绍这两种需求分析的目标及要点。

【知识准备】

2.2.1   物联网工程项目定性分析的目标及要点

1. 定性分析的概念

定性:用文字语言进行相关描述,凭分析者的直觉、经验,对分析对象的性质、特点,发展变化规律作出判断的一种方法。

定性分析:对研究对象进行"质"的方面的分析。具体地说,就是运用归纳与演绎、分析与综合以及抽象与概括等方法,对获得的各种材料进行思维加工,从而能去粗取精、去伪存真、由此及彼、由表及里,达到认识事物本质、揭示内在规律的目的。

定性分析示例:一天,你在家看电视,同学打电话问你在干什么,你说在看电视,这就是一种简单的定性分析。又或者当你购置新房之后,考虑配置家电,你认为家电之中电视是不可缺少的,因此你决定要买电视,这个决定也是一种定性分析的体现。

2. 定性分析的目标

在物联网工程项目中,物联网应用系统通常从三个层次进行分析,因此将物联网工程项目定性分析的目标划分为感知层、传输层和应用层,如图 2-3 所示。

例如,当客户要通过物联网系统对农业大棚的温度进行监测时,我们推断出感知层需要配置温度传感器,这就是感知层的定性分析目标,即确定所需传感器的种类。再者,考虑到大棚的空间面积较大,且区域温度不同,因此需要在多个位置布置传感器,于是我们对传输层采用近距离无线传输 ZigBee 技术,这就是传输层的定性分析目标。应用层也采用类似方式进行定性分析目标的确认。

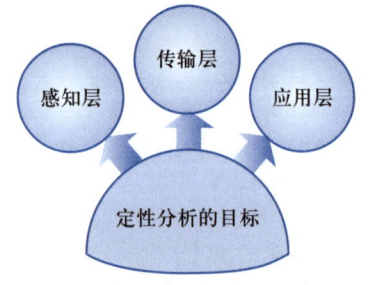

图 2-3   定性分析的目标

3. 定性分析的要点

(1)感知层定性分析的要点

感知层是物联网的核心,也是信息采集的关键部分。感知层位于物联网三层结构中的最底层,其功能为"感知",即通过传感网络获取环境信息。

既然感知层是信息采集的关键部分,那么在对客户需求进行分析时如何对感知层进行定性分析呢?

例:某市市政管理局需要对辖区绿化地带进行土壤湿度监测,以保证在低于某个湿度值时进行灌溉,本例中如何进行感知层定性分析?

首先要抓住客户对湿度的数据采集需求,就需要选用湿度传感器。因为该湿度传感器需要在室外使用,所以需具备防水、防潮、防尘等功能,至此,本例中对感知层的定性分析就已完成。

（2）传输层定性分析的要点

作为物联网的信息传输通道,传输层实现了将感知层获取的信息传送到应用层的功能,是物联网应用最核心的技术环节之一。

在对传输层进行定性分析之前,我们需要了解近距离传输和远距离传输的概念。对于近距离传输,需要掌握几种常见的技术,例如 ZigBee 技术、蓝牙技术、WiFi 技术等;而对于远距离传输,我们需要了解运营商所提供的以太网接入和无线网络接入技术、移动通信技术、LPWAN 技术等。

那么在对客户需求进行分析时如何对传输层进行定性分析呢?

例:某市市政管理局需要对辖区绿化地带进行土壤湿度监测,以保证在低于某个湿度值时进行灌溉,本例中如何进行传输层定性分析?

首先了解到客户需要对其辖区内绿化地带进行湿度监测,那么在感知层获取到相关信息后,如何将这些信息传送到应用层呢? 考虑到这需要进行远距离传输,因此我们采用运营商提供的网络接入技术。运营商目前在传输层上提供两种接入方式,一种是有线网络,另一种是无线网络。鉴于在城市绿化地带进行有线网络覆盖的难度,我们决定采用无线网络进行信息传输。至此,本例对传输层的定性分析就已完成。

（3）应用层定性分析的要点

应用层位于物联网三层结构中的最顶层,其功能为"处理",即通过云计算平台进行信息处理。应用层与最底端的感知层一起,是物联网的显著特征和核心所在,应用层可以对感知层采集的数据进行计算、处理和知识挖掘,从而实现对物理世界的实时控制、精确管理和科学决策。那么在对客户需求进行分析时如何对应用层进行定性分析呢?

例:某市市政管理局需要对辖区绿化地带进行土壤湿度监测,以保证在低于某个湿度值时进行灌溉,本例中如何进行应用层定性分析?

首先了解到客户需要对其辖区内绿化地带进行湿度监测,那么在传输层将相关信息传送到应用层后,应用层就可以显示各个监测点的湿度数据并设定报警阈值,在低于或超过具体阈值时进行灌溉或排洪,这样就完成了应用层的定性分析。

2.2.2　物联网工程项目定量分析的目标及要点

1. 定量分析的概念

定量:用数学语言进行相关描述,依据统计数据建立数学模型,并用数学模型计算出分析对象的各项指标及其数值的一种方法。

定量分析:对一个被研究对象所包含的成分的数量关系或所具备的性质间的数量关系进行分析;或对多个对象的某些性质、特征以及相互关系从数量上进行分析和比较,其研究的结果也常用"数量"加以描述。

定量分析示例:你要买一台电视机,具体的指标要求包括:屏幕尺寸为 70 英寸,屏幕分辨率为 3 840×2 160,及屏幕比例为 16∶9 等,这些都是对购买一台电视进行定量分析的重要参数。在物联网工程项目中,对温度传感器的采集精度和采集范围进行的分析也是一种定量分析。

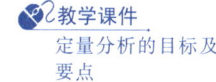
教学课件
定量分析的目标及要点

微视频
定量分析的目标及要点

2. 定量分析的要点

（1）感知层定量分析的要点

感知层定量分析主要针对感知层的传感设备进行,包括对设备的精度、测量范围以及灵敏度等性能参数的定量评估。

例如,对温度传感设备进行定量分析的部分关键参数如下:

额定电压:	3 节 5 号 1.5 V 电池
额定功率:	0.2 W
使用温度:	−20～50 ℃
使用湿度:	15%～90%RH
测量范围:	−15～48 ℃
灵敏度:	0.015 mg/m^3

在定量分析中,要确定传感器的主要采集指标,例如灵敏度和测量范围等。同时,也一定要关注传感器本身的工作条件是否得到满足,这是整个物联网系统正常工作的前提。例如,上述温度传感器的工作范围是−20～50 ℃,就不能将此传感器应用于我国东北某些极端严寒的地区。

（2）传输层定量分析的要点

对传输层进行定量分析主要涉及的一些关键性能参数,包括带宽、峰值、传输距离和传输速率等。

（3）应用层定量分析的要点

对应用层进行定量分析主要涉及底层的访问并发数量以及应用软件本身的处理能力。

【任务实施】

归纳物联网工程项目定性分析的目标及要点;

归纳物联网工程项目定量分析的目标及要点。

要求:①对物联网工程项目定性分析的要点进行阐述;

②对物联网工程项目定量分析的要点进行阐述。

评估标准:

评估细则	分值
定性分析、定量分析的概念	15 分
定性分析、定量分析的目标	25 分
感知层定性分析、定量分析的要点	20 分
传输层定性分析、定量分析的要点	20 分
应用层定性分析、定量分析的要点	20 分

任务三 物联网工程项目非功能性需求分析

【任务目标】

【知识目标】
- 掌握物联网工程项目非功能性需求分析的概念
- 掌握物联网工程项目可靠性需求分析的目标及要点
- 掌握物联网工程项目安全性需求分析的目标及要点
- 掌握物联网工程项目工作环境需求分析的目标及要点
- 掌握物联网工程项目客户特殊要求需求分析的目标及要点

【能力目标】
- 能够根据物联网工程项目的需求确定可靠性需求分析的目标和要点
- 能够根据物联网工程项目的需求确定安全性需求分析的目标和要点
- 能够根据物联网工程项目的需求确定工作环境需求分析的目标和要点
- 能够根据物联网工程项目的需求确定客户特殊要求需求分析的目标和要点

【素养目标】
- 培养主动观察的意识
- 培养独立思考的能力
- 培养积极沟通的意识
- 培养团队合作的能力

【任务描述】

教学课件
非功能性需求分析
的目标及要点

在进行物联网工程项目需求分析时,不仅需要对项目进行定性和定量分析,还需要对项目的非功能性需求进行分析。本任务中主要学习非功能性需求分析的目标及要点。

微视频
非功能性需求分析
的目标及要点

【知识准备】

2.3.1 物联网工程项目非功能性需求分析的概念

物联网工程项目非功能性需求分析是指对除功能性需求分析之外的其他需求进行分析,主要包括可靠性、安全性、工作环境及客户特殊要求等方面的需求。除此之外,互操作性、易用性、可维护性、可移植性、可重复性、可扩展性等也属于非功能性需求分析的内容。

2.3.2 物联网工程项目非功能性需求分析的目标及要点

1. 可靠性需求分析的目标及要点

可靠性是指元件、产品、系统在一定时间内、一定条件下无故障地执行指定功能的能力或可能性。可通过可靠度、失效率、平均无故障间隔等指标来评价产品的可靠性。

在物联网工程项目中,可靠性是指物联网系统可以稳定运行并满足客户使用要求的能力。例如,智能家居的智能安防功能,如果其可靠性较差,则时而可以监测到非法入侵,时而又无法进行有效监测,那么这样的智能安防功能将无法满足客户的使用需求。可靠性在非功能性需求中是最重要的一种需求。

2. 安全性需求分析的目标及要点

对物联网系统的安全性进行需求分析是一个必然的过程。安全性需求可以从两方面进行分析:一方面是物联网系统本身的安全性,例如,如果智能安防系统的解除导致无法进行有效的安防,这将对物联网系统本身的安全性构成威胁;另一方面是物联网系统被作为跳板,从而导致家庭计算机信息的泄露。

对于不同的客户以及不同的物联网应用系统,安全性需求分析所关注的目标也不同。

例如,任何在高通公司的 Tricorder XPrize 比赛中获得决赛资格的选手,他们带来的消费级设备都将能在最低限度下诊断出下列疾病:如贫血、尿路感染、糖尿病、心房颤动、睡眠呼吸暂停、结核病、慢性阻塞性肺疾病(COPD)、肺炎、中耳炎(耳道感染)、白细胞增多、A 型肝炎等。这些高度敏感的隐私信息,一旦泄露给罪犯或投机取巧的营销商,对客户来说都将造成无法挽回的损失。各种类型的消费设备,往往也是黑客攻击的理想目标。这些设备能够存储或传送有价值的个人信息,通常连接在消费级网络上,其拥有足够的信息总量,使黑客值得对其耗费心力进行非法盗用。再加上未来不可避免的自动化处方配药过程,黑客甚至有可能利用心脏起搏器进行暗杀。

3. 工作环境需求分析的目标及要点

物联网工程项目在规划和施工的过程中,对工作环境的需求分析主要从以下方面来考虑:

① 感知层传感装置的安装环境,应保证工作温度和湿度不超过其工作范围。
② 应用服务器所处机房需满足其使用条件。

例如,某市启动了数字城市项目试点运行,其中包括化粪池的危险源监控。第一批 20 个化粪池物联网监控设备被安装于化粪池井盖下,然而在一个月后发现该批设备均因被腐蚀而无法实现其预定功能。这个物联网项目失败的关键在于,在项目规划过程中未严格地对工作环境进行需求分析。另外,物联网系统应用层的承载设备被安装于机房中,为了保证承载设备的正常运行,机房也需要维持合理的温湿度工作环境。

4. 客户特殊要求需求分析的目标及要点

物联网工程项目与其他任何项目一样,不仅要满足客户的功能性要求,还需要考虑客户的特殊要求。

对于某些对物联网技术比较了解的客户,他们可能会参与到项目的具体规划中,从而提出一些特殊要求。例如,客户可能要求采用具体型号的传感器,或者要求采用特定的传输方式等。因此,在进行最终的项目规划时,一定要充分考虑客户的这些特殊要求,因为这往往是他们最关心的问题。

【任务实施】

归纳物联网工程项目非功能性需求分析的目标及要点。

要求:对物联网工程项目可靠性需求分析、安全性需求分析、工作环境需求分析及客户特殊要求需求分析的要点进行阐述。

评估标准:

评估细则	分值
非功能性需求分析的概念	20分
可靠性需求分析	20分
安全性需求分析	20分
工作环境需求分析	20分
客户特殊要求需求分析	20分

任务四 需求分析文档编制

【任务目标】

【知识目标】
- 掌握物联网工程项目需求分析文档编制步骤

【能力目标】
- 能够根据物联网工程项目的需求分析进行需求分析文档编制工作

【素养目标】
- 培养主动观察的意识
- 培养独立思考的能力
- 培养积极沟通的意识
- 培养团队合作的能力
- 培养科技报国的爱国情怀

【任务描述】

在物联网工程项目中,经常需要对项目进行现场勘察与全面的需求分析调研,并编制需求分析文档。本任务将了解需求分析文档的编制步骤,并通过三个实例来学习如何编制需求分析文档。

【知识准备】

2.4.1 需求分析文档编制的三个阶段

编制需求分析文档需要经历现场勘察、需求调查与需求分析文档编写三个阶段。

1. 现场勘察

按照物联网工程项目现场勘察的规范和要求,依次按功能区域进行现场勘察,或者按照项目现场的实际情况进行勘察,认真做好现场勘察工作,并做好详细的勘察记录。

（1）现场勘察的基本步骤

现场勘察的基本步骤如图 2-4 所示。

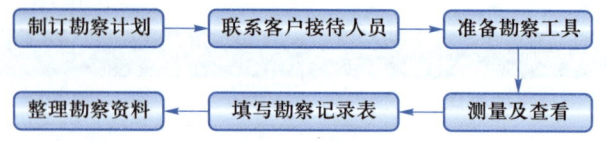

图 2-4   现场勘察的基本步骤

物联网工程项目现场勘察的步骤与图 2-4 所示大致类似。以某智能家居项目为例，其具体的勘察流程如下：

① 准备智能家居工程项目设计现场勘察的工具设备；

② 联系智能家居工程项目设计建设单位，约定现场勘察的时间；

③ 进行智能家居工程项目设计现场勘察，并做好勘察记录。

注意：现场勘察要逐层进行，并重点记录设备间的情况、主控室（机房）的状况、信息点的位置、布线的路径以及智能系统的安装点等关键信息。

（2）现场勘察的工具设备清单

在现场勘察过程中，前期的勘察工具及相关材料的准备工作是非常重要的。以某智能家居项目为例，其现场勘察的主要工具设备清单如表 2-1 所示。

表 2-1   现场勘察的工具设备清单

序号	产品名称	型号	数量	单位
1	便携电脑	普通	1	台
2	数码相机	普通	1	台
3	可伸缩人字楼梯	5 米	1	部
4	皮卷尺	10 米	1	把
5	水平仪	普通	1	支
6	激光测距仪	普通	1	台
7	录音笔	普通	1	支
8	笔	普通	3	支
9	文件夹	普通	2	个
10	记录本	普通	2	个
11	手电筒	普通	若干	只
12	安全帽	合格	若干	顶
13	工作服	合格	若干	套
14	现场勘察表	自制	若干	张
15	用户需求调查表	自制	若干	张

（3）现场勘察的主要内容

以某智能家居项目为例,其现场勘察的主要内容如表 2-2 所示。

表 2-2　现场勘察的主要内容

序号	勘察目标	勘察的主要内容
1	门	原有门锁、开向、门洞尺寸、样式（单开/双开）等
2	窗	位置、尺寸、样式、数量等
3	灯	个数、位置、开关位置等
4	家具	家具的长、宽、高尺寸、摆放位置、墙体情况等
5	信息点	现有信息点个数、位置等
6	智能设备	原有智能设备情况
7	强电设备	电源配电箱位置、空开型号、电源接线端子、电源开关及插座孔数、位置等
8	弱电设备	品牌、型号、数量、接口类型等

2. 需求调查

在需求调查阶段,需要全面了解用户现有物联网系统的状况以及用户的各种需求和想法,包括系统的应用背景与安装环境,用户的功能需求、安全性要求、管理需求以及可扩展性需求等内容,并填写好需求调查表。需求调查表的作用是收集和整理项目利益相关者（特别是最终用户）的需求和期望,以便对项目进行适当的规划和设计,有助于确保项目最终能够满足用户的需求,提高项目交付时的质量和用户满意度。

需求调查表的设计应简洁明了,易于理解和填写,如表 2-3 所示为某智能家居项目需求调查表。合理的用户需求调查可以帮助项目团队更好地了解用户的期望和需求,为项目的规划和设计提供依据,并确保最终交付的产品或服务能够满足用户的预期。需求调查表也为项目团队与用户之间的沟通提供了一个重要的参考。

表 2-3　某智能家居项目需求调查表

序号	子系统	设备名称	设备数量	安装位置	规格	其他
1	监控系统					
2	照明系统					
3	家电系统					
4	环境系统					
5	安防系统					
6	智能设备					
7	网络系统					

3. 需求分析文档编写

根据现场勘察和需求调查的结果,按需求分析工作的顺序和时间节点,进一步加工整理已完成的上述各项文字、图表等信息,然后再按照需求分析报告格式要求,汇总并编制用户需求分析文档,为设计者提供设计依据。

需求分析文档一般按公司的格式要求进行编写,如客户有特殊要求,也可根据客户的要求进行适当调整。

需求分析文档的主要内容包括项目概述、功能性需求分析、非功能性需求分析以及其他相关内容。

① 项目概述:项目名称、项目范围以及项目建设的背景和必要性。

② 功能性需求分析:详细描述项目所需的各项功能和特性,系统用户的使用场景和功能需求,系统的功能模块和其相应的功能。

③ 非功能性需求分析:应包括如下几方面内容:

性能需求:描述系统的性能要求,如响应时间、容量、并发性等;

可用性需求:指明系统的易用性、用户界面需求等;

可靠性需求:包括系统的稳定性、可靠性、恢复性等;

安全性需求:涉及系统的安全性要求、访问控制、数据保护等;

可维护性需求:描述系统的可维护性、可扩展性、可测试性等。

④ 其他相关内容:除以上相关模块之外,需求分析文档还要有跟项目相关的其他内容,如:解决方案、费用估算、风险评估、附录和参考文献等。

请注意,具体项目的需求分析文档的内容可能因项目类型和规模的不同而有所变化。因此,在编写文档之前,应根据实际情况和项目要求进行相应的调整和完善。

2.4.2　需求分析文档编制实例

1. 实例1——智能路侧停车系统

（1）系统设计背景

车辆的动与静构成了完整的交通脉络。在静态交通管理中,规范停车是构建城市文明的一项重要内容。近年来,路侧停车现象因其暴露出越来越多的问题,日渐成为城市合理规划交通网的难点和重点之一。

路侧停车目前存在的问题很多,包括因供需矛盾突出导致的停车资源不平衡,因停车管理机构设置混乱,法制不够完善而引起的管制"盲点"。更重要的是目前缺乏行之有效的手段对路侧停车进行监督,出现了一些乱收费、无证收费以及收费人员汲取私利等现象,不仅侵害了车主的合法权益,侵占了社会公共资源,更扰乱了正常的市场秩序及城市秩序。尤其是在进入21世纪以后,我国城市机动车数量迅速膨胀,城市交通环境逐渐恶化,停车问题越来越受到人们的关注,因此解决好城市的停车问题显得尤为重要。停车是城市交通系统中的一个重要环节。在我国城市机动化水平日益提高的情况下,如果不对城市停车问题进行深刻的反思和新的探索,将会使城市交通问题持续恶化。不仅如此,停车问题也可能成为实施国家汽车产业政策、城市道路交通政策以及其他相关政策的"瓶颈",尤其在大城市中,停车的重要性更加突出,因此应该充分认识到解决好停车问题的重要性。

为此,我们提出了一种基于物联网的智能路侧停车系统的设计方法。该方法采用物联网技术对路侧停车场进行管理。

教学文件
智能路侧停车方案

教学文件
基于物联网的智能
路侧停车系统功能
模块思维导图

微视频
智能路侧停车系统

（2）系统设计原则

1）先进性原则

将先进的地磁感应、NB-IoT及图像识别等技术综合应用到智能路侧停车系统中，同时兼顾结构、设备和工具的相对成熟度。设计的系统不但要能反映当今的先进水平，而且要具有发展潜力。在软件设计规范方面，严格遵守最新的国际标准、国家标准和行业标准。支持标准的应用开发平台，可以方便地与其他相关系统进行连接和通信。

2）实用性原则

系统建设与产品选型都应具有很强的实用针对性，既要考虑先进性，又要考虑实用性，始终贯彻面向应用、注重实效的方针，坚持实用、经济的原则。

3）可持续性原则

系统的设计与建设除了要考虑先进性与实用性，还应考虑系统的可持续性发展。系统接口应具有可持续发展的能力。

4）开放性和标准性原则

为了确保系统所选用的技术和设备能够协同运行，保证系统投资的长期效应以及满足系统功能不断扩展的需求，必须要求系统的开放性和标准性。全部系统都必须按照开放性和标准性原则进行设计，并提供全套的技术资料和全面的技术培训。

5）可靠性和稳定性原则

在考虑技术先进性和系统开放性的同时，还应从系统结构、技术措施、设备性能、系统管理、厂商的技术支持及维修能力等方面进行全面考虑，以确保系统运行的可靠性和稳定性，并尽可能地达到最大的平均无故障时间。

6）可扩展性和易维护性原则

可扩展性的基础在于确保系统的开放性、标准性和可持续性。因此，应该采用先进的技术和方法，包括软件工程理论、系统论，以及利用分层和代理等多种方法来保证系统的可扩展性。

系统软硬件的升级换代和系统使用中的易损件及耗材的更换须方便操作，易于维护。对部分系统的常用数据，应具有自动导入功能，以便节省时间，把操作使用人员从重复劳动中解放出来。

7）功能完善与资源整合相结合原则

设计人员既要充分了解路侧停车管理的业务需求，保证总体功能完善，又要尽量考虑设备资源的合理利用。

8）协调顺畅性和简单易用性原则

系统中心的管理人员可能无法完全掌握系统相关的所有专业技术，因此，各子系统应有机结合，协调工作，此外，系统流程要正确、顺畅，人机界面应清晰且简单易用。

9）保护建设方投资及效益原则

项目的建设应保护建设方已有的投资，并保证系统建设的效益。系统建设的经济性也是本项目建设的重要考虑因素，而系统建设的效益性应从充分集成和应用业主方已有的资源，以及合理规划新系统两个方面来得到保证。

（3）系统概述

当车辆经过或者停在地磁探测器上方时,相应区域内的磁场将发生变化。地磁探测器感知到这种变化时,就会对当前车位状态进行判断,并把车位信息通过 NB-IoT 无线通信技术实时传送给智能路侧停车系统管理后台。

手机支付停车费,是通过手机在车辆驶离时扫描计费二维码以电子扣费的方式支付费用。其优点是运作成本低,方便灵活,适用性好,使用时需要地磁探测器等监控设备的配合。

地磁探测器可以精确地获取各个车位的停车时间并将信息传送到系统管理后台,后台生成应收停车费用报表与计费二维码。收益人可通过报表核查停车费的收缴情况。二维码将在停车现场通过电子显示牌展示。

系统可以实时接收每个车位的空满状态。当车辆停放在车位上时,系统开始记录停车时间直至车辆离开车位,从而形成单个完整的停车期间,并同步计算出车主应缴纳的停车费用。若车主在离开车位的规定时间内未扫描交费,系统将会把未收费的车辆信息发送至管理部门,管理部门也可以通过历史监控视频查看车辆信息,并执行有效的处罚措施。

智能路侧停车系统综合运用了车位检测技术、视频监控技术和电子化收费技术来实现对车辆的监管以及停车费用的收取。根据路侧停车的监管需求,路侧停车物联网管理系统由三部分组成,包括感知层、传输层和应用层。

通过读取安装在路侧的车位探测器所采集的信号来判断停车位状态,并将各停车位的实时状态信息通过 NB-IoT 技术上传到系统的数据中心,从而实现对车位状态信息的采集与传输功能,可以远程监控车位状态,并能够记录高清监控视频以加强对路侧停车的后续管理。

（4）系统组成及其功能

本系统的总体框架按照物联网工程项目的模式可分为感知层、传输层和应用层三部分。

1）感知层

系统部署的感知设备用于检测车位状态信息,主要包括车位检测节点及感知信息。

① 地磁探测器。地磁探测器能够实时感应到每个车位当前的状态,检测停车状况,并配合进行计时工作,同时将记录信息发送到系统管理后台。一方面,节省了人力资源,也减少了收费人员,从而降低了管理成本;另一方面,管理员可以通过系统定期提交的车位信息分析报表对收费情况进行对比监督,确保工作人员认真负责,避免费用的流失。

地磁探测器最大的优点是安装简单,无须钻孔埋设,只需将其直接牢牢黏附于每个车位的地表。这种方式既避免了对地面的破坏,同时又极大地降低了施工的难度,缩短了工期,使设备能够迅速有效地投入使用。此外,地磁探测器的优点还包括易于掌握、技术精确、抗干扰性强,可全天候工作,而且设置简单、管理方便、成本低廉。

② 高清摄像头。基于路边停车场监控的实际需求,系统采用高清视频监控技术。每隔一定数目的停车位就会设置一个高清视频监控点,从而构建路侧停车场数字监控

系统,实现无线、高清的视频监控。为确保能够有效取证,每个视频监控点的前端都同时提供了图像的本地存储功能。

③ 动态二维码显示屏。路侧停车收费目前广泛使用人工收费方式。然而,目前人工计时收费存在计时不准确、人工成本高、监管力度不足、影响城市形象等主要问题。为解决这些问题,系统采用了动态二维码显示屏。该显示屏可以通过系统后台记录的停车时间自动生成动态二维码,以便用户扫描进行交费。此外,票据的电子化将有助于收费过程的标准化和透明化,同时能够杜绝路侧停车收费过程中的违规现象,避免财政收入的流失。

2)传输层

系统采用 NB-IoT 通信技术,确保数据能够可靠地从发送节点传输到目标节点,避免报文出错、丢失、延迟时间紊乱、重复、乱序等问题。

相对于其他通信协议,NB-IoT 技术具有覆盖广、连接多、速率快、成本低、功耗少、架构优等特点,这些特点使其适合在物联网领域中大规模的应用。本系统用 NB-IoT 进行地磁探测器与二维码显示屏之间的数据传输,用专线网络进行高清摄像头视频图像数据的传输。

3)应用层

应用层也称为应用实体,它由若干个特定应用服务元素和一个或多个公用应用服务元素组成。本系统提供的特定应用服务有账号管理、权限管理、统计分析、逃费告警、费用管理、二维码生成等。

① 账号管理。为了使管理者能够更迅速、便捷、直观地看到收费信息、告警信息等数据,本系统设置了账号登录功能,使管理者可以查看需要的数据信息并进行相应的管理。

② 权限管理。为了确保管理者所能看到的信息有所区别,本系统运用了权限管理系统进行权限检测。只有经过授权的用户才可以正常合法地使用已授权的功能,而未经授权的非法用户则无法获得访问权限。这样既可以避免重要数据的泄露,也可以明确组织成员之间的关系,使管理者能够拥有更多的时间去处理其他问题,从而提高决策的效率。

③ 统计分析。本系统可实现停车收费统计、收费排名、逃费告警情况统计、停车流动率分析、停车时长分析等功能,并能够以各种图形形象直观地展示出来。数据统计分析功能可为管理决策提供基础的数据支持。

④ 逃费告警。当用户离开车位后,如果未在规定时间内扫描动态二维码缴费,系统会将未收费的停车位信息发送给相关人员,并进行自动告警。

⑤ 视频监控。前端高清摄像头分布于收费路段的两侧,可以监控整个停车场并对驶离车辆进行抓拍。

⑥ 历史视频查询。前端摄像头所拍摄的高清视频将自动进行备份,以便管理者查询。这些视频主要用于对逃费车辆的调查取证工作。

⑦ 费用管理。通过感知层设备提供的停车时长等相关数据,费用管理模块能够对每个停车位产生的停车费用进行计算并生成对应的报表。

⑧ 二维码生成。根据费用管理模块生成的收费金额数据,二维码生成模块将为每

个停车位与其对应的收费金额生成一个二维码。这些二维码将被传输至感知层,并在二维码动态显示屏上进行展示。

⑨ 二维码支付账号接口。该模块将与主流支付账号接口进行对接,实现用户通过扫描二维码即可进行交费的功能。

4)网络拓扑图

智能路侧停车系统拓扑图如图 2-5 所示。

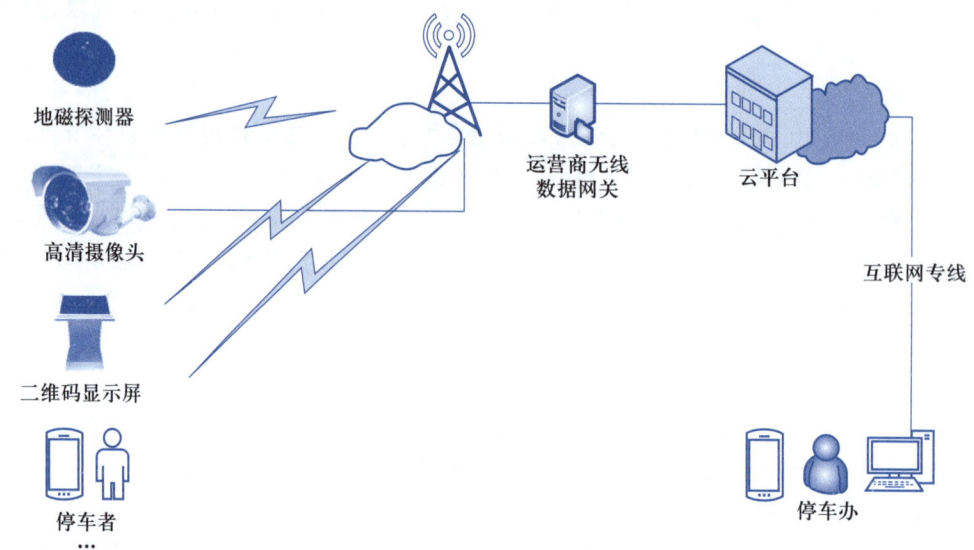

图 2-5   智能路侧停车系统拓扑图

地磁探测器、二维码显示屏均采用 NB-IoT 技术进行信息的传输,而高清摄像头则通过专线网络进行视频图像的传输。

5)系统功能模块

基于物联网的智能路侧停车系统功能模块如图 2-6 所示。

6)系统流程图

基于物联网的智能路侧停车系统流程图如图 2-7 所示。

由车辆探测器检测作出判断是否有车停入,并在车辆停入车位时开始计时至检测到车辆驶离时结束计时。将记录的停车时间数据运用 NB-IoT 技术传入系统管理后台,由后台计算出停车费用并自动生成二维码在显示屏中展示,供用户扫描并交费。若车主在离开车位后并未在规定时间内扫描交费,系统将会将未交费的车辆信息传输给相关工作人员,由工作人员记录具体信息并上报领导。若车主在规定时间内已交费,则记录归档,流程结束。

(5)系统效益

1)经济效益

智能路侧停车系统能够提高路边停车场的智能化管理水平,使得计费过程更加方便快捷,而且公正透明,起到计时、计费和监管的多重作用,防止了传统模式中现场收费人员的不当行为,并可以节省这部分人员的人工成本。未来,车辆检测器与手机支付的结合将使路侧停车的管理更加便捷。

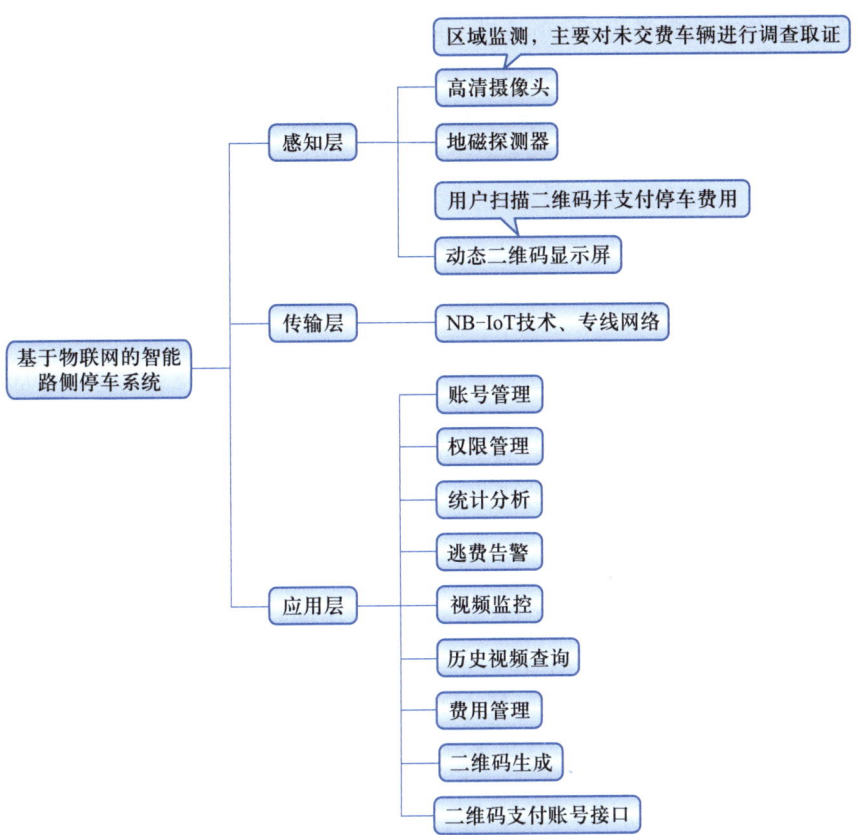

图 2-6　基于物联网的智能路侧停车系统功能模块

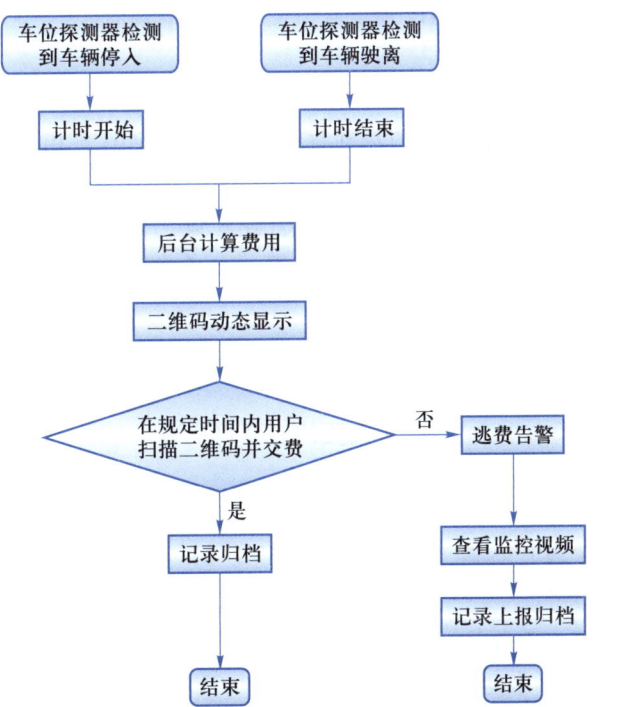

图 2-7　基于物联网的智能路侧停车系统流程图

假设单侧路边停车位数量为 50,项目投入成本部分计算见表 2-4。

表 2-4   基于物联网的智能路侧停车系统成本核算表

明细	数量	单价	合计
地磁探测器	50	¥800.00	¥40 000.00
二维码显示屏	2	¥5 000.00	¥10 000.00
高清摄像头	4	¥3 000.00	¥12 000.00
集成实施费用	1	—	¥18 600.00
合计	57	—	¥80 600.00

在传统模式中需要配置两名收费人员,按 3 万元/人/年计算,每年固定人员开支为 6 万元。如果不考虑收费人员的瞒报和漏收费用,那么仅通过节省人工成本,项目成本在一年半内即可收回。

2) 社会效益

我们采用地磁探测器与其他手段,减少了很多中间环节,使系统可以快速、大范围地部署。在政府规划好停车场地后,该系统即可迅速投入使用。这样既方便了市民,也培养了市民规范停车的良好习惯,解决了车辆乱停乱放,市民停车难、找车位难的问题,又杜绝了乱收费现象。同时,这也能在短时间内为政府带来收入,本着取之于民、用之于民的原则,这笔收入可以再用于城市建设,改善民生,形成良性循环。

此外,该系统还可以给第三方提供基础的停车位信息,作为实时的交通诱导信息。驾驶员可以实时查询路边停车位和停车场的车位使用情况,这样就能减少驾驶员寻找车位的时间和道路使用量,从而改善了城市交通拥堵的现状。

2. 实例 2——智慧城管项目

(1)项目背景

城市管理关系到城市居民的切身利益,与居民的生活息息相关。某区县将自身城管工作的实际情况与现代信息化技术相结合,提出乡镇级智慧城管的新概念,并作为某区县智慧城市建设的重要组成部分,予以首期建设。智慧城管不仅能丰富乡镇级城市管理的技术手段,同时还能与区级城市的数字平台衔接,实现区镇城市管理工作的统一性和有效性。

(2)需求分析

1)微信公众平台建设

建设城管微信公众平台,辖区居民关注后即可实现以下功能:

① 投诉事件及建议上报。

② 查询市政相关通知公告。

③ 查询处理流程及结果。

④ 了解便民服务。

⑤ 了解市政等相关政策。

2)工作人员 App 建设

建设工作人员 App,通过三级权限体现功能差异性,整体功能归纳为以下几点:

教学文件
智慧城管技术方案

教学文件
智慧城管项目思维导图

微视频
智慧城管技术方案

① 内部通知及公告发布。

② 事件处理及上报。

③ 工作人员位置在地图上显示。

④ 统计分析及结果展示。

⑤ 事件及相关数据查询。

⑥ 视频查看。

3）智慧城管平台建设

通过电子围栏和轨迹记录实现对城管工作人员的有效管理,并用积分管理提高市民参与城市管理的积极性。

① 电子围栏:自动告警(与人员相匹配);告警历史数据查询。

② 轨迹记录:按时间段进行设置;轨迹历史记录查询;定点时间超时告警。

③ 积分管理:信息发布;统计分析查询;视频接口。

4）与区级数字城管衔接

主要包括三部分:

① 问题下发。

② 结案上报。

③ 区级文件下发与通知。

5）某镇视频监控数据展示

① 后台展示。

② 手机端展示。

（3）解决方案

1）系统网络拓扑结构

按目前系统搭建的不同方式,主要分为以下两类。

① 通过自购服务器方式组网,网络拓扑图如图 2-8 所示。

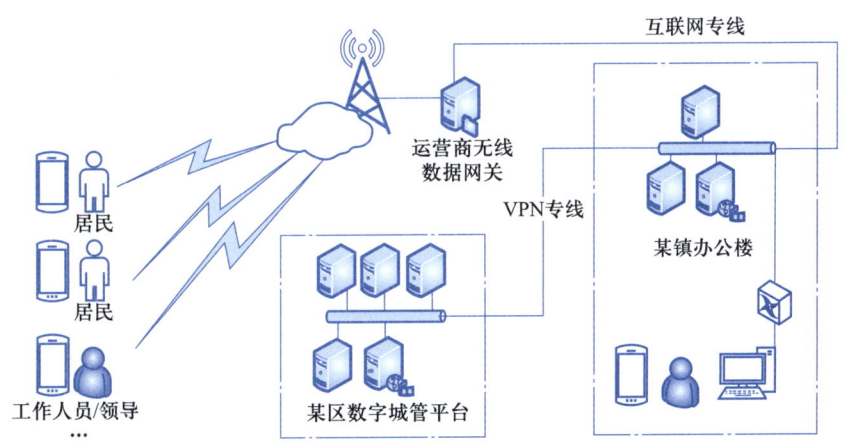

图 2-8 智慧城管项目通过自购服务器方式组网的网络拓扑结构

② 利用移动云平台方式组网,网络拓扑结构如图 2-9 所示。

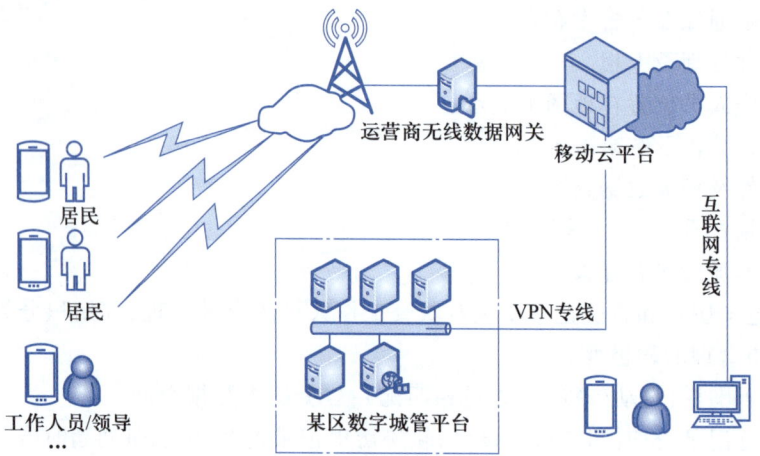

图 2-9　智慧城管项目利用移动云平台方式组网的网络拓扑结构

2）系统整体思维导图

智慧城管项目思维导图如图 2-10 所示。

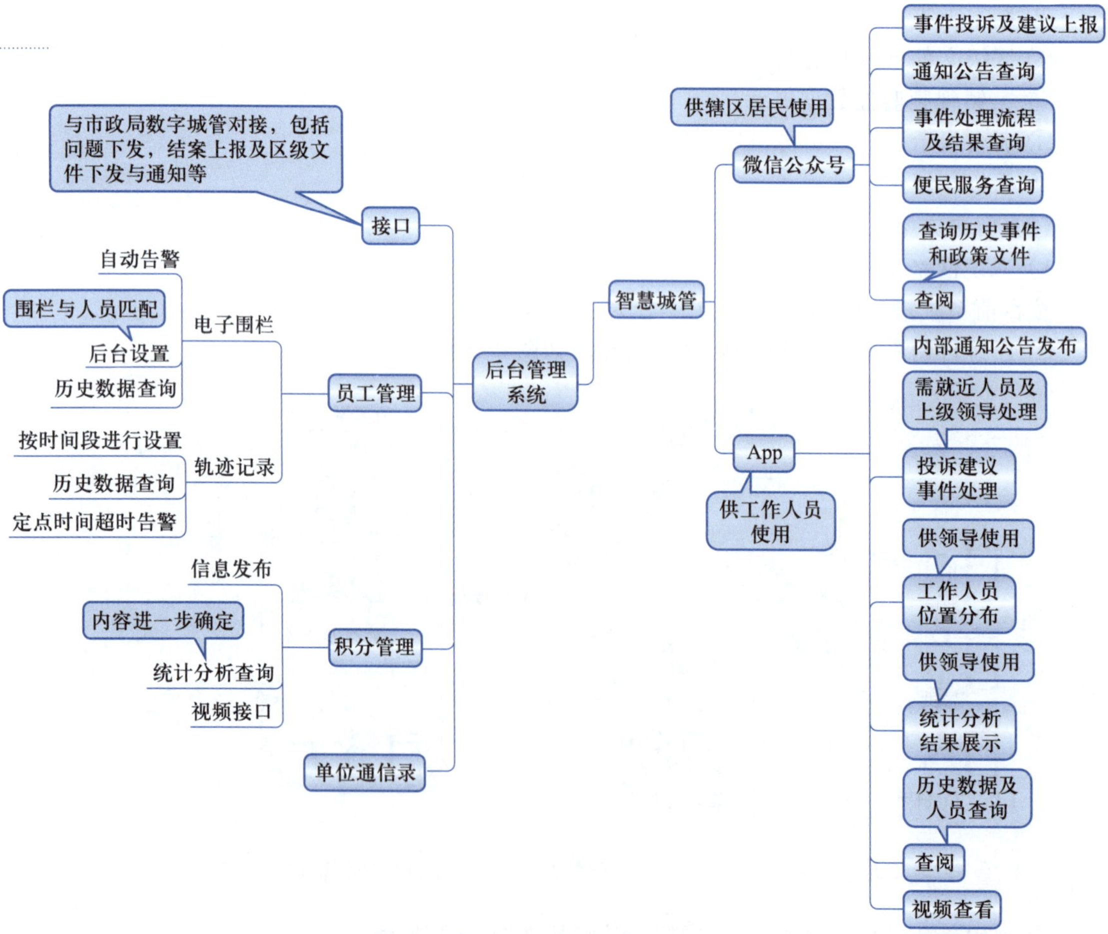

图 2-10　智慧城管项目思维导图

3）事件上报处理流程

① 智慧城管项目居民上报问题流程,如图 2-11 所示。

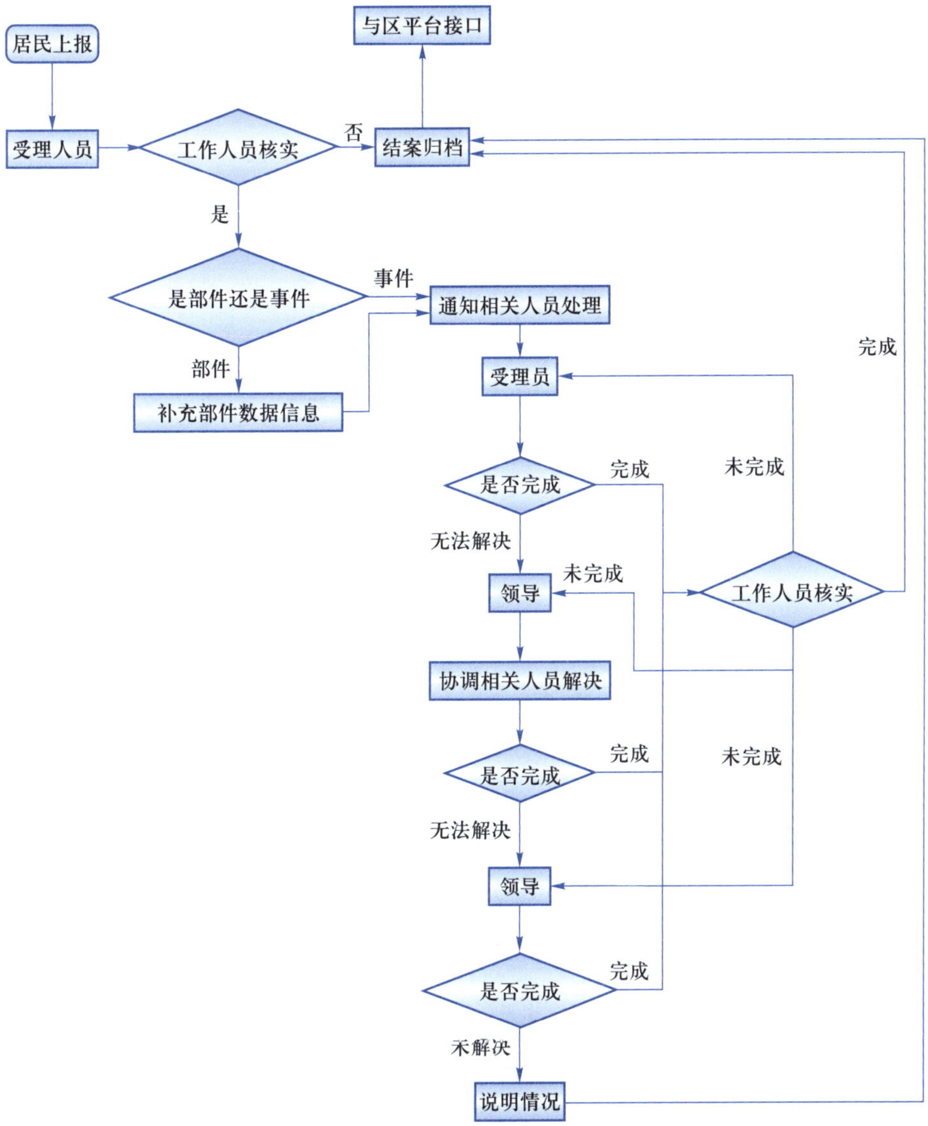

图 2-11　智慧城管项目居民上报问题流程

② 区平台与镇平台接口业务流程,如图 2-12 所示。

3. 实例 3——山羊养殖物联网监控系统

（1）项目简介

随着市场经济的快速发展,人民生活水平得到不断的提升,丰富的农产品已经不是生活追求的唯一目标,人们更加青睐安全的、生态的农产品。特别是在畜牧业养殖方面,如何才能吃到放心的肉食品成为人们的强烈需求,促进了现代畜牧业的大力发展。

教学文件
山羊养殖物联网监控技术解决方案

教学文件
山羊养殖物联网监控系统需求分析思维导图

微视频
山羊养殖物联网监控技术解决方案

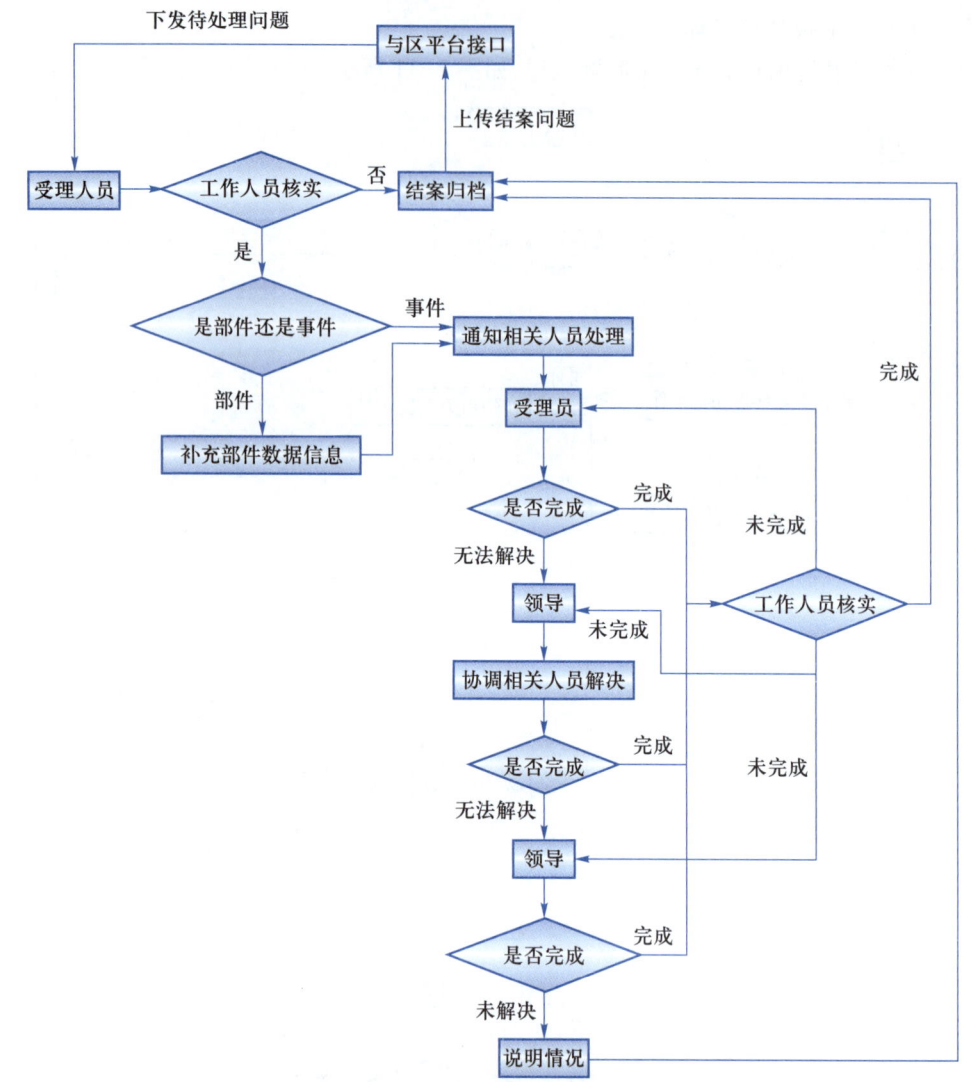

图 2-12　智慧城管项目区平台与镇平台接口业务流程

目前,某山羊养殖场拥有种羊基地 220 亩(1 亩 = 666.67 m²),共设置 15 个种羊羊舍和 1 个羔羊羊舍。该养殖场已投入大量资金在基地内实现设备自动化,包括排风扇、电动门帘、消毒自动喷洒设备、除湿机、刮粪机、食料运输及喂养机以及供暖设备等。目前各个环节均需人工进行操作以实现预期目标。例如,工作人员需通过观察温度计来判断是否将电动门帘关闭,通过观察湿度表来决定是否打开除湿机进行除湿;同时需要安排人员定期对羊舍进行消毒喷洒等工作。这些自动化设备完全依赖于基地工作人员的操作,不仅对工作人员的素质有要求,而且也增加了在设备管理方面的人工数量。物联网技术尚未在该基地得到应用,故物联网的高效性难以在此体现。

（2）系统建设的必要性

1）可以改变传统的工作方式

传统的畜牧养殖场是人与设备的结合,工作人员需按照工作制度操作设备。而运用物联网技术后,工作人员可以在后台系统上将制度数字化,并自动控制设备的运行,无须人工干预。这样不仅提高了管理效率,也降低了人工成本。

2）可以远程修改自动化控制参数

系统可以根据季节的变化来设置消毒的周期及刮粪机的频率等。同时还可以远程修改温度、湿度等启动自动化设备的阈值等。对于电子门帘设备,系统可根据季节或者温度的变化进行不同的设置。

3）可以将现场监测的参数上传

系统可将温度、湿度及氨气含量等数据直接在电脑、手机上呈现,无须安排工作人员去每个羊舍进行数据记录。

4）可以自动判断自动化设备是否运行

系统可以自动判断自动化设备是否运行,并可以记录设备的运行时间等数据,为后期科学化畜牧养殖提供大数据决策依据。

5）可以实现远程故障告警

当自动化设备出现故障且无法按制度进行工作时,系统可以自动进行告警提醒,确保整个羊舍的设备正常运转。

（3）需求分析

该养殖物联网监控系统的总体功能实现目标如下所述:

① 自动测量温度并能根据温度阈值调整电动门帘以及供暖设备的开启和关闭。

② 自动测量湿度并能根据湿度阈值调整除湿机的开启和关闭。

③ 按制度要求定时开启和关闭消毒设备。

④ 自动检测氨气浓度并能根据浓度值调整羊舍内部排风扇的开启和关闭。

⑤ 按制度要求定时开启和关闭刮粪机。

⑥ 监控每个羊舍食料车的进入数量,从而可以记录每天的食料使用情况,并可按时段进行统计分析。

⑦ 授权人员进入基地羊舍并能记录进入人员数量。

⑧ 出于对系统安全使用的考虑,必须在系统上采用严格的安全措施,在系统中心实施操作口令和密码保护,防止非工作人员对系统的误操作。

⑨ 运用全球卫星定位系统与计算机技术,实现对系统的准确校时,保证前置机和局域网内所有服务器时钟的准确性与一致性。

⑩ 当系统有故障时,可在系统界面上显示或向手机 App 上推送相关故障信息。

⑪ 系统可分批扩容,其最大容量对终端数目没有限制。在进行系统扩容时,新设备的添加同原设备分开,不影响原设备的运行。

⑫ 系统提供与企业资源规划（ERP）系统的接口。

（4）系统设计原则

1）实用性

系统在规划初期就应严格遵循实用优先的设计原则。虽然是依赖先进技术组建的复杂系统,但最终面向用户的应是非常生动直观的软件界面和十分简洁明了的硬件模块单元。用户无须具备深厚的专业知识,在系统使用和维护方面只需要具备基础的计算机知识和电工知识,经过简单的技术培训即可熟练操作。

2）先进性

系统的通信方案应采用局域网宽带接入技术，监测部分应采用国际主流的传感器装置及工业级的核心处理芯片。局域网有线宽带技术能够支持大规模的监控网络，所有设备同时接入，为监控系统的高效运行提供了可靠的保障。

系统的设计应具备较高的先进性，在未来相当长的一段时间内不会过时，从而避免用户重复投资。系统各环节设计都应具备良好的兼容性，可以有效避免因局部损坏而导致整个系统瘫痪。

3）可靠性

系统的监控设备终端必须经过大规模的应用实践验证，以确保其具有极高的可靠性，特别是要具有抵抗恶劣工作环境的能力。

4）可扩展性

随着现代通信和计算机技术日新月异的发展，系统的设计应考虑适应新技术发展的潮流。既要保证监控系统的先进性，同时也要保证技术的成熟性。系统应能支持多种设备的接入及不同的操作环境，允许未来改变操作系统和硬件环境。为了避免以往在建设类似系统时没有标准可依，各自为战，导致设备互不兼容的不规范做法，系统应在未涉及安全的部分采用开放协议标准，使得不同厂商生产的设备可以实现兼容。同时在通信接口方面，系统也应按通用的规范和标准进行设计。

5）安全性

系统建成后，为防止非法用户的恶意侵入，保证系统的安全，系统应具有适当的保密机制防止恶意数据入侵。本系统设计应有多层网关，确保数据的高度安全。同时，中心服务器软件应具有防数据误删除的机制和完善的数据备份及容错措施。

（5）系统组成及其功能

1）感知层

感知层主要由监测部分和控制部分组成。在监测部分，系统主要关注的内容为：温度、湿度、氨气浓度、食料车数量及人员进出数量和鉴权情况。在控制部分，系统主要对排风扇、除湿机、消毒机、刮粪机、供暖设备、电动卷帘门及 RFID 电子标签读写进行操作和控制。其中，对温度、湿度和氨气浓度的监测，均采用工业级传感器实现数据采集。对食料车数量的监测，考虑在入门侧安装光电开关进行计数判断。在控制部分，主要利用交流接触器和继电器进行操作。

2）传输层

传输层考虑局域网有线方式或运营商无线方式。

3）应用层

应用层是整个山羊养殖物联网监控系统的"大脑"，负责展示监测数据和下发控制指令等。下面具体对各个功能点进行阐述。

① 羊舍监控。羊舍监控需要展示羊舍的温度、湿度、氨气浓度、食料车数量，同时可根据车辆数展示食料数量。在排风扇、除湿机、消毒机、刮粪机、供暖设备及电动卷帘门设置界面添加手动开关，并可以提示开关状态。软件程序需要将氨气阈值与排风扇关联，湿度阈值与除湿机关联，温度阈值与供暖设备和电动卷帘门关联。此外，该功能点还可将羊舍内摄像头的视频信息整合到界面处进行查看。

　　② 基础数据。基础数据部分主要是管理各个羊舍的监控设备,包括新增、删除、修改等。例如,新建好的羊舍需添加新设备,则可以在基础数据功能点进行设置。该功能点还可以进行监测数据的阈值设定,包括温度、湿度和氨气浓度,以及电子标签的数据配置等任务。此外,该部分还可设置定时任务,例如间隔固定时间进行羊舍消毒作业、让刮粪机自动工作等。

　　③ 统计分析。统计分析主要是对羊舍的温度、湿度及氨气浓度进行大数据分析,统计各设备使用的时间长短,计算并统计羊舍的食料使用情况,查询羊群的生长数据(该数据与电子标签数据一致)等。

　　④ 系统管理。系统管理包括账号管理、用户权限设置和系统操作日志查看等内容。

【任务实施】

　　模拟某智能家居项目,编制物联网工程项目需求分析文档。

　　要求:按照需求分析文档编制步骤和格式要求,模拟现场勘察和需求调查阶段工作,并编制需求分析文档。

　　评估标准:

评估细则	分值
完成现场勘察主要内容表	25 分
完成需求调查表	25 分
完成需求分析文档	50 分

模块三

物联网工程方案设计

物联网的本质概括起来主要体现在三个方面：一是联网特征，即需要联网的"物"一定要能够实现互联互通；二是识别特征，即纳入物联网的"物"一定要具备自动识别的功能；三是智能化特征，即网络系统应具有自动化、自我反馈与智能控制的特点。

物联网工程方案设计是本教材的核心模块，需要根据需求分析对系统实际的功能要求以及安全要求等进行详细的规划，明确设备的选型原则，以及设计过程中的关键步骤，完成系统方案设计的编制。

任务一　物联网工程方案设计概述

【任务目标】

精益求精

精益求精的工匠精神就是要求拥有"没有最好,只有更好"的理念,在工作实践中不断提高自己的工作质量,不断完善自己的工程作品。

【知识目标】
- 理解物联网工程方案设计的基本流程
- 理解设计规范的作用及意义

【能力目标】
- 掌握物联网工程方案设计的原则
- 掌握查阅设计规范的方法和途径

【素养目标】
- 培养规范及标准意识
- 培养独立思考的能力
- 培养交流及沟通能力
- 培养团队协作的意识

【任务描述】

模块二完成了对李先生智能家居项目的需求分析,接下来需对该物联网工程进行方案设计。物联网工程方案设计的基本流程是怎样的,进行方案设计时需要遵循哪些设计规范和基本原则,完成本任务,就能找到这些问题的答案。

【知识准备】

教学课件
物联网工程方案设计的基本流程

微视频
物联网工程方案设计的基本流程

3.1.1　物联网工程方案设计的基本流程

物联网工程方案设计主要需经过以下四个阶段:需求分析、总体方案设计、各子系统的详细设计以及设计说明编制。

1. 需求分析

详见模块二,在此不再赘述。

2. 总体方案设计

该阶段需要对整个物联网工程项目的系统架构、系统功能及网络拓扑进行设计。

（1）系统架构设计

在系统架构设计中,主要指根据物联网四层架构模型,完成该工程项目的感知层、传输层、平台层及应用层的顶层设计。例如,在一个智慧社区项目中,根据客户的需求构建出了该项目的感知层、传输层、平台层、应用层四层架构层,完成了如图3-1所示的某智慧社区系统架构设计。

（2）系统功能设计

在总体方案设计中,需要根据系统的功能特点及其实用性与易用性,将系统分为各子系统。

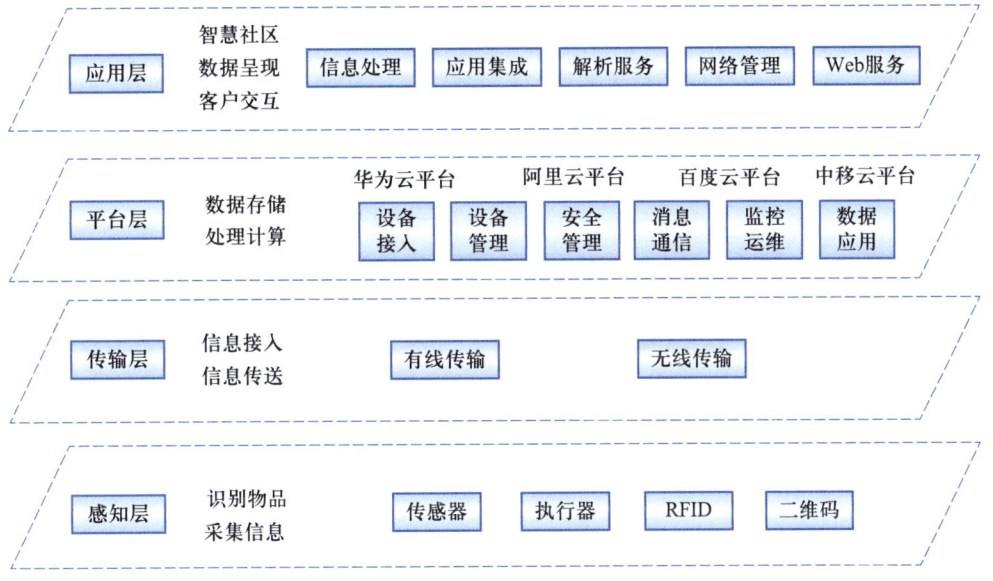

图 3-1 某智慧社区系统架构设计

同样,以上述智慧社区项目为例,在该阶段需要完成系统功能划分,将整个系统分为如智能家居子系统、安全防范子系统、智能物业管理子系统等。

（3）网络拓扑设计

在网络拓扑设计中,主要对系统的网络拓扑图进行设计与绘制。同样以智慧社区项目为例,该阶段需要完成如图 3-2 所示网络拓扑图的设计。

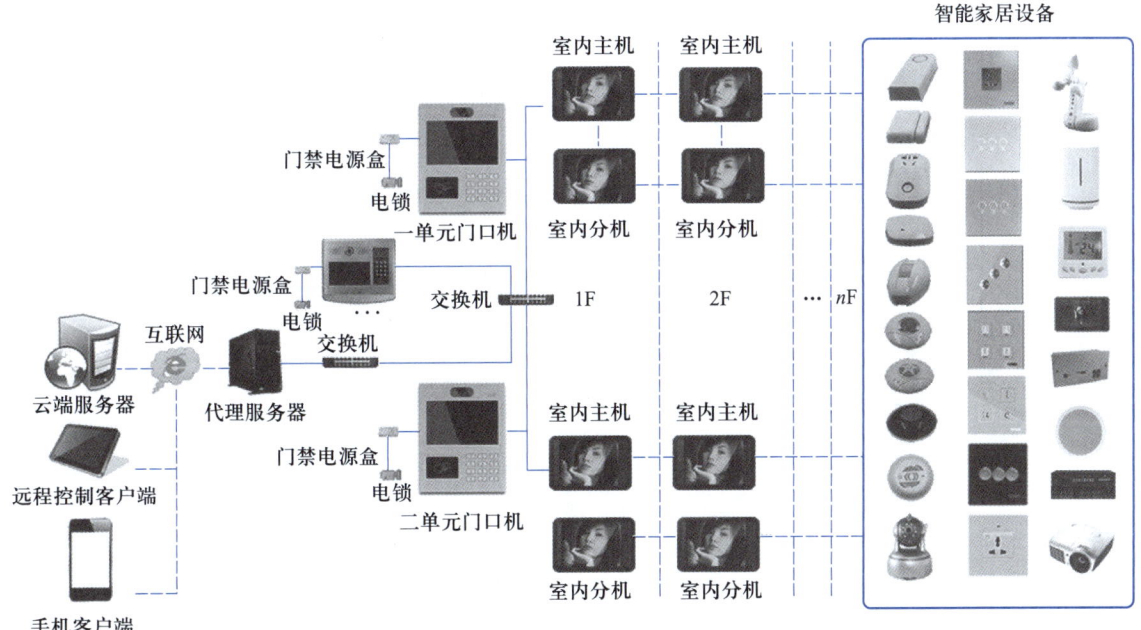

图 3-2 某智慧社区网络拓扑图

3. 子系统详细设计

该阶段需要结合实地勘察,对系统的前端、传输及后端进行详细设计。在子系统详细设计中,需要确定各层的技术路线,详细制定各子系统的功能说明,同时需要确定各子系统采用的设备参数、型号、厂商、数量等信息,即进行设备选型。这一阶段需要完成如表 3-1 所示的设备配置清单和图 3-3 所示的安装点位图。

表 3-1   某智能家居项目中环境监测子系统卧室设备配置清单

系统功能	区域	设备名称	数量	单价	总价	功能说明	相关参数	实物图
环境监控	卧室	米家智能窗帘	2	799	1598	联动环境和场景等,智能控制窗帘	电源:市电供电,需预留电源接口; 通信:Wi-Fi和蓝牙	
		米家空调伴侣PRO	1	129	129	联动温湿度和门窗传感器,智能控制空调	配置 16 A 和10 A 插座; 自带蓝牙网关	
		米家智能温湿度计	1	49	49	显示日期、时间及温湿度;与其他设备联动	已配电池;蓝牙通信	
		米家门窗传感器	1	49	49	接收开合通知,与其他设备联动	已配电池;蓝牙通信	
		米家人体传感器	1	59	59	感应人体移动,与其他设备联动	已配电池;蓝牙通信	

4. 设计说明编制

见模块三任务九的内容,在此不再赘述。

3.1.2   设计标准、规范的分类及作用

1. 标准、规范的概念

标准、规范是为了统一和规范某个领域或行业中的各项要求、规则和标准而制定的文档或指南。它们提供了可供参考和遵循的准则,以确保产品、服务、程序或实践的质量、安全性、可靠性和一致性。标准、规范通常由专业组织、行业协会、国家标准化管理部门或国际标准化组织等制定。

教学课件
设计标准规范的作用及意义

微视频
设计标准规范的作用及意义

2. 标准规范的分类

根据《中华人民共和国标准化法》第二条规定,标准包括国家标准、行业标准、地方标准和团体标准、企业标准。国家标准分为强制性标准、推荐性标准,行业标准、地方标准大多是推荐性标准。

推荐性国家标准(GB/T),GB 是"国家标准"的汉语拼音缩写,T 是"推荐性"的意思。推荐性国家标准是指生产、交换、使用等方面,通过经济手段或市场调节而自愿采用的一类标准,又称自愿性标准。任何单位都有权决定是否采用这类标准,违反这类标准,无须承担经济或法律方面的责任。但是,这类标准一经接受并采用,或各方商定同意纳入经济合同中,就成为各方必须共同遵守的技术依据,具有法律上的约束性。

地方标准编号的基本结构为:标准代号+专业类号+顺序号+年代号。例如,重庆市住宅电气设计标准编号为 DBJ50/T–147—2012。

3. 国家标准图集专业类号含义

国家标准图集专业类号是用于对国家标准图集进行分类和编目的一种标识系统,由中国国家标准化管理委员会制定和管理。国家标准图集涵盖了各个领域的标准,通过给每个标准图集分配专业类号,可以方便用户按照特定领域或专业进行检索和查找相关的标准。国家标准图集常见的专业类号含义如下:

J—建筑图集;

G—结构图集;

S—给排水图集;

D—电气图集;

X—弱电图集;

K—暖通图集;

R—动力专业图集;

M—市政路桥图集;

F—人防工程图集。

4. 标准、规范的作用及意义

物联网工程涉及多个行业和领域,作为各应用的融合,在进行方案设计时,可以参考如建筑智能化、安防系统、通信工程等相关领域的标准、规范。有了设计标准和规范,可以确保:

① 对物联网工程项目的规模、内容、建造标准进行控制;

② 保证项目的安全性和预期的使用功能;

③ 提供设计所必要的指标、定额、计算方法和构造措施;

④ 为降低工程造价、控制工程投资提供方法和依据;

⑤ 减少设计工作量,提高设计效率。

3.1.3　相关设计规范的查阅

见教学文件"相关设计规范的查阅"。

教学文件
相关设计规范的查阅

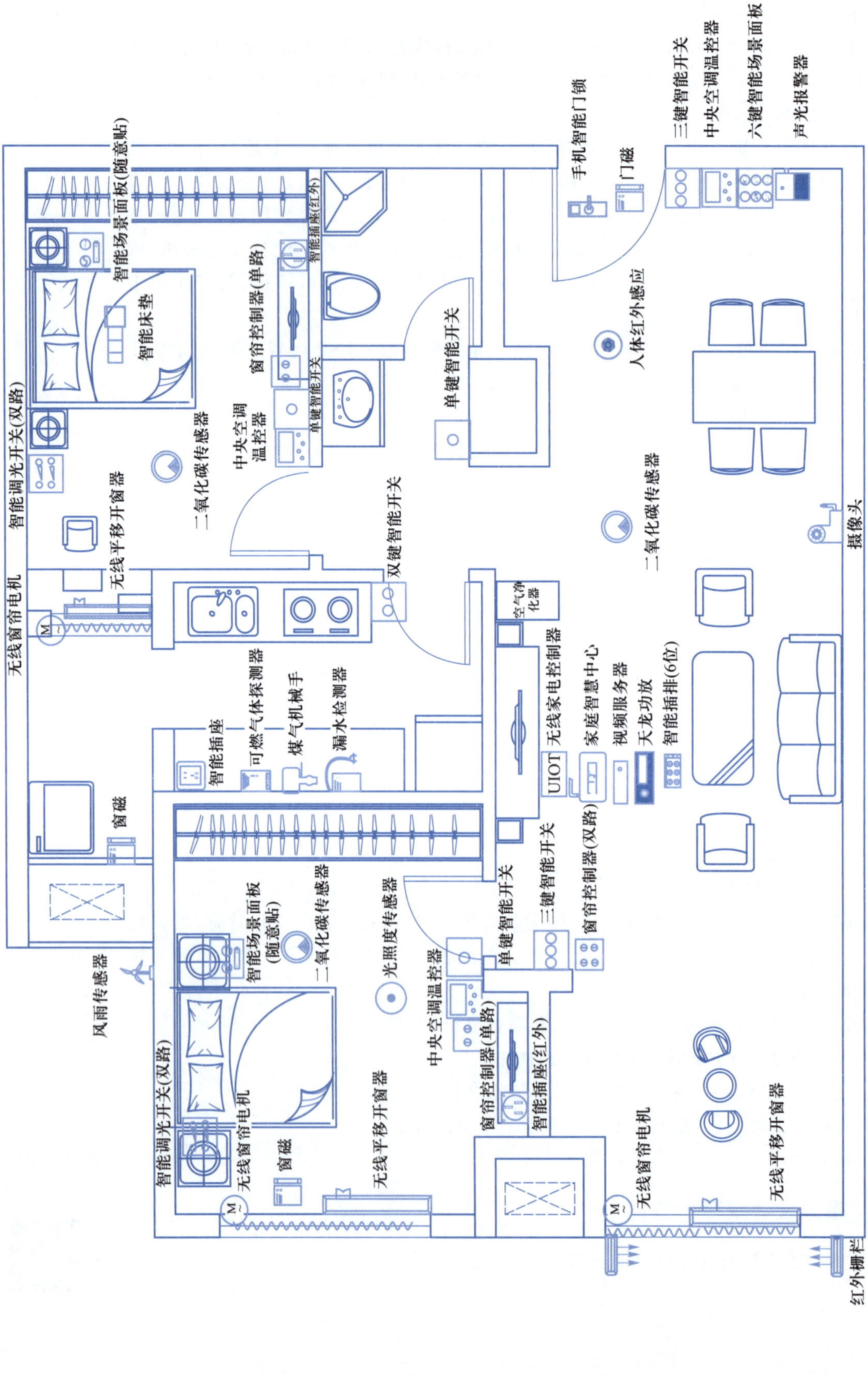

图3-3 某智能家居项目安装点位图

3.1.4 物联网工程方案设计的基本原则

物联网工程方案设计应遵循以下原则:以实用为前提、以需求为中心、以技术成熟为保证,具体为:以人为本的原则、匹配原则、经济性原则以及兼容性和可扩展性原则。

教学课件
物联网工程方案设计的基本原则

微视频
物联网工程方案设计的基本原则

1. 以人为本的原则

"人"是物联网工程的使用主体,方案设计应紧紧围绕着人们的实际需求,以实用、简便、经济、完善、安全为原则,体现"以人为本的理念",提供人性化的服务,最大限度地满足用户提出的功能需求,并针对不同层次的用户特点,确保系统的实用性和易操作性。

2. 匹配原则

（1）功能和需求匹配

在方案设计过程中,应从物联网工程的实际需求出发,严格把握各子系统功能和需求的匹配。同时,设备及系统应具有良好的兼容性,充分发挥各个系统设备的功能特性,实现最大程度的功能匹配,满足使用需求。

（2）技术和设备匹配

在方案设计过程中,应从功能的实际需求出发,充分、合理地考虑各子系统所采用的相应技术和系统所采用设备的各项技术参数的完美结合。通过对设备的最佳优化组合,完全实现在智能化系统中采用的相关技术指标和功能效果。

（3）硬件和软件匹配

物联网工程项目通常是由诸多子系统的硬件和软件集合组成,因此在方案设计过程中,应建设性地考虑硬件和软件的无缝集成,充分突出硬件是软件的基础,软件是硬件的完善和扩展的特点。只有真正实现了硬件和软件的无缝集成,才能实现智能化的最大实际功能效果,满足智能化系统的整体功能需求。

3. 经济性原则

物联网工程的经济性是一个需要考虑的重要因素。在物联网工程项目的建设中,应追求高的性价比,进行工程造价与实现智能化功能的成本分析,争取以合理的造价实现完善的功能。

4. 兼容性和可扩展性原则

（1）先进性

物联网工程应优先采用先进的技术产品和设备,只有这样做,才能与当前技术发展潮流相吻合,保证系统在未来的使用中与后续的技术产品衔接,从而保证系统功能的完善和可持续发展。

（2）开放性

物联网工程的功能实现依赖于多个子系统的集成,因此各子系统的模块化结构和系统的开放性十分重要。只有当系统具备了开放性,才能有利于系统的扩展和功能的扩展。因此,在选择系统时,要充分考虑开放性,并注意解决不同子系统产品和设备的接口和协议的"标准化"问题,使它们之间能够实现"互操作性"。接口应当提供标准的数据接口、网络接口、系统和应用软件接口,实现与未来设备的更多互联和互操作。

（3）功能可扩展性

在设计物联网工程时,要充分考虑今后的发展。当前技术发展日新月异,为了保证工程项目的生命力,更有必要考虑建设时的技术可持续发展问题。在系统规划上,要有一定的超前性和可扩展性,整体考虑管线的预留与未来扩展的需求。

（4）可靠性和稳定性

在考虑技术的先进性和系统的开放性的同时,应从整体的系统结构、系统管理、技术实施、设备性能、技术支持、设备的安装及维修等多方面着手,确保物联网工程项目运行的可靠性和稳定性。

【任务实施】

针对李先生家智能家居项目,拟定出在进行该项目总体方案设计时,需要经过的步骤及阶段,并总结出需要遵循的设计规范和基本原则。

要求:① 拟出各阶段需要完成的任务文档,搜集需要查阅的规范及参考资料。

　　　② 图文并茂,采用 PPT 的形式展示,课内发言,时间 3~5 分钟。

评估标准:

评估细则	分值
能按要求列出智能家居项目总体方案设计的四个阶段	25 分（每漏掉一个或顺序错一个扣 5 分）
能列出智能家居项目可遵循的设计规范,掌握查阅设计规范的方法和途径	25 分
掌握智能家居项目方案设计的基本原则	25 分（每缺少一个扣 5 分）
叙述条理性强,表达清晰	10 分
整体汇报文案配色及排版美观	10 分
PPT 办公软件操作熟练	5 分

任务二　物联网工程项目功能架构设计

【任务目标】

【知识目标】
- 理解物联网工程项目功能架构设计的目标及作用
- 理解物联网工程项目功能架构设计包含的内容

【能力目标】
- 能够对某一物联网工程项目进行功能架构设计

【素养目标】
- 培养团队合作的意识
- 培养独立思考的能力
- 培养沟通交流的能力

【任务描述】

本任务要解决以下问题:什么是功能架构设计? 功能架构设计在物联网工程项目中的目标及作用是什么? 功能架构设计所包含的具体内容有哪些? 如何针对一个具体的物联网工程项目,如李先生的智能家居项目,进行功能架构设计呢?

【知识准备】

3.2.1 功能架构设计的目标及作用

功能架构设计是物联网工程方案设计中总体方案设计的一部分,是在前期需求分析的基础上,完成对功能模块的设计,具体来说应当详细说明物联网项目所需要解决的系统功能。功能架构设计是整个物联网工程系统方案的核心,所有的系统功能模块都必须征得客户的认可和关键产品供应商的确认。

3.2.2 功能架构设计包含的内容

物联网工程项目的功能架构设计包含三部分内容:功能模块设计、物联网四层架构技术设计以及拓扑结构设计。

1. 功能模块设计

功能模块设计主要是结合客户的需求,在前期需求分析的基础上进行的设计。不同行业、不同客户的具体需求不同,功能模块设计也不同。下面以智能家居项目为例,智能家居涉及的典型功能模块包括:智能照明、智能窗户窗帘、空气质量检测、智能用电、红外智能家电、智能温控、家庭影院、智能门锁、智能防盗、智能安全等,如图3-4所示。具体涉及哪些功能模块,需要结合实际项目进行调整。

2. 物联网四层架构技术设计

物联网四层架构分为感知层、传输层、平台层和应用层,针对某一项功能,需要从四层架构的角度分析如何实现这项功能,如图3-5所示。

感知层设备主要涉及传感器、摄像头、GPS等。针对感知层设备,主要关注通信接口和供电方式两种特性。在通信接口方面,典型的有串口、网口以及各种无线接口。通信接口非常重要,它对整个网络的拓扑和性能都会产生很大的影响,具体采用哪种通信接口需要结合实际项目进行选择。例如,智能家居中的开关面板与家庭智慧中心之间的通信接口一般是无线接口,可用的技术协议有:RF315M/RF433M 通信协议和ZigBee通信协议等。RF315M/RF433M 的射频方式相对较为落后,无论是安全性还是稳定性都较差。而 ZigBee 是智能家居各节点设备间的主流通信技术之一。设备的供电方式采用电池供电还是电网供电主要取决于实际环境和客户需求。

教学课件
物联网工程项目功能架构设计

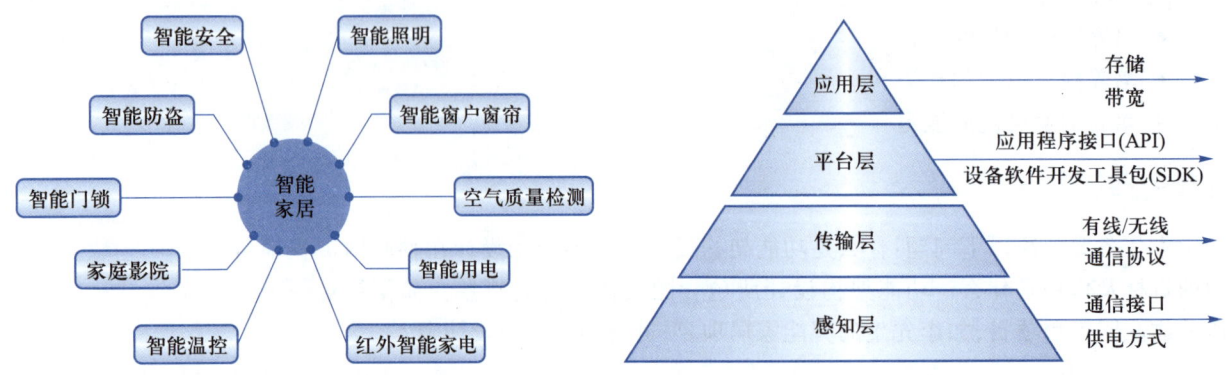

图 3-4　智能家居功能模块设计　　　　图 3-5　物联网四层架构技术设计

传输层设备主要包括传统的路由器、交换机以及某些行业相关的设备,如家庭智慧中心等。针对传输层设备,主要关注采用有线还是无线通信方式。如果采用无线通信,还应当考虑采用何种具体的通信方式。通常,有线通信能提供较高水平的可靠性和安全性,但有线通信的缺点也非常突出,如布线繁杂、工作量大、成本高、维护困难、不易组网等。因此无论是从安装调试还是后期维护角度考虑,目前在大多数行业或者场景里,如智能家居应用中,都会选择无线通信方式。当决定选择无线通信,就需要选择最合适的通信技术。目前,主要从下面几种无线通信技术中进行选择:3G/4G/5G、Wi-Fi、ZigBee 、Z-WareRF、蓝牙、LoRa、NB-IoT 等。

平台层主要关注云平台的选用和基于云平台的二次开发。一些大型企业会选择自己搭建远程服务器,并完成应用层的功能部署。然而对于大部分企业,尤其是中小型企业而言,直接选择公有云平台,并进行云端开发已经成为目前的主流选择。

应用层主要考虑已经完成系统集成和系统开发的情景,例如针对一些物联网工程项目,需要重点关注后台设备配置,如网络带宽,服务器的存储容量等,这些都需根据实际项目通过配置计算得到。在智能家居项目中,目前宽带网络的带宽及网速足以支持智能家居网络需求,存储容量则主要考虑摄像头视频存储的容量,一般考虑能够保持一个星期的数据量即可。其他应用场景的视频监控录像保存时间则需依据国家及行政主管部门的规定而定,如育儿托管中心的监控录像需保存 90 日,交警道路监控录像需保存 1-3 个月。

3. 拓扑结构设计

网络拓扑结构一般有总线形、星形、树形、环形等,如图 3-6 所示。在网络拓扑结构的选择上,应根据应用系统的地域分布和信息流量进行综合考虑。一般来说,应尽量将信息流量大的应用放在同一网段上。

拓扑结构设计是从网络结构的角度描述功能模块如何实现,如图 3-7 所示为某智能家居项目整体的网络拓扑结构,每个功能模块都对应其中的一部分。在实际项目中,需要为每一个功能模块设计对应的网络拓扑,如图 3-8、图 3-9 所示分别为智能照明网络拓扑结构、智能窗户网络拓扑结构。

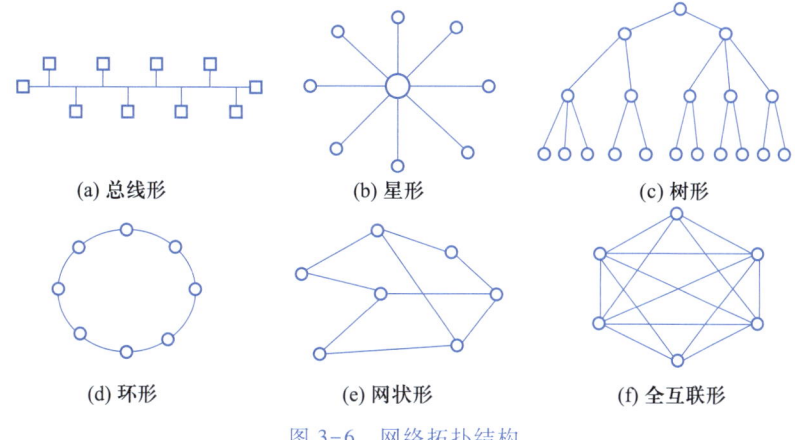

(a) 总线形　　　　(b) 星形　　　　(c) 树形

(d) 环形　　　　(e) 网状形　　　　(f) 全互联形

图 3-6　网络拓扑结构

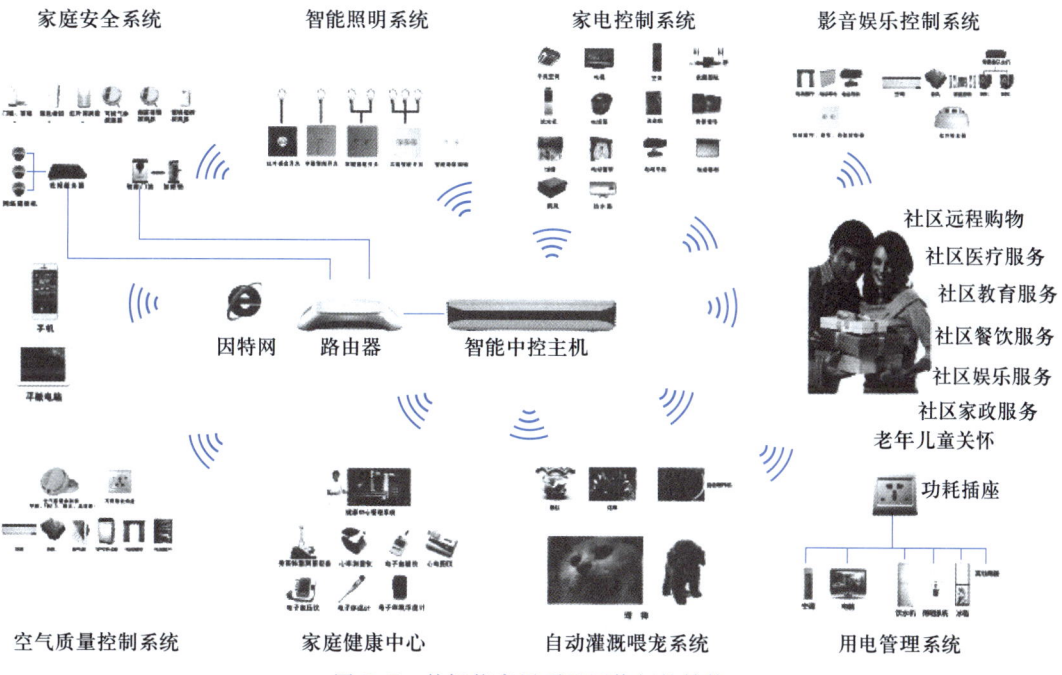

图 3-7　某智能家居项目网络拓扑结构

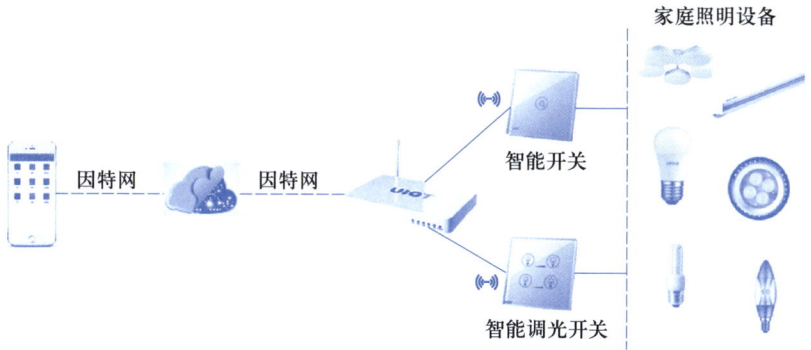

图 3-8　智能照明网络拓扑结构

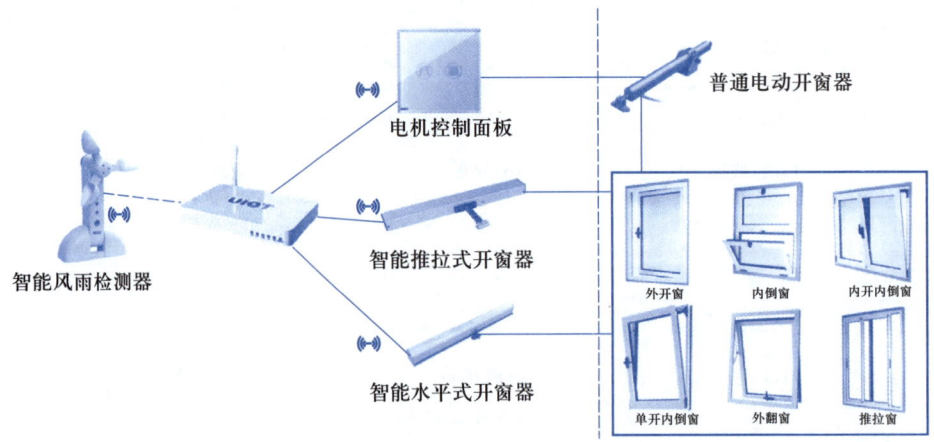

图 3-9　智能窗户网络拓扑结构

【任务实施】

对李先生家智能家居项目进行功能模块设计和物联网四层架构技术设计。

要求:图文并茂,采用 Word 文档的形式展示,课内发言,时间 3~5 分钟。

评估标准:

评估细则	分值
功能模块设计	35 分(根据用户需求进行设计)
物联网四层架构技术设计	35 分(根据用户需求进行设计)
叙述条理性强,表达清晰	10 分
整体汇报文案配色及排版美观	10 分
Word 办公软件运用熟练	10 分

【任务拓展】

对图 3-10 所示某家居样板间户型做出智能家居功能模块设计和物联网四层架构技术设计。

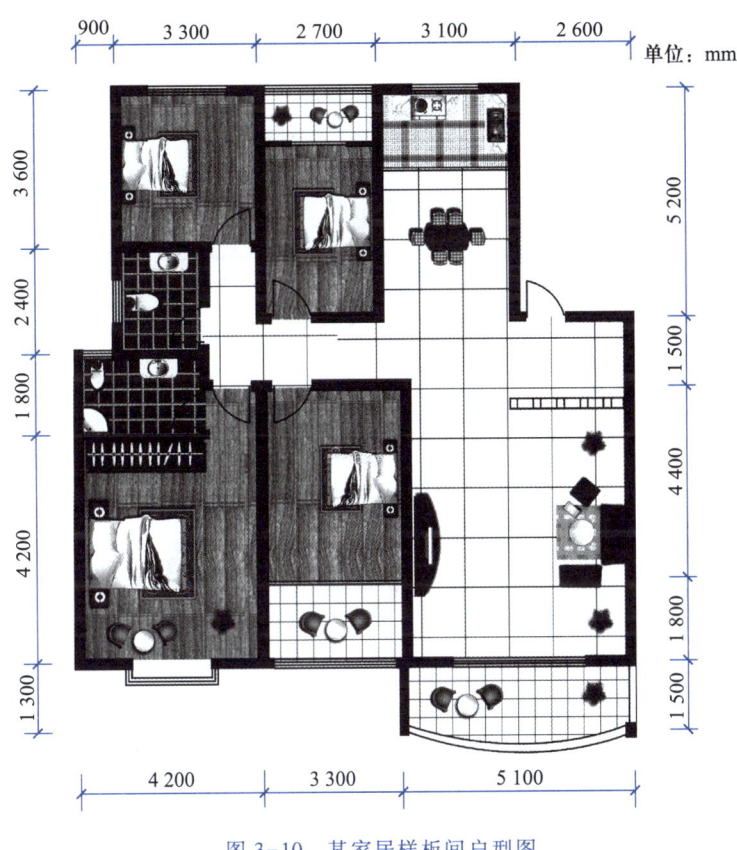

图 3-10 某家居样板间户型图

任务三 绘制拓扑图

【任务目标】

【知识目标】
- 掌握 Visio 绘图工具的使用方法

【能力目标】
- 能够用 Visio 绘图工具进行物联网项目相关的网络拓扑结构的绘制

【素养目标】
- 培养主动观察的意识
- 培养独立思考的能力
- 培养积极沟通的意识
- 培养团队合作的能力

【任务描述】

宋女士刚搬入了购置的新房,这天宋女士找到物联网项目咨询公司,准备委托该

咨询公司为她家设计搭建一套家庭宽带网络。目前,宋女士家中需要使用宽带网络的设备有:用于办公的笔记本电脑以及用于娱乐的台式计算机、网络电视和手机。针对宋女士的需求,该公司给出了如图 3-11 所示的宽带网络搭建方案。现该公司需要为宋女士的家庭宽带网络搭建方案绘制网络拓扑结构。

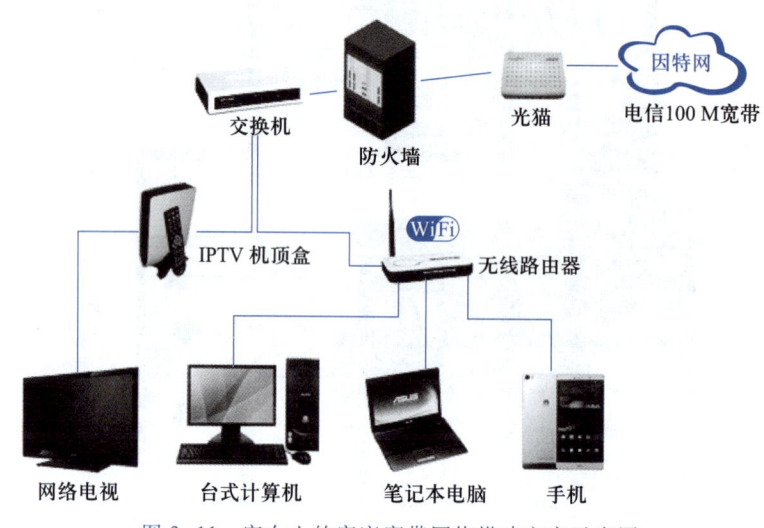

图 3-11　宋女士的家庭宽带网络搭建方案示意图

【知识准备】

3.3.1　Visio 的基本介绍

Visio 为 Microsoft Office Visio 的简称,它是一款便于对复杂信息、系统和流程进行可视化处理、分析和交流的软件。其应用领域十分广泛,可用于绘制流程图、结构图、甘特图、交通示意图、工作计划图、金字塔图、家居设计示意图等。

开发公司:
1992 年,Shapeware 公司开发了 Visio 软件。
2000 年,微软公司收购了 Shapeware 公司。

主要用户:
IT 人员、商务人员、设计师等。
领导、教师、学生等。

功能:图表可视化、交流与分享。
特点:简单、便捷、快速。

3.3.2 Visio 的基本操作

1. Visio 的操作界面

Visio 绘图工具软件的操作界面如图 3-12 所示,主要可分为三个区域:菜单栏、工具栏、形状图件栏和绘图区域。其中,形状图件栏根据选择的模板不同,其内容也不同。在绘图时,将需要的"形状图件"用鼠标拖曳到绘图区域上,调整好颜色、大小和位置,然后把所有的图件组合连接好,并标注上相应的文字等信息,即完成了初步的绘制。

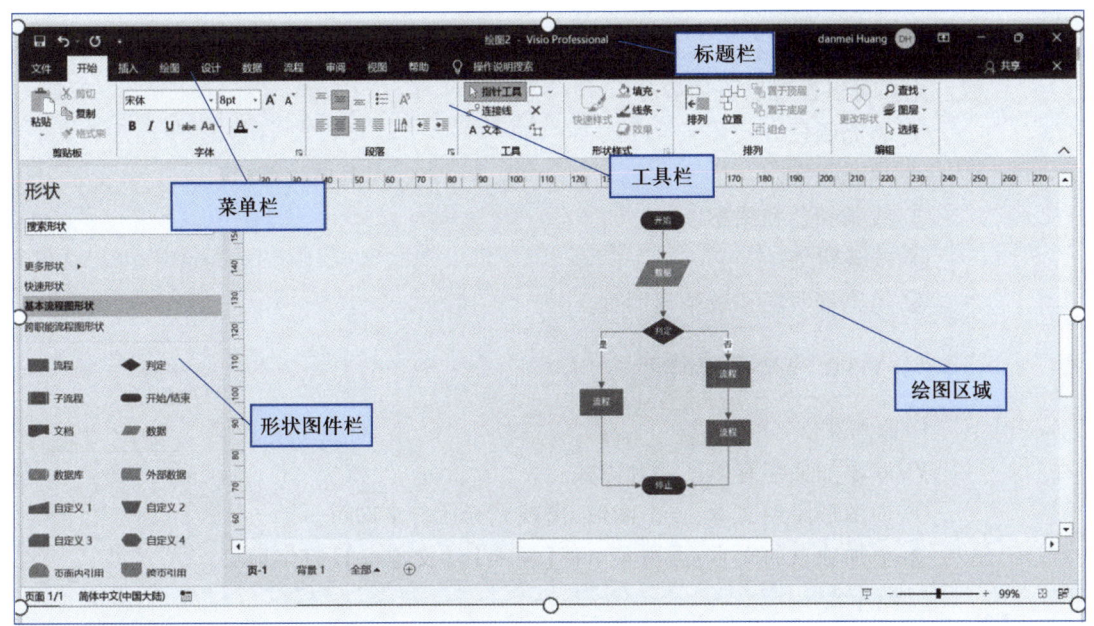

图 3-12 Visio 绘图工具软件的操作界面

2. Visio 的基本操作步骤

① 选择适当的模板:选择一个适当的图形类型模板,如流程图、组织结构图、网络图等。

② 绘制基本结构:创建基本的图形结构,注意保持图形的对称和整齐。

③ 添加文本说明:使用文本工具在图形中添加说明和标签。适当调整文本的大小和字体样式,以便与图形相匹配。

④ 调整图形布局:使用对齐、分布和间距工具来调整图形的布局。

⑤ 图形美化:选择线条样式、填充颜色等,使图形看起来更加专业和美观。

⑥ 调整大小和缩放:通过调整图形的大小和缩放级别,可以适应不同的页面尺寸或需求。

⑦ 保存和导出:保存图形,按照需要导出图像格式或其他文件格式。

3.3.3 Visio 的图形操作

1. 创建图形

在"形状图件栏"中选择要添加到页面上的图形,用鼠标选取该图形,再把它拖曳到绘图区域上适当的位置,然后放开鼠标即可。

2. 移动图形

用鼠标拖曳图形,就可以将其移动到绘图区域的合适位置上(按"Shift"键可一次选择多个图形)。

3. 删除图形

在绘图区域上选中该图形,按"Delete"键即可将其删除。

4. 调整图形大小

可以通过拖动图形的角、边或底部的手柄来调整形状的大小。

5. 调整图形格式

选定图形后可右击选择"格式"命令或通过选择菜单栏"开始→形状"命令进行设置。主要可以设置以下内容:

① 填充颜色。

② 填充图案。

③ 线条颜色和图案。

④ 线条粗细。

⑤ 填充透明度和线条透明度。

3.3.4   Visio 的文字操作

1. 添加文字

Visio 添加文字有以下两种方式:

① 向图形添加文本:点击图形,出现光标后打字即可。

② 添加独立的文本:点击菜单栏【插入】>【文本框】,打字即可。

2. 删除文字

选定要改变的文字,按"Delete"键,即可删除该文字。

3. 调整文字格式

选定文本后可右击或通过选择菜单栏"开始→字体"命令进行设置,如图 3-13 所示。

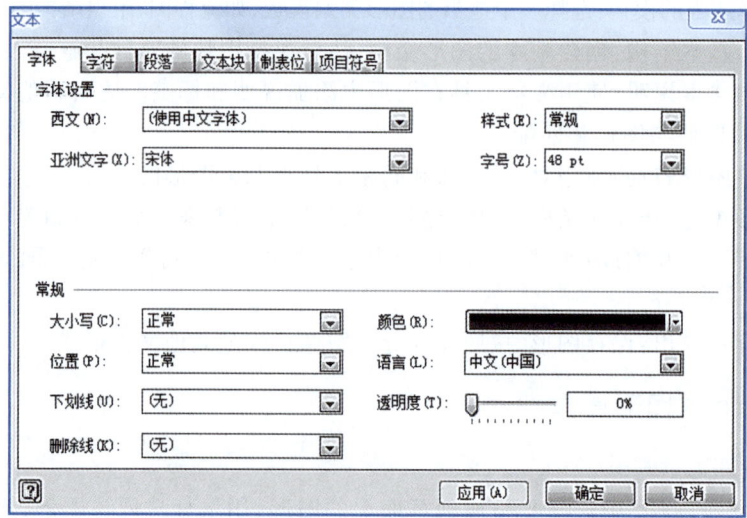

图 3-13   Visio 绘图工具字体设置界面

主要可以设置以下内容：

① 字体。

② 文字大小。

③ 文字颜色、透明度。

④ 文字样式（加粗、斜体）。

⑤ 文本标注（下划线、删除线）。

⑥ 文本框背景颜色。

4. 调整段落属性

当文字较多时，需要调整文本的段落属性。选定文本后可右击选择"段落"命令或通过选择菜单栏"开始→段落"命令进行设置，如图 3-14 所示。

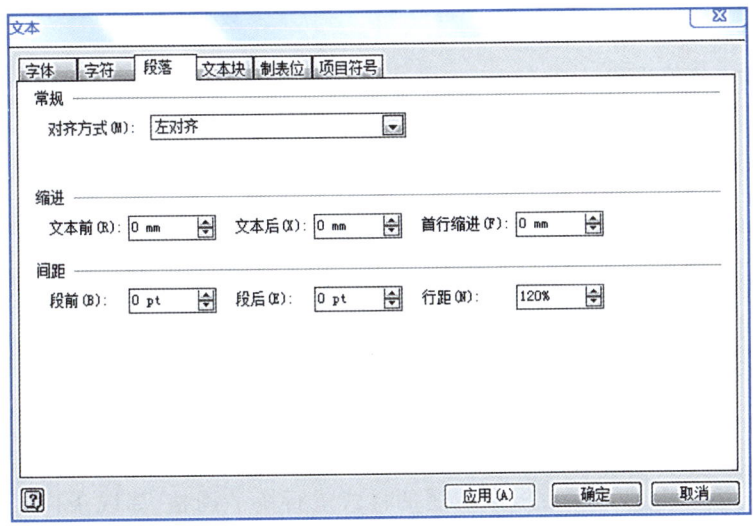

图 3-14　Visio 绘图工具段落设置界面

主要可以设置以下内容：

① 对齐方式。

② 缩进。

③ 间距。

④ 文本方向。

⑤ 项目符号。

3.3.5　Visio 的连接操作

1. 连接图形

① 单击工具栏中"连接线"工具：。

② 将"连接线"工具放置在第一个"进程"形状底部上的连接点上方。"连接线"工具会使用一个红色框来突出显示连接点，表示可以在该点进行连接。

③ 从第一个形状上的连接点处开始，将"连接线"工具拖到第二个形状的连接点上，如图 3-15 所示。连接形状时，连接线的端点会变成红色。如果连接线的某个端点

仍为绿色,则使用"指针"工具将该端点连接到形状。如果想要保持形状相连,两个端点都必须为红色。

2. 添加连接线文本

可以将文本与连接线一起使用来描述形状之间的关系。向连接线添加文本的方法与向图形添加文本的方法相似:单击连接线并键入文本即可。

图 3-15   Visio 绘图工具图形连接效果图

3. 调整连接线格式

可以在连线上右击鼠标,选择"格式→线条"命令,进入线条编辑页面,可以对线条的图案、粗细、颜色、角度、箭头大小、方向等进行调整。

3.3.6   Visio 绘制图形的美化

在菜单栏中右击"设计"命令,并进行如下设置,可以实现图形的美化。

① 页面设置:选择"页面设置",在对话框中,可以选择标准页面大小,如 A4、A3 等,也可以自定义页面尺寸。此外,还可以选择页面方向(竖向或横向),并设置页边距和打印选项。

② 主题:Visio 提供了一系列预定义的主题,选择"主题",可以根据需要进行选择。应用主题后,图形中的元素会根据主题的样式进行统一调整,如线条样式、颜色和字体等。

③ 背景:为了美化设计的图形,可以通过添加背景色、边框和标题,来增强整体的视觉效果。

④ 版式:可以调整不同的布局样式、间距、连接线等。

⑤ 在菜单栏中单击"开始",选择"形状样式"或者"排列",优化图形的效果,使图形看起来更加整齐和专业。

3.3.7   Visio 绘制图形的输出

Visio 图形输出有以下三种方式:

① 使用截图软件进行截图。截图前,在菜单栏中选择"视图"命令,取消"网格"前的勾选框,将网格关闭。

② 选择菜单栏"文件→另存为"命令,定位要保存的目录,并选择要保存的文件格式,如 pdf 格式,jpg 图形格式、CAD 图形格式等,单击"保存"即可。

③ 选择菜单栏"文件→导出"命令,选择导出后的图形格式,如 pdf 格式、jpg 图形格式、CAD 图形格式等,并选择导出路径,单击"保存"即可。

【任务实施】

为宋女士的家庭宽带网络搭建方案绘制网络拓扑结构。

要求：① 熟悉 Visio 绘图工具的界面，能够熟练使用 Visio 绘图工具进行文字、图形和连接操作。

② 用 Visio 绘图工具绘制宋女士的家庭宽带网络搭建方案示意图，要求布局美观合理，并能将绘制好的示意图规范地存档。

评估标准：

评估细则	分值
文字操作是否合理和熟练	25 分
图形操作是否合理和熟练	25 分
连接操作是否合理和熟练	20 分
绘制的网络拓扑结构排版布局是否美观合理	20 分
绘制好的网络拓扑结构是否正确存档	10 分

【任务拓展】

基于以上用 Visio 工具绘制网络拓扑结构的操作方法，以图 3-16 所示的一个网络拓扑结构示例为对象，使用 Visio 绘图工具绘制该网络拓扑图。

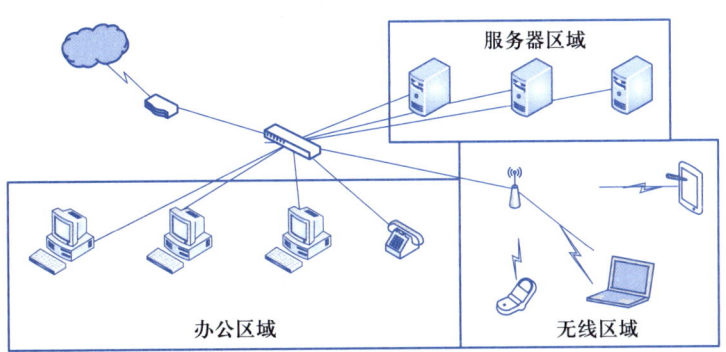

图 3-16　网络拓扑结构示例

任务四　工程制图与识图

【任务目标】

【知识目标】

● 了解国家制图标准，掌握基本识图方法

- 熟悉制图软件的基本操作
- 掌握设备平面图的绘制方法和技巧
- 掌握弱电系统图的绘制方法和技巧
- 掌握设备接线图的绘制方法和技巧

【能力目标】
- 具备图形设置、基本操作的能力
- 具备绘制设备平面图的能力
- 具备绘制弱电系统图的能力
- 具备绘制设备接线图的能力

【素养目标】
- 培养团队合作的精神
- 树立正确的劳动观
- 培养创新意识、创新精神
- 培养精益求精的大国工匠精神
- 培养获取新知识、新技能的自主学习能力

【任务描述】

在李先生家的智能家居项目的方案设计过程中,需要根据实际情况,绘制李先生家的户型图,同时根据需求分析,绘制李先生家的智能家居项目设备安装点位图、设备接线图以及安防监控系统图等。

【知识准备】

教学课件
物联网工程绘图与识图

微视频
物联网工程绘图与识图

3.4.1   物联网工程绘图与识图准备

1. 图纸幅面和格式

物联网工程绘图需要符合相关标准、规范要求,做到图面清晰、简明,符合设计、施工、审查、存档的要求,以及工程建设的要求。物联网工程绘图与识图的内容包括以下几方面。

（1）图纸幅面

依据国家标准 GB/T 14689—2008《技术制图图纸幅面和格式》规定,图纸幅面,简称图幅,是指图纸宽度与长度组成的图面。图纸幅面的基本尺寸规格有五种,代号分别为 A0、A1、A2、A3 和 A4,其尺寸见表 3-2。绘图时可根据图形的大小和所绘制对象来选择适当的图纸幅面,必要时可适当加长幅面。

A0 号图幅的面积为 1 m^2,A1 号为 0.5 m^2,是 A0 号图幅的对开,以此类推。五种基本图幅之间的尺寸关系如图 3-17 所示。

表 3-2　图 纸 幅 面

幅面代号	幅面尺寸 $B×L$ /(mm×mm)	边框尺寸/mm		
		a （装订边宽）	c （其余边宽）	e （不留装订边宽）
A0	841×1189	25	10	20
A1	594×841			
A2	420×594			10
A3	297×420		5	
A4	210×297			

单位：mm

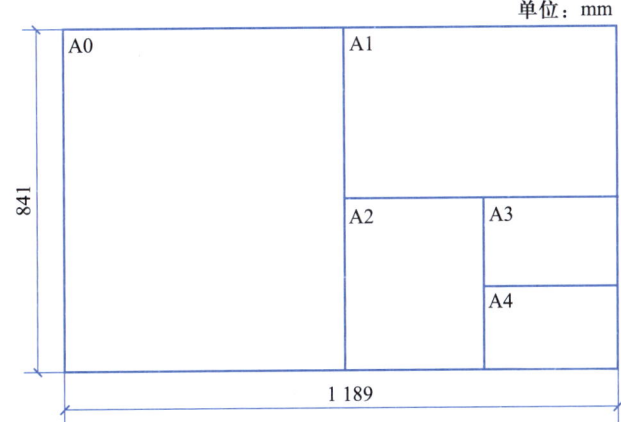

图 3-17　图纸幅面尺寸大小

　　图幅分为横式幅面和立式幅面。图框分为留装订边和不留装订边,分别如图 3-18 和图 3-19 所示,装订边的尺寸可由表 3-2 查得。图纸幅面指的是图纸外框 $B×L$ 的尺寸,外框用细实线绘制;图框线(内框)用粗实线绘制。

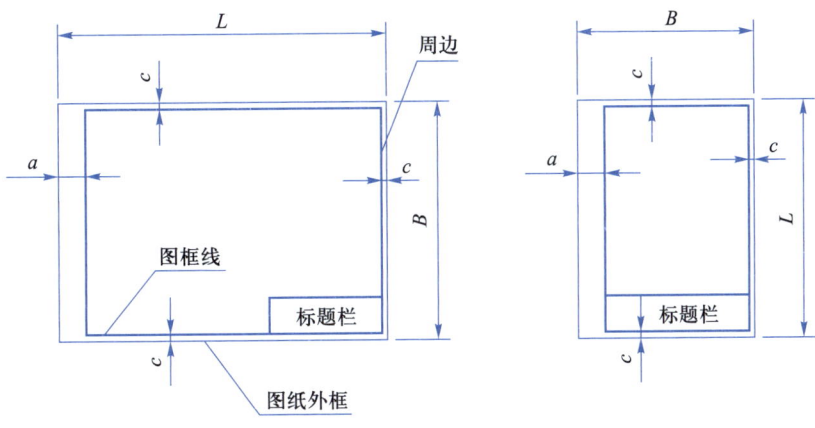

图 3-18　留有装订边图样的图框格式

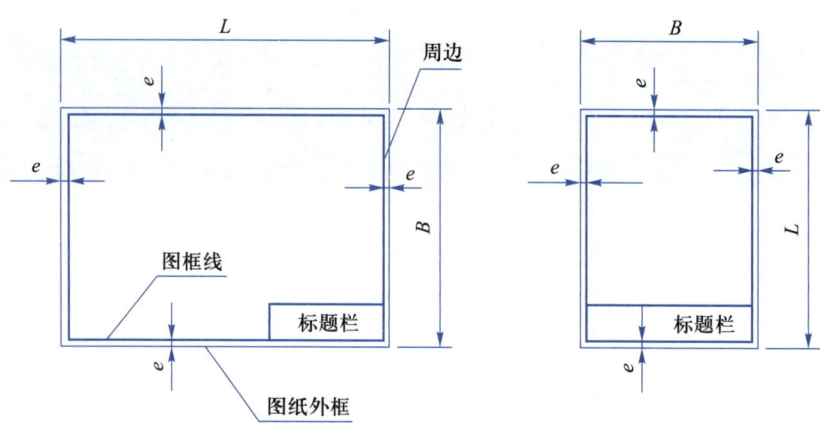

图 3-19　不留装订边图样的图框格式

（2）标题栏

国家标准 GB/T 10609.1—2008 规定了标题栏的组成、尺寸及格式等内容。标题栏分大标题栏和小标题栏。表 3-3 所示为大标题栏格式，大标题栏一般用于 A0、A1、A2 号图纸，对应轮廓尺寸为：180 mm×50 mm、180 mm×60 mm、180 mm×70 mm。

表 3-3　大 标 题 栏

设计单位名称			工作内容	姓名	签字月日
工程总称					
项目					
图纸名称		设计号			
		图别			
		图号			
		日期			

表 3-4 所示为小标题栏格式，小标题栏一般用于 A2、A3、A4 号图纸，轮廓尺寸：85 mm×30 mm、85 mm×40 mm、85 mm×50 mm。

表 3-4　小 标 题 栏

图纸名称		设计单位名称			
工程总称		设计 绘图		图别 图号	
项目		校对 审核		比例 日期	

（3）图样比例

根据 GB/T 14690—1993 的规定，图样的比例即图形与实物相对应的线性尺寸之比。绘图所用的比例应根据图样的用途与被绘对象的实际情况,从表 3-5 中进行选取,并应优先采用表中的常用比例。

表 3-5 图样比例

常用比例	1:1	1:2	1:5	1:10	1:20	1:50	1:100	1:150	1:200
可用比例	1:3	1:15	1:25	1:30	1:40	1:60	1:80	1:250	1:300

(4) 图纸字体

图纸上所需书写的文字、数字或符号等,均应笔画清晰、字体端正、排列整齐;标点符号应清楚正确。字体的字号即为字体的高度,国家标准 GB/T 14691—1993 规定,字体高度的公称尺寸系列为 1.8、2.5、3.5、5、7、10、14、20 mm,如需采用更大的字,其高度应按 $\sqrt{2}$ 的比值递增。具体图幅和字体的选用关系如表 3-6 所示。

汉字优先采用长仿宋体字,字宽是字高的 0.7 倍,即宽高比为 0.7。数字和字母可采用斜体和直体,优先斜体,斜体字字头向右倾斜,与水平基准线成 75°。

表 3-6 图幅和字体的关系表　　　单位:mm

图幅	A0	A1	A2	A3	A4
字母与数字	5		3.5		
汉字	7		5		

(5) 图纸线宽、线型

GB/T 4457.4—2002 和 GB/T 17450—1998 对图线的规定包括两个方面,即线宽和线型。

图线的宽度 b,应按图样的类型和尺寸大小从 2.0 mm、1.4 mm、1.0 mm、0.7 mm、0.5 mm、0.35 mm 线宽系列中选取,如表 3-7 所示。

表 3-7 图纸线宽

线宽比	线宽组/mm					
b	2.0	1.4	1.0	0.7	0.5	0.35
$0.5b$	1.0	0.7	0.5	0.35	0.25	0.18
$0.25b$	0.5	0.35	0.25	0.18	—	—

表 3-8 所示为工程制图中常用的线型,实线对应可见轮廓线,虚线对应不可见轮廓线。

表 3-8　图 纸 线 型

名称		线型	线宽	一般用途
实线	粗	————————	b	主要可见轮廓线
	中粗	————————	$0.7b$	可见轮廓线
	中	————————	$0.5b$	可见轮廓线、尺寸线、变更云线
	细	————————	$0.25b$	图例填充线、家具线
虚线	粗	- - - - - -	b	见各有关专业制图标准
	中粗	- - - - - -	$0.7b$	不可见轮廓线
	中	- - - - - -	$0.5b$	不可见轮廓线、图例线
	细	- - - - - -	$0.25b$	图例填充线、家具线
单点长画线	粗	—·—·—·—	b	见各有关专业制图标准
	中	—·—·—·—	$0.5b$	见各有关专业制图标准
	细	—·—·—·—	$0.25b$	中心线、对称线、轴线等
双点长画线	粗	—··—··—	b	见各有关专业制图标准
	中	—··—··—	$0.5b$	见各有关专业制图标准
	细	—··—··—	$0.25b$	假想轮廓线、成型前原始轮廓线
折断线	细	———⋀———	$0.25b$	断开界线
波浪线	细	∼∼∼∼	$0.25b$	断开界线

2. AutoCAD 软件

AutoCAD 是由美国 Autodesk 公司于 20 世纪 80 年代开发的一款绘图软件。Auto-CAD 可以绘制任意二维和三维图形,具有良好的用户界面,通过交互菜单或命令行方式便可以进行各种操作。在实际使用过程中,需要不断学习才能更好地掌握它的各种应用和开发技巧,从而不断提高工作效率。经过这些年的不断完善,AutoCAD 已成为国际上广为流行的绘图工具,广泛应用于土木建筑、装饰装潢、城市规划、园林设计、电子电路、机械设计、服装鞋帽、航空航天、轻工化工等诸多领域。AutoCAD 2014 的具体安装过程,详见教学课件"AutoCAD 2014 的安装"。

3. 天正电气软件

天正电气软件是天正公司以美国 Autodesk 公司开发的通用 CAD 软件—AutoCAD为平台,按照国内当前最新的电气设计和制图规范,以及相关的标准图集开发的电气设计软件。该软件是一款总结了多年从事电气软件开发者的经验,结合了当前国内同类软件的特点,并搜集了大量设计单位对电气软件的需求,向广大设计人员推出的高效、便捷的电气软件。天正电气软件的功能,以及该软件的安装过程,详见教学课件"天正电气软件安装"。

教学课件
物联网工程绘图与识图

教学课件
AutoCAD 2014 的安装

微视频
工程图纸绘图软件使用简介

教学课件
天正电气软件安装

3.4.2　绘图基本操作与配置

1. 天正电气软件的用户界面

启动天正电气的应用程序后,进入软件的用户界面,该界面和 AutoCAD 的用户界面大体相同,主要多了电气菜单栏和电气工具栏,如图 3-20 所示。

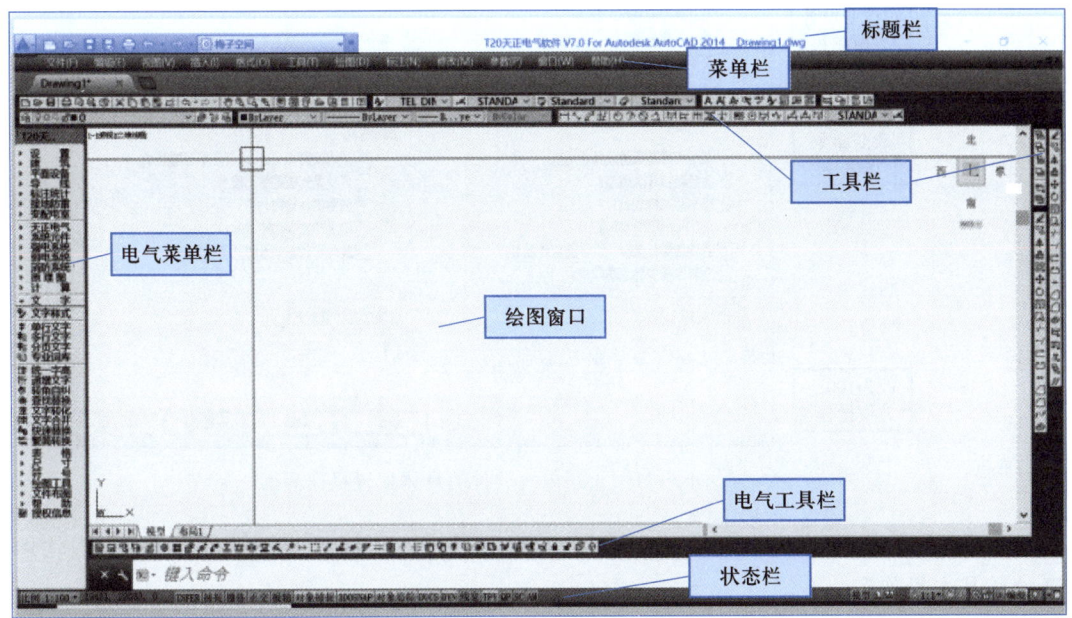

图 3-20　天正电气软件的用户界面

2. 天正电气软件的基本输入输出操作

在天正电气软件中,用户可以通过以下 3 种方式来执行命令:

① 按钮命令绘图:用户通过单击工具栏中相应的按钮来执行命令。

② 菜单命令绘图:用户通过选择菜单栏中的下拉菜单命令执行操作。

③ 命令行执行绘图:在 AutoCAD 中,大部分命令都具有别名,用户可以直接在命令行中输入别名并按下 Enter 键来执行命令。

以 AutoCAD 中常用的"直线"命令为例:用户可以单击工具栏中的"直线"按钮,或者选择菜单栏中的"绘图→直线"命令,或者在命令行里输入 LINE 命令并按下 Enter 键来执行该命令。

3. 天正电气软件的配置

为提高绘图的效率,在使用天正电气软件开始作图前需先进行必要的配置,具体的配置操作如图 3-21 所示。软件的配置操作可以通过以下方式实现:

① 选择菜单栏中的"工具→选项"命令。

② 在命令行中输入命令:OP(OPTIONS)。

4. 天正电气软件的快捷键

天正电气软件支持通过自定义快捷键的方式来提高绘图效率。

快捷键的设置方式如下:打开软件,选择菜单栏中的"工具→自定义→编辑程序参

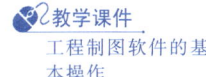
教学课件
工程制图软件的基本操作

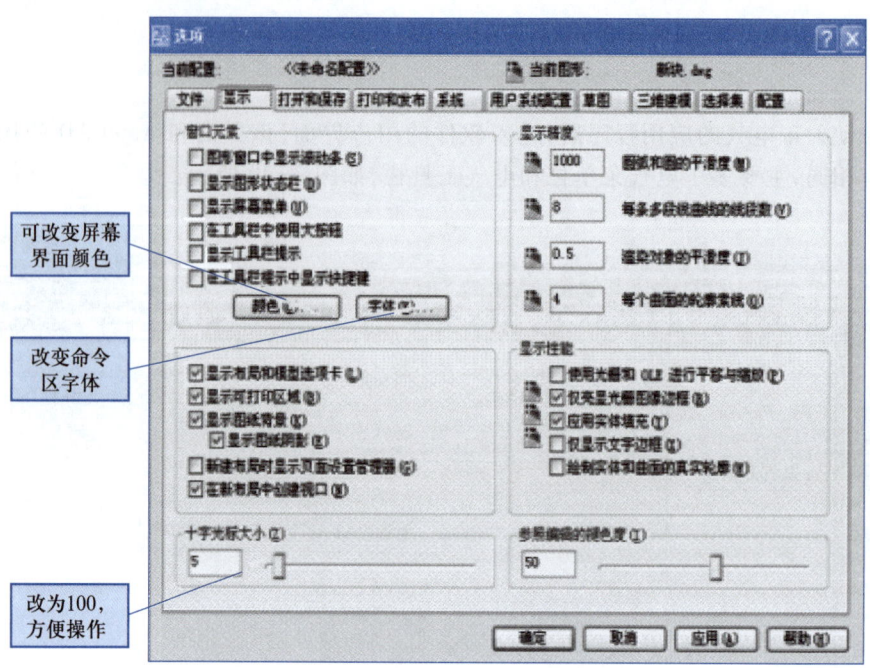

可改变屏幕
界面颜色

改变命令
区字体

改为100,
方便操作

图 3-21   天正电气软件的具体配置操作界面

数"命令,即可自定义相关基本操作和常用快捷指令,详见教学课件"工程绘图软件的
基本操作"。

3.4.3   标准样板图绘制及打印设置

1. 标准样板图绘制

在工程绘图过程中,常需自定义图形样板,以便在工作中可直接调用,一方面使图
纸更加标准、美观、统一;另一方面,大大减少了绘图工作量。

在样板图绘制过程中,主要包括以下几个方面的内容:

① 边界设置:确定绘图的工作区域或画布大小。

② 图层设置:通过使用图层,对绘图进行更好的控制和管理。

③ 文字样式:设置文字的字体、大小、对齐方式、颜色等属性。

④ 标注样式:定义标注样式、箭头类型、文本格式等属性。

⑤ 样板图的绘制:定制绘图模板,提高效率。

⑥ 样板图的保存和调用:通过文件打开命令来调用保存的样板图。

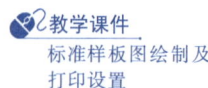

教学课件
标准样板图绘制及
打印设置

2. 图纸的打印样式设置

在准备打印绘图时,可以通过设置打印样式以控制打印输出的外观和格式。这包
括打印比例、纸张尺寸、打印颜色、线宽大小、是否淡显等。通过这些设置,可以确保绘
图在打印时具有正确的外观,并适应所选的打印设置。图纸的打印样式设置界面如图
3-22 所示。

打印设置界面可通过以下三种方式调出:

① 选择菜单栏中的"文件→打印"命令。

② 利用快捷键:Ctrl+P。

③ 在命令行中输入 plot,并按回车键。

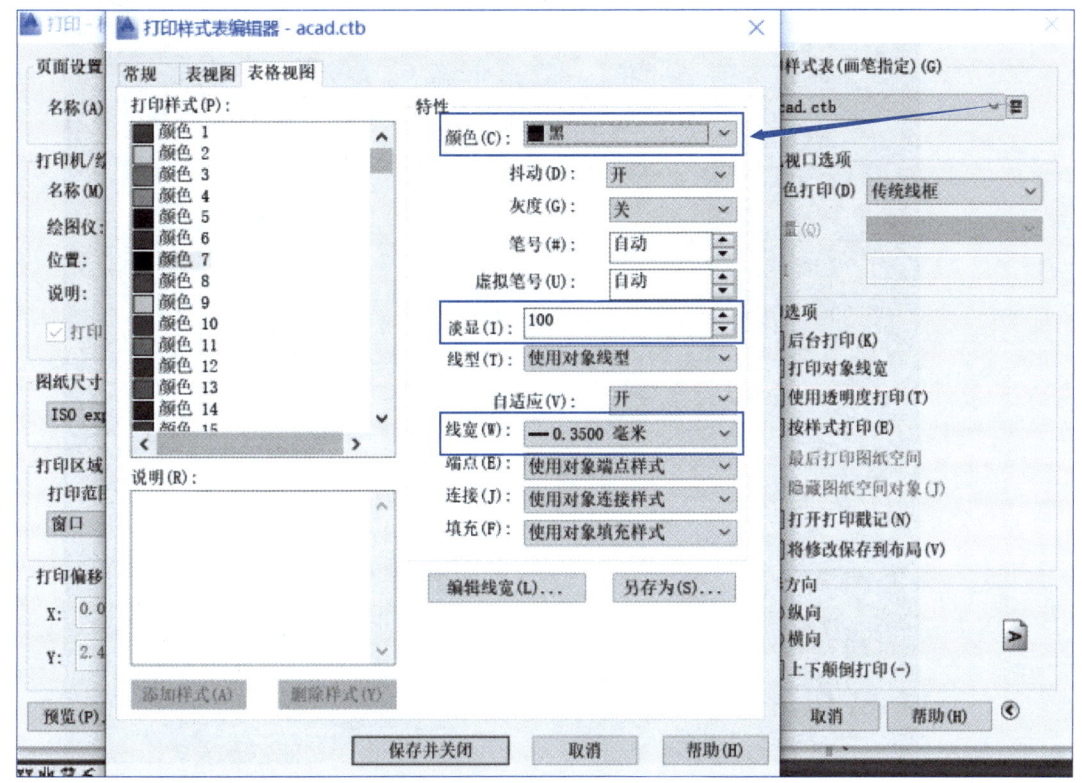

图 3-22　图纸的打印样式设置界面

3.4.4　消防布置图绘制

1. 消防设备布置

单击天正电气软件菜单栏,选择菜单栏中的"消防系统→温感烟感"命令,弹出对话框,依据标准规范要求,根据不同的保护对象,选择不同的保护半径和修正系数,选择"自动布置",放置烟感装置,如图 3-23 所示,圆形为烟感区域。

2. 其他消防设备布置

选择菜单栏中的"消防系统→消防设备"命令,弹出对话框,选择所需设备,在图形中合适的位置插入所选设备。若库中没有所需设备,可自行绘制,再用"造消防块"命令创建图块。

3. 消防布线

消防布线的步骤如图 3-24 所示。主要包括以下几步:

① 连线:选择菜单栏中的"导线→平面布线"命令,弹出对话框,单击"导线设置",选择"消防"选项卡,勾选"消防""消防信号""消防手控"等选项,单击"确定"按钮,回到设置当前导线信息,选择消防图层,在绘图区中进行连线。

② 修改线型:选择要修改的线,单击"特性"按钮,弹出对话框,修改"线型"和"线型比例",即可得到想要的线型。

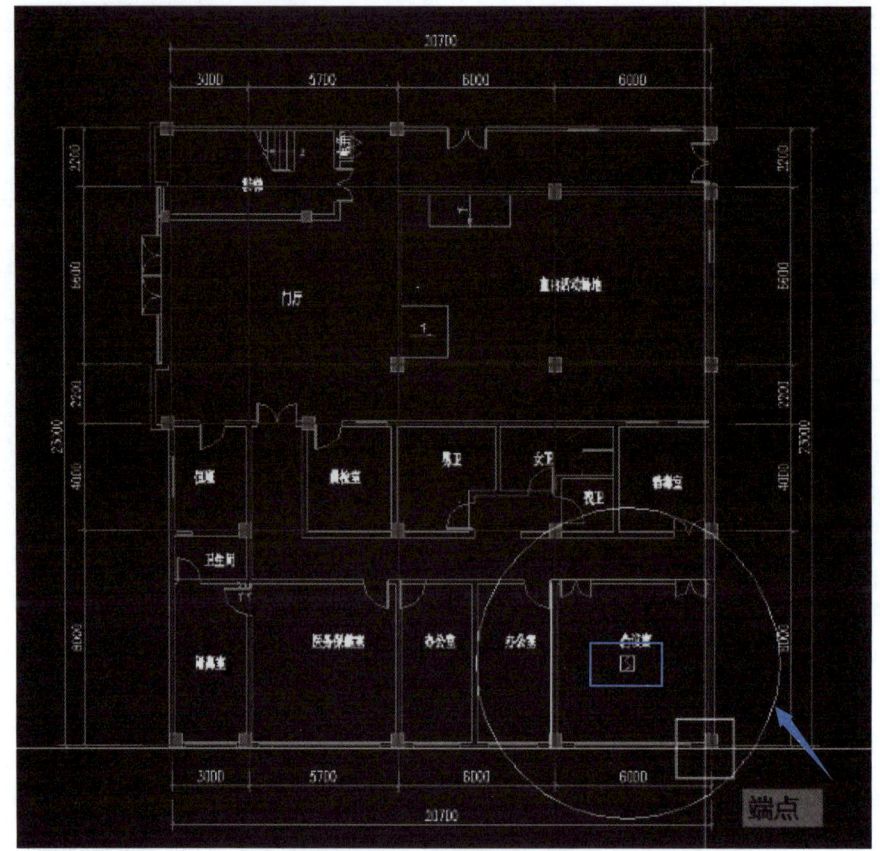

图 3-23　"温感烟感"布置

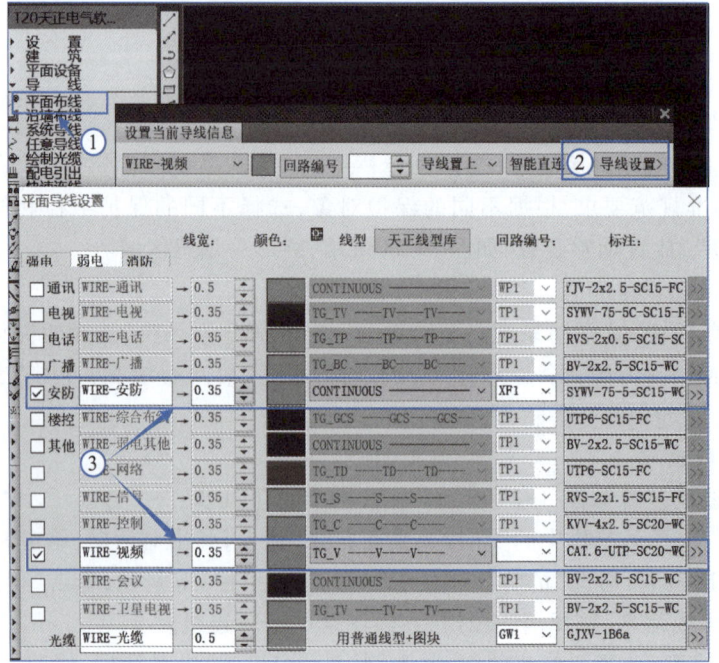

图 3-24　消防布线步骤

消防设备布置和消防布线完成后,消防设备的平面布置图也就基本确定,如图 3-25 所示。

4.消防系统图绘制

① 细分绘图区域:将整个绘图区进行分区,分别绘制,以便核对检查。

② 绘制消防干线图:选择菜单栏中的"消防系统→消防干线"命令,设置好干线数、楼层数,以及间距等参数,单击"确定"按钮。

③ 插入图块,连接导线:插入监控设备元件图块,备注导线参数及敷设方式等。

④ 绘制图例表和文字说明。

绘制完成的消防系统图如图 3-26 所示。

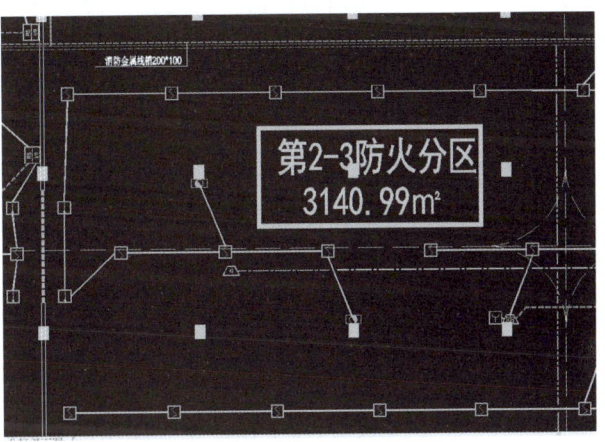

图 3-25　消防设备平面布置图

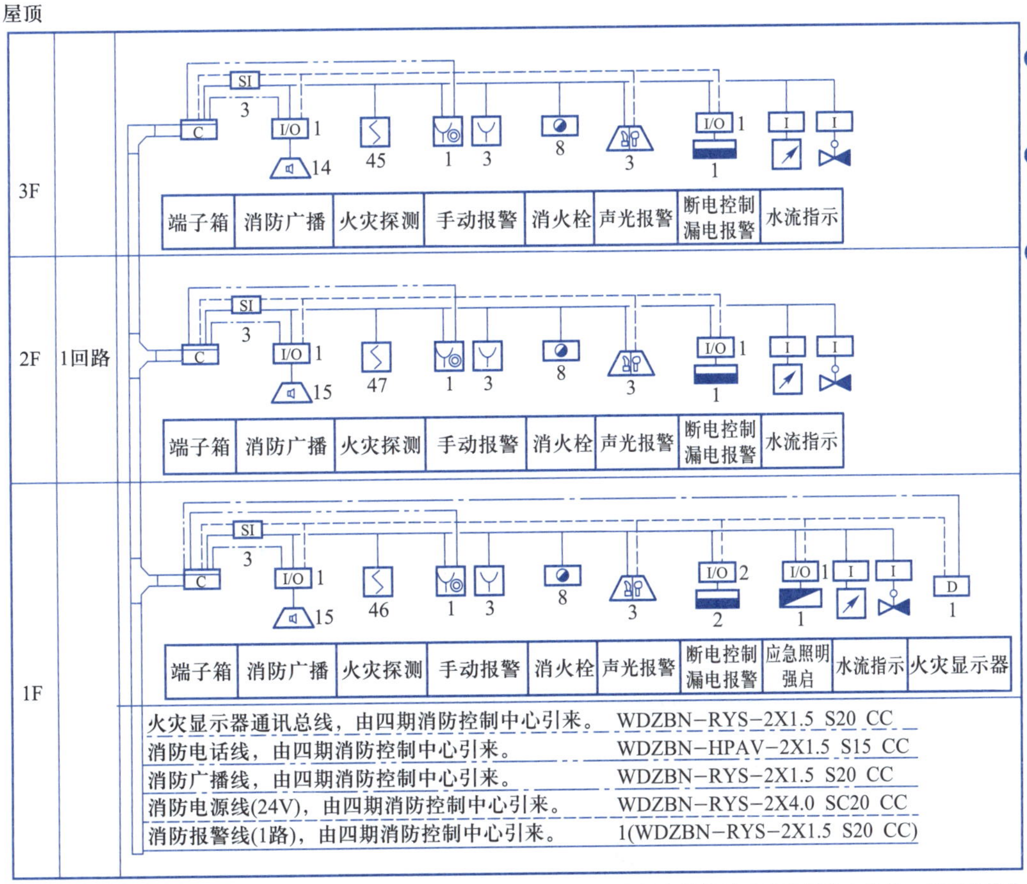

教学文件
消防设计说明

教学文件
幼儿园消防及弱电系统图

教学文件
幼儿园一层弱电平面图
幼儿园二层弱电平面图
幼儿园三层弱电平面图
幼儿园工程图

屋顶

		端子箱	消防广播	火灾探测	手动报警	消火栓	声光报警	断电控制漏电报警	水流指示	
3F		C	I/O 1 ⊿14	45	1　3	8	3	I/O 1　1	I	
2F	1回路	C	I/O 1 ⊿15	47	1　3	8	3	I/O 1　1	I	

		端子箱	消防广播	火灾探测	手动报警	消火栓	声光报警	断电控制漏电报警	应急照明强启	水流指示	火灾显示器
1F		C	I/O 1 ⊿15	46	1　3	8	3	I/O 2　2	I/O 1	I　I	D 1

火灾显示器通讯总线,由四期消防控制中心引来。　WDZBN-RYS-2X1.5 S20 CC
消防电话线,由四期消防控制中心引来。　WDZBN-HPAV-2X1.5 S15 CC
消防广播线,由四期消防控制中心引来。　WDZBN-RYS-2X1.5 S20 CC
消防电源线(24V),由四期消防控制中心引来。　WDZBN-RYS-2X4.0 SC20 CC
消防报警线(1路),由四期消防控制中心引来。　1(WDZBN-RYS-2X1.5 S20 CC)

注:火灾报警线缆均穿金属线槽或钢管(SC)保护敷设,明敷金属管及金属线槽外壁必须涂刷防火涂料,所有管线均应可靠连接接地。每只总线短路隔离器保护的消防设备的总数不应超过32点。总线穿越防火分区时设置短路隔离器。

图 3-26　消防系统图

3.4.5　智能家居项目设备接线图绘制

教学课件
智能家居项目设备
接线图绘制

微视频
智能家居项目设备
接线图绘制

智能家居项目设备接线图的绘制,是指在工程实施阶段,绘制所涉及的智能家居设备的接线情况,从而为实际施工过程中的工程布线与设备安装提供指导。要绘制好智能家居项目设备接线图,需要具备以下三个基本要求。

（1）智能家居设备图例相似

首先,需要绘制所涉及的智能家居设备的图例,尽可能保持与实际设备的相似性。通过对比设备和图例,能够更加直观地感受到它们之间的匹配度。

（2）设备接线准确

其次,要保证设备间接线的准确性,这也是最为核心的一点。通常,在画图时可参考设备的安装指导手册。

（3）布局合理

最后,为了保证整个图纸的美观性,需要适当调整图纸的布局。

图 3-27 所示为智能家居项目设备接线图,包含了项目中的各个功能模块,如智能家电、智能照明、智能窗帘、智能防盗、智能安全等。

下面来具体分析这张图纸。首先从图例角度看,包括空调、红外栅栏、门窗磁传感器等,这些都与实物比较相似,基本能够匹配。

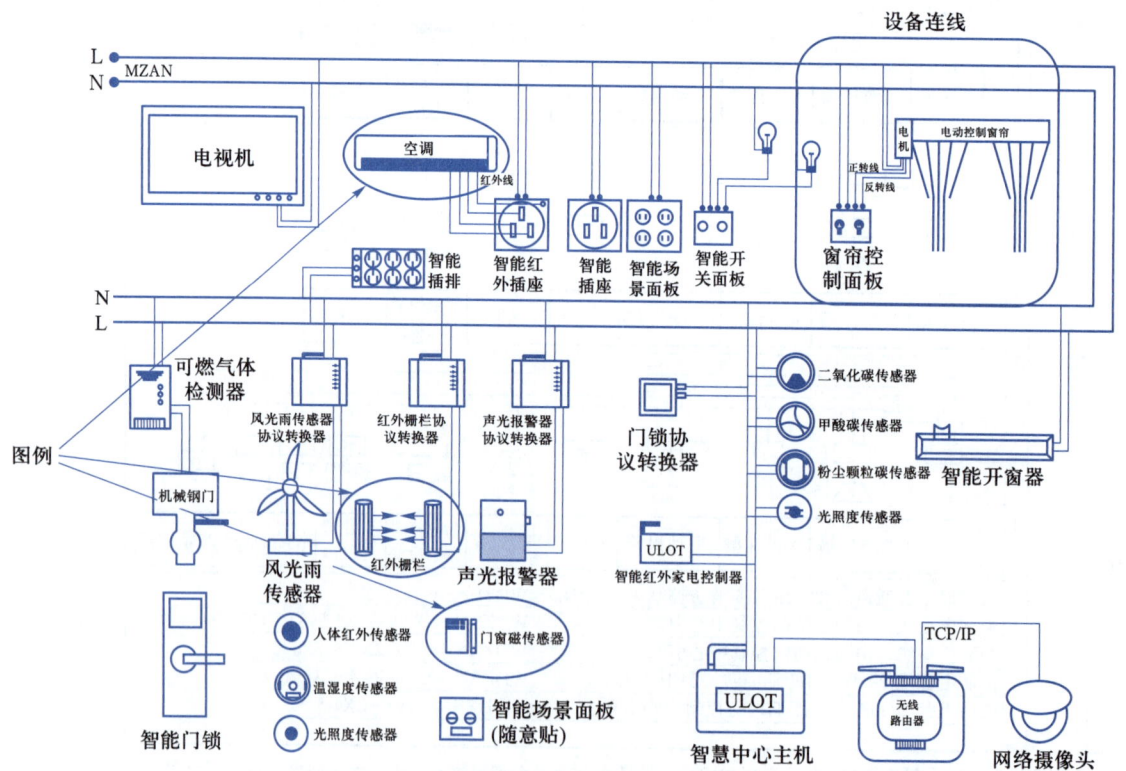

图 3-27　智能家居项目设备接线图

其次从设备接线角度看,智能窗帘模块由一个普通窗帘,一个窗帘电机和一个窗帘控制面板组合而成。从图中可以看到,除了需要对窗帘电机、窗帘控制面板连接火

（相）线零线外，还需要在窗帘电机和窗帘控制面板之间连接两条信号线，分别是正转线和反转线，用于控制窗帘的开和闭。

最后，观察整个设备接线图纸，总体布局比较合理。至此，我们就完成了智能家居项目设备接线图的绘制。

【任务实施】

请为李先生家智能家居项目绘制系统平面图、弱电系统图与设备接线图。

要求：

根据相关规范和要求，使用专业绘图软件进行各类图形绘制。

评估标准：

评估细则	分值
系统平面图的绘制	30 分
弱电系统图的绘制	30 分
设备接线图的绘制	30 分
绘图工具使用熟练程度	10 分

任务五　系统详细设计要点

【任务目标】

【知识目标】
- 理解物联网工程项目系统详细设计的流程及范畴
- 熟悉物联网工程项目勘察的目标及流程
- 理解物联网工程项目前端设计的概念、作用及范畴
- 理解物联网工程项目传输设计的概念、作用及范畴
- 理解物联网工程项目后端设计的概念、作用及范畴

【能力目标】
- 能够针对具体物联网工程项目进行实地勘察
- 能够针对具体物联网工程项目进行前端设计
- 能够针对具体物联网工程项目进行传输设计
- 能够针对具体物联网工程项目进行后端设计

【素养目标】
- 培养团队协作、沟通交流的意识
- 培养独立思考的能力
- 培养一丝不苟、精益求精的工匠精神

【任务描述】

李先生的智能家居项目已顺利进入系统详细设计阶段。系统详细设计的流程是

怎样的？系统详细设计包括哪些基本内容呢？如何针对某一具体物联网工程项目，如李先生智能家居项目进行详细设计呢？完成本任务，就能找到这些问题的答案。

【知识准备】

3.5.1　系统详细设计流程及范畴

系统详细设计是在总体方案设计的基础上，结合项目环境状况、客户需求等，对方案进行更加详细的设计，包括物联网工程项目勘察、前端设计、传输设计、后端设计及设备选型五个方面。

1. 物联网工程项目勘察

物联网工程项目勘察是指对项目现场进行勘察，通过照片、视频等方式记录现场环境，为系统详细设计提供原始素材，确保设计方案更加符合现场环境。勘察的主要内容包括：现场环境记录、设计方案评估及设备安装条件评估三个方面。

2. 前端设计

前端设计是指在系统详细设计阶段，为满足客户需求，更好地实现整个方案的各项具体功能，以及针对前端设备，如传感器、摄像头、协议转换器等各种智能设备，所进行的相关设计。

（1）前端设计的目标

① 实现方案中的各项功能。例如，要实现智能家居项目中的智能照明功能，需要清楚涉及哪些前端设备，以及设备间的网络拓扑结构，并选择具备相关性能参数的设备。

② 满足客户的特殊要求。在详细设计阶段，需要与客户进行深入的交流，尽可能地满足客户的特殊要求。

③ 确保设备的布局合理。每一个设备都有自己的产品特性，如通信距离、速率等。因此，在部署网络的过程中，需要结合实际环境，为每一个前端设备选择合适的位置，确保设备布局合理。

（2）前端设计的主要内容

① 确定设备的安装位置，即根据项目的实际场景为前端设备布置合适的位置，这也是前端设计的一项重要工作。

② 确定设备的数量，即根据设备的安装位置可以直接统计出设备的数量，再整合传输层与应用层中的其他设备做出设备清单。

③ 确定设备的性能指标，即根据实际需要选择具有合适性能参数的前端设备。

3. 传输设计

传输设计是指在系统详细设计阶段，为满足客户需求，保障信息传输的可靠性，针对信息的传输方式所进行的相关设计。

（1）传输设计的目标

① 选择相应的传输技术或者传输方案保证信息传输的可靠性。

② 满足客户的特殊要求。在详细设计阶段，需要与客户进行深入交流，尽可能地满足客户的特殊要求。

③ 确保后期维护方便。保证系统后期维护方便是物联网工程项目传输设计中非常重要的内容。

（2）传输设计的主要内容

① 确定传输技术，主要是无线传输技术。物联网工程项目中常用的无线传输技术有 Wi-Fi、ZigBee、LPWAN、蓝牙、无线射频等，需要了解其优缺点，从而为不同的项目选择合适的传输技术。表 3-9 从不同的角度，如发射功率、传输距离、网络结构、通信速率、网络容量、协议规范、安全与加密等分析了四种无线传输技术的特性。

② 确定设备位置及数量。

③ 确定网络拓扑结构。

表 3-9　四种无线传输技术对比

	无线射频	蓝牙	Wi-Fi	ZigBee
典型发射功率	5 mW（7 dBm）	2.5 mW（4 dBm）	终端 36 mW（16 dBm） AP 320 mW（25 dBm）	1 mW（0 dBm）
典型传输距离	50～100 m	10 m	50～300 m	5～100 m
网络结构	点到点	微微网（Piconet）或分布式网络（Scatternet）	蜂窝	动态路由自组织网
通信速率	1.2～19.2 Kbps	1 Mbps	1～600 Mbps	250 Kbps
网络容量	取决于协议	8，可扩充 8+255	50，取决于 AP 性能	255，可扩充至 65 000
协议规范	无	蓝牙技术联盟	IEEE 802.11	IEEE 802.15.4
安全与加密	无	密钥	WEP，WPA 等	循环冗余校验（CRC），AES-128 的加密算法
典型应用	遥控、门铃	鼠标、耳机、手机、电脑等消费电子产品	无线局域网	物联网各领域

4. 后端设计

后端设计是指在系统详细设计阶段，为满足客户需求，更好地实现整个方案的各项具体功能，针对后台系统，如服务器性能、存储、带宽等，所进行的相关设计。

5. 设备选型

设备选型是指购置设备时，按照技术先进、经济合理、生产适用的原则及设备的可行性、维修性、操作性和能源供应等要求，进行调查和分析比较，以确定设备的优化方案。

3.5.2　物联网工程项目勘察

1. 物联网工程项目勘察目标及流程

（1）勘察概述

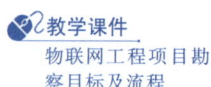

物联网工程项目勘察是方案设计中的重要部分,为方案设计提供准确的资料和数据,也是设计人员与建设单位人员建立联系和沟通的环节。勘察结果对方案设计起到非常关键的作用,因此要求勘察人员务必认真工作,对所收集的勘察数据终身负责。

（2）勘察目标

一方面,收集方案设计要求的环境信息,确保信息的真实性;另一方面,评估现场环境对方案设计的影响,并进行详细记录,为方案详细设计提供指导。

（3）勘察流程

① 勘察策划。在勘察策划阶段,需要确定勘察现场成员构成、勘察时间以及勘察进度。

② 勘察准备。在勘察准备阶段,首先,需要收集与项目相关的各种资料,比如项目背景资料、方案设计文档等;其次,需要准备勘察工具,如数码相机、尺子、GPS、指南针等。

③ 勘察前协调。在正式开始勘测前,应集中所有相关人员并召开勘察准备协调会,会议主要内容包括:明确勘察任务与进度,配合相关人员落实车辆等。

④ 现场勘察。即到项目现场进行实地勘察,需要注意以下内容:信息收集要齐全,勘察表要逐项填写,不能出现漏项;要确保客户在勘察表上签字。

⑤ 提交勘察报告。每一次勘察完成后,需要在规定时间内完成并向客户提交勘察报告。

（4）勘察具体内容

① 现场环境记录。主要通过照片、视频等方式完整真实地记录现场状况。比如,去勘察某一户房屋,发现实际户型与户型图不一致,原因是业主在装修过程中对某些结构做了改动,那就需要把这些不一致的地方进行重点标注。

② 设计方案评估。例如,在智能家居项目中,房屋结构、承重墙、家居摆放、特殊材料等都会对方案产生影响,因此,需要根据勘察结果对方案进行评估。

③ 设备安装条件评估。某些设备安装有特殊要求,因此也需要进行评估。

④ 建议及措施。针对一些不合理的设计,需要提出相应的建议和改进措施。

2. 智能家居项目勘察

以智能家居项目为例来说明勘察的内容和意义,主要从以下几个方面进行介绍,分别为勘察概述、勘察背景介绍和勘察内容。

（1）勘察概述

以智能家居项目为例,对项目现场进行勘察,通过照片、视频等方式记录现场环境,为方案设计提供原始素材,确保设计方案更加符合现场环境。主要勘察内容包括以下三个方面:现场环境记录、设计方案评估以及设备安装条件评估。

（2）勘察背景介绍

在智能家居项目中,勘察对象为图 3-28 所示的房间,这是一个标准的户型结构,包括 2 个卧室、1 个厨房、1 个卫生间、1 个客厅和 1 个餐厅。

　　根据初步设计方案,智能家居项目主要包括十个功能模块。图 3-29 所示为智能窗户功能模块拓扑图。在现场勘察过程中,需要为对应的核心设备选择合适的位置,同时需要评估某些特殊障碍物对系统性能的影响。

　　(3) 勘察内容

　　在智能家居项目中,勘察的内容主要包含以下几个方面:

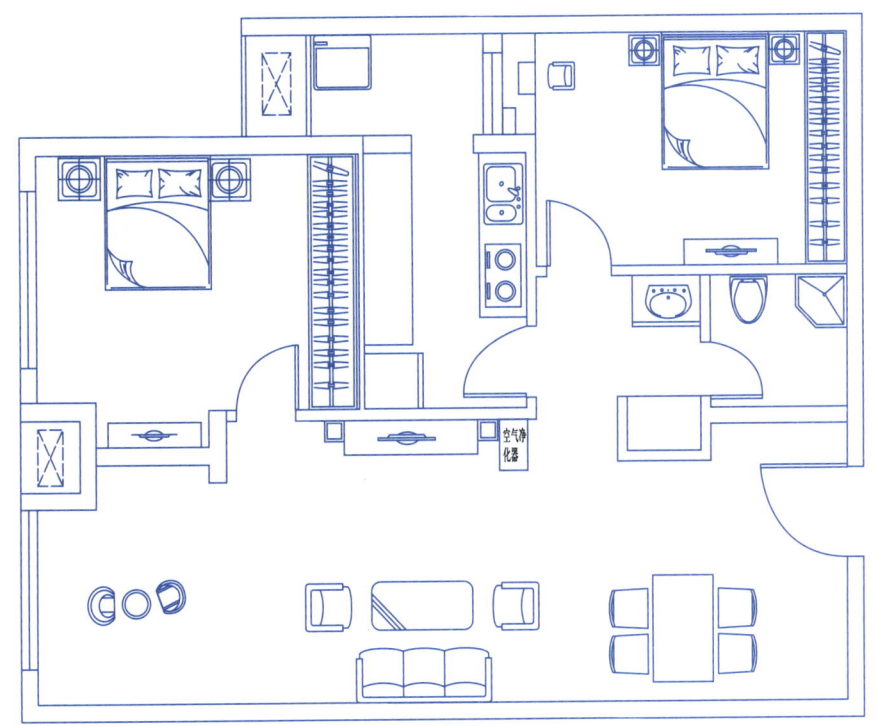

图 3-28　户型结构图

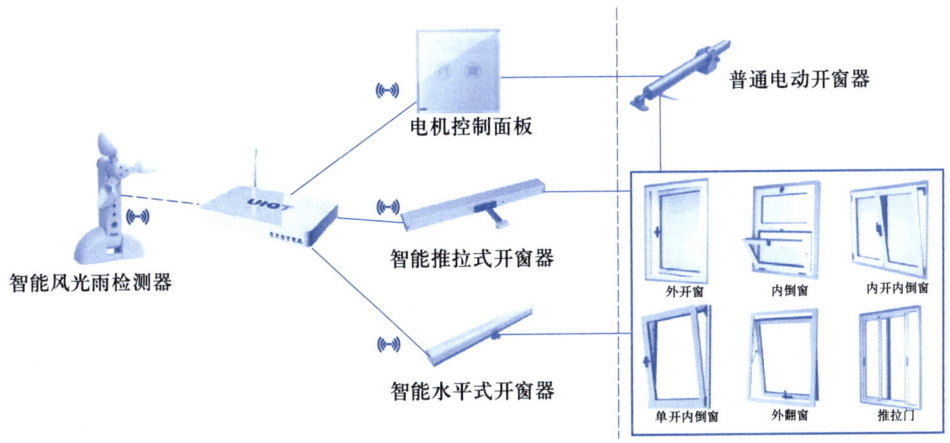

图 3-29　智能窗户功能模块拓扑图

① 记录现场环境。通过照片或者视频对整个户型的现场环境进行记录,确保信息真实性,这将作为方案详细设计的依据。

② 记录影响方案设计的现场因素。根据勘察结果对方案进行评估。例如,在智能家居项目中,房屋结构、承重墙、家居摆放、特殊材料等都会对方案产生影响。如图3-30(a)所示,若客厅内无遮挡物,则基本不影响设备的部署;如图3-30(b)所示,在门口处,有一个玄关,若要放置摄像头或者人体红外探头,就需要选择合适的位置;如图3-30(c)所示,室外空间有遮挡,这会影响风速和雨量,因此不适合放置风光雨传感器。在现场勘察时,需要对这些特殊场景进行详细标注。

(a)　　　　　　　　　(b)　　　　　　　　　(c)

图3-30　影响系统设计的现场因素图

③ 评估设备的安装条件。这也是在项目勘察过程中比较重要的一项工作,下面分别介绍几种主要设备的安装条件。

智能家居主机如图3-31所示,一般将其放置在客厅电视机柜上方,周围不能有遮挡,同时需要预留电源接口以及网线接口。

风光雨传感器如图3-32所示,该传感器需要固定在室外,因此在选择位置时要考虑风向,以及传感器的周围是否有遮挡物。与传感器配套的协议转换器应安装在窗帘后面,旁边需预留电源插座。同时,需要为室外风光雨传感器预留一根4芯电线,将其与协议转换器连接。

图3-31　智能家居主机

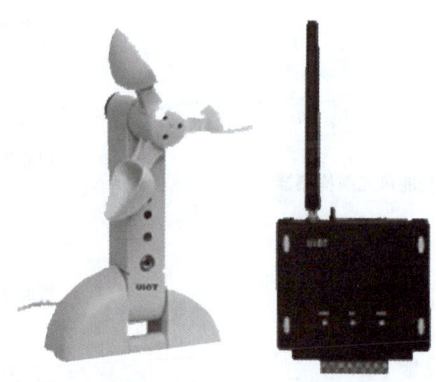

图3-32　风光雨传感器与协议转换器

智能红外家电控制器如图 3-33 所示,一般将其置于桌面上方,若其周围无遮挡,则红外控制距离在 5 m 以内。在角度合适的情况下,最多可以控制一个房间内的 3 个红外设备。

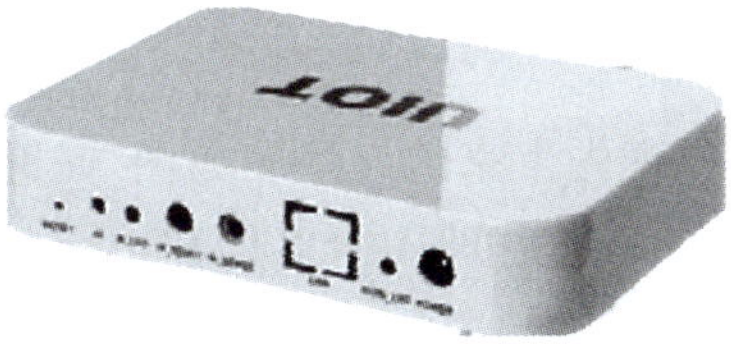

3. 野外勘察的安全防护

（1）野外勘察概述

图 3-33　智能红外家电控制器

野外勘察是指在非城镇地区进行的户外勘察活动。众所周知,野外勘察作业流动性高且较为分散,同时野外工作的环境条件艰苦,充满危险,而生产设备状态和人的行为又具有复杂性和多变性。因此,在进行野外勘察活动时要格外小心。

（2）野外勘察内容

野外勘察的安全防护内容主要包括以下几个方面:

① 野外勘察应贯彻"安全第一、预防为主"的方针。

② 野外勘察人员每年应至少进行一次野外生存,以及野外自救与互救的技能训练。

③ 野外勘察人员应熟悉工作地区的人文、地理环境和存在的危险因素,掌握当地野外生存和避险的相关应急技能。

④ 野外勘察人员应配备个体劳动防护用品、野外救生用品和野外特殊生活用品。

⑤ 野外勘察人员需定期进行身体检查。

⑥ 禁止单人进行野外勘察作业,禁止食用未经识别的动植物,禁止饮用未经检验的新水源和未经消毒处理的水。

（3）野外营地的选择

野外营地的选择应遵守下列规定:

① 借住民房时应进行消毒处理,并检查房屋的基础结构和周边环境。

② 营地应选择地面干燥、地势平坦的背风场地。

③ 应在营地下风侧挖掘锅灶或者设立厨房,且与营地的距离应大于 5 m。

④ 营地应设排水沟,并悬挂明显标志。

⑤ 在林区、草原建造营地时,应开辟防火道。

（4）林区、草原作业

在林区、草原作业时,应遵守下列规定:

① 应随时确定自己的位置,与其他作业人员保持联系。

② 生火时应有专人看守,禁止留下未熄灭的火堆。

③ 在林区、草原地区进行地质勘探作业时,应遵守林区、草原的相关防火规定。

④ 林区、草原出现火灾预兆或发生火灾时,应及时报警。

（5）沙漠、荒漠地区作业

在沙漠、荒漠地区作业时,应遵守下列规定:

① 备足饮用水,并合理饮用。

② 发生沙尘暴时,作业人员应聚集在背风处坐下,蒙头、戴护目镜或者把头低到膝部。

教学课件
野外勘察的安全防护

微视频
野外勘察的安全防护

3.5.3   前端设计

教学课件
前端设计的概念
及范畴

教学课件
智能家居项目前端
设计

微视频
前端设计的概念
及范畴

微视频
智能家居项目前端
设计

李先生家的户型图如图 3-34 所示,是一个典型的两居室,包含 2 个卧室,1 个厨房,1 个卫生间,1 个客厅和 1 个餐厅。

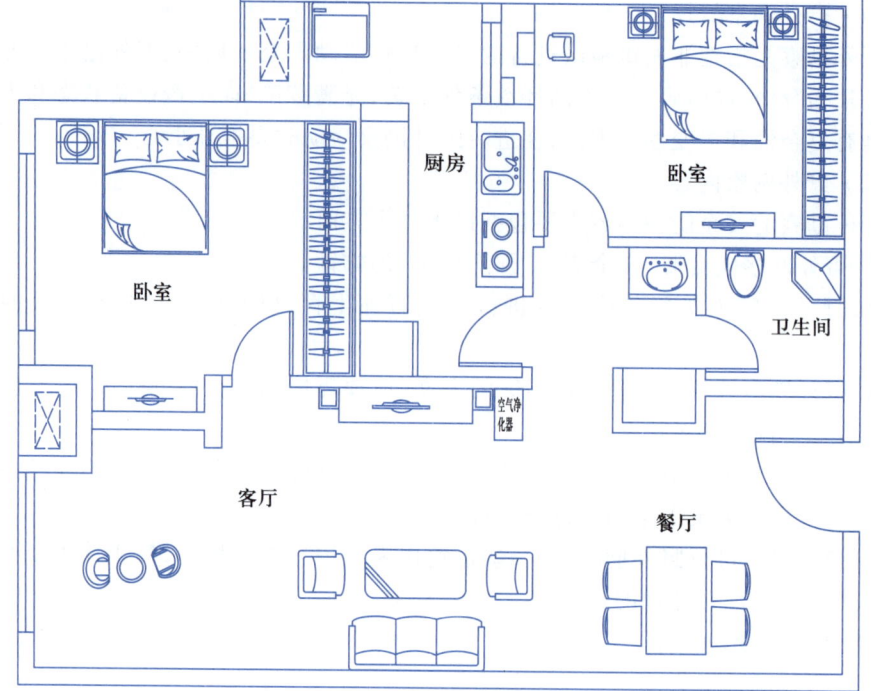

图 3-34   李先生家的户型图

影响智能家居项目前端设计的主要因素包括:网络拓扑结构、智能家居户型结构、设备性能、客户需求和功能模块,如图 3-35 所示。影响前端设计的因素是多方面的,需要根据实际需求进行前端设计。

根据前期功能架构设计阶段的方案,该智能家居项目包括以下功能模块:智能照明、智能窗户窗帘、空气质量检测、智能用电、红外智能家电、智能温控、家庭影院、智能门锁、智能防盗和智能安全,如图 3-4 所示。接下来,我们需要基于李先生家的户型结构和上述 10 个功能模块进行智能家居项目的前端设计。

1. 确定设备安装位置,完成安装点位图

所有的前端设备都布置在图 3-34 所示的户型图上,通过对这些前端设备进行合理布点,可以优化整个网络的性能。例如,在智能窗户功能模块中,需要在窗户处设计并安装风雨传感器以及无线平移开窗器,在该传感器与开窗器的共同作用下,才能实现窗户的智能开闭功能。在门厅区域进行设备布点时,摄像头的位置应可以监控大部分的房间区域;人体红外探测器应放置在门口顶部,以便监控人员的出入;此外,智能门锁、智能开关、智能场景面板和报警器应分别放置在大门口处。

图 3-35　影响智能家居前端设计的因素

2. 确定设备数量,完成设备需求表与设备清单表

设备需求表对应实际物联网工程项目的设备清单,与设备布点图相匹配。设备需求表对于项目预算与工程实施具有重大指导意义。

设备需求表的编制通常有两种形式,即按功能编制或者按区域编制。

（1）按功能编制

如表 3-10 所示为按功能编制的设备需求表。整个需求表被分成 6 个功能模块,分别为家庭防盗、家庭安全、智能照明、环境监控、智能家电、智能窗户窗帘,每个功能模块对应不同的产品及数量。

教学课件
设备需求表的编制

微视频
设备需求表的编制

表 3-10　按功能编制的设备需求表

智慧家庭——设备需求表		
功能模块	产品名称	数量
家庭防盗		
家庭安全		
智能照明		
环境监控		
智能家电		
智能窗户窗帘		

每个功能模块的前端设备数量,可以根据设备点位图直接统计得到。如表 3-11~表 3-16 分别是设备需求表中各功能模块所对应的设备清单表。

表 3-11   家庭防盗功能模块设备清单表

	设备名称	设备数量
家庭防盗	手机智能门锁(含指纹密码刷卡)	1
	无线 ZigBee 近距红外栅栏	1
	智能无线 ZigBee 声光报警器	1
	智能网络摄像头(含云台)	1
	无线 ZigBee 红外探测器(电池)	1
	无线 ZigBee 门磁	1
	无线 ZigBee 窗磁	2

表 3-12   家庭安全功能模块设备清单表

	设备名称	设备数量
家庭安全	无线 ZigBee 风光雨传感器套件	1
	无线 ZigBee 燃气泄漏监测器	1
	煤气开关机械手(直阀)	1
	无线 ZigBee 漏水检测器	1

表 3-13   智能照明功能模块设备清单表

	设备名称	设备数量
智能照明	无线 ZigBee 智能开关(单键)	3
	无线 ZigBee 智能开关(双键)	1
	无线 ZigBee 智能开关(三键)	2
	无线 ZigBee 场景面板(六键)	1
	移动式可充电场景面板(随意贴)	2
	无线 ZigBee 智能调光开关(双路)	2

表 3-14   环境监控功能模块设备清单表

	设备名称	设备数量
环境监控	无线 ZigBee 光照度传感器	1
	无线 ZigBee 二氧化碳传感器	3
	无线 ZigBee 空气净化器	1
	中央空调无线智能控制面板	3

表 3-15　智能家电功能模块设备清单表

	设备名称	设备数量
智能家电	无线 ZigBee 智能插座	1
	无线 ZigBee 智能红外家电控制器	1
	无线 ZigBee 智能插排(六位)	1

表 3-16　智能窗户窗帘功能模块设备清单表

	设备名称	设备数量
智能窗户窗帘	无线 ZigBee 窗帘电机	3
	无线 ZigBee 窗帘控制器(单路)	2
	无线 ZigBee 窗帘控制器(双路)	1
	无线 ZigBee 平移开窗器	3

（2）按区域编制

如表 3-17 所示为按区域编制的设备需求表。整个需求表被分成 6 个区域,分别为门厅(餐厅)、客厅+阳台、厨房、卫生间、主卧、次卧,每个区域对应不同的产品及数量。

表 3-17　按区域编制的设备需求表

智慧家庭——设备需求表		
区域	产品名称	数量
门厅(餐厅)		
客厅+阳台		
厨房		
卫生间		
主卧		
次卧		

（3）设备需求表编制案例

① 在智能家居项目中，设备需求表按功能编制的示例，见表 3-18。家庭防盗模块包含了 7 种不同的设备及数量。图 3-36 所示为家庭防盗模块与设备需求表相匹配对应的设备布点图。

表 3-18　智能家居设备功能需求表

功能模块	产品名称	数量
家庭防盗	手机智能门锁（含指纹密码刷卡）	1
	无线 ZigBee 近距红外栅栏	1
	智能无线 ZigBee 声光报警器	1
	智能网络摄像头（含云台）	1
	无线 ZigBee 红外探测器（电池）	1
	无线 ZigBee 门磁	1
	无线 ZigBee 窗磁	2

② 在智能家居项目中，设备需求表按区域编制的示例，见表 3-19。表中列出了门厅（餐厅）区域所包含的设备及数量。图 3-37 所示为门厅（餐厅）区域对应的设备布点图。

表 3-19　智能家居设备区域需求表

区域	产品名称	数量
门厅（餐厅）	手机智能门锁（含指纹密码刷卡）	1
	中央空调无线智能控制面板	1
	无线 ZigBee 智能开关（三键）	1
	无线 ZigBee 红外探测器	1
	无线 ZigBee 门磁	1
	智能无线 ZigBee 声光报警器	1
	无线 ZigBee 场景面板（六键）	1
	智能网络摄像头（含云台）	1
	二氧化碳传感器	1

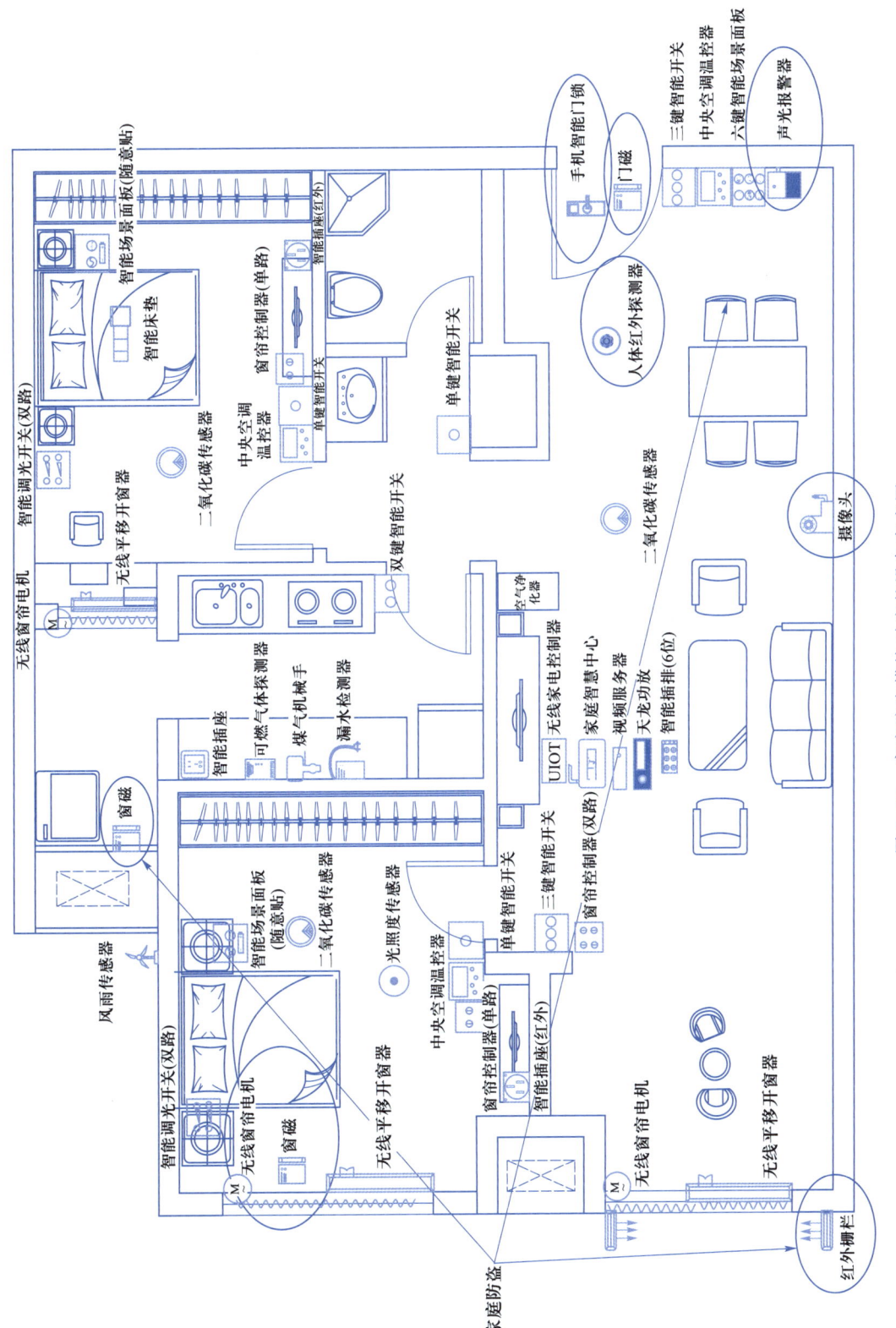

图3-36　家庭防盗模块对应的设备布点图

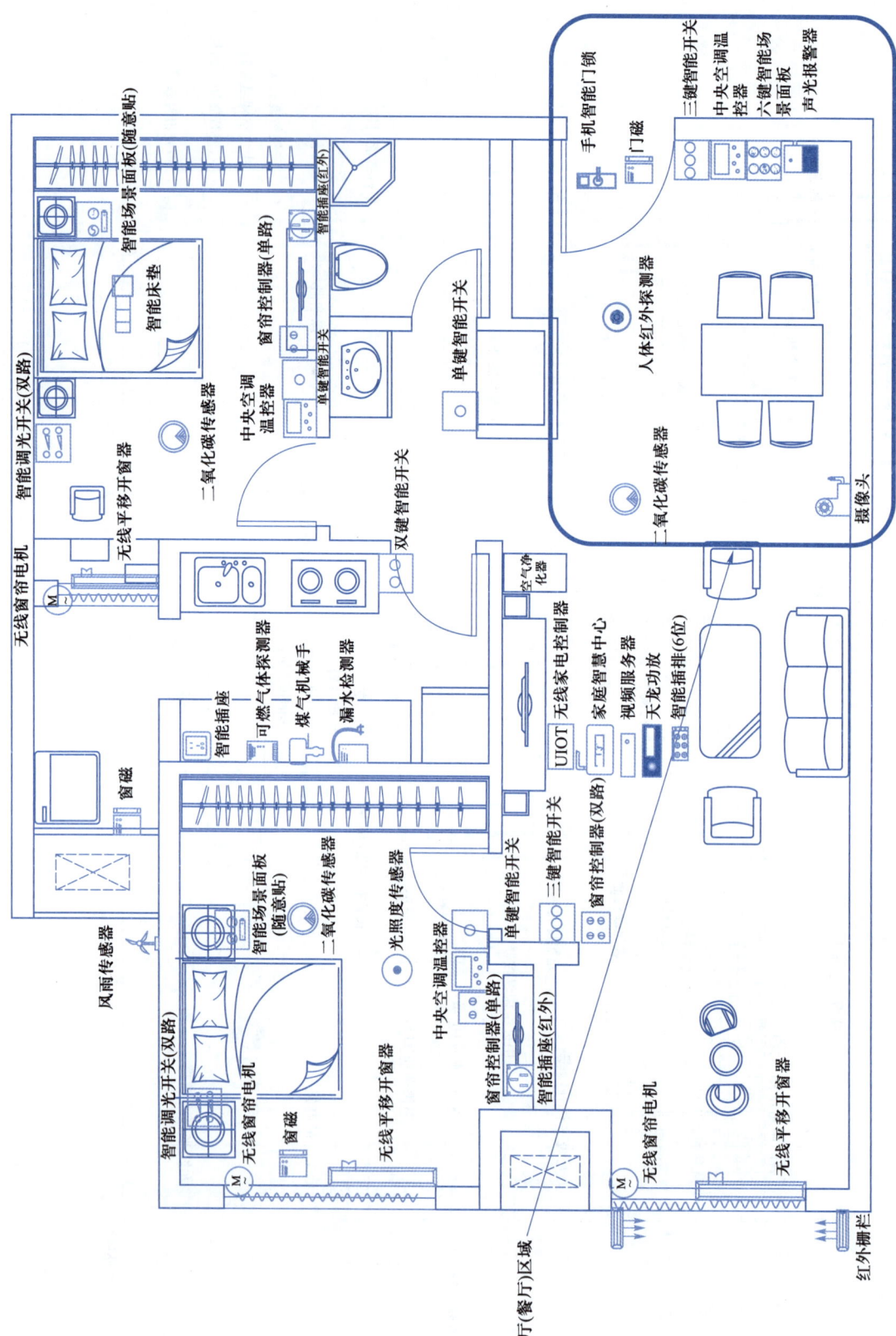

图 3-37 门厅（餐厅）区域对应的设备布点图

3. 确定设备性能指标及其他要求

在前端设计过程,还需确定设备的性能指标及其他要求。对于风光雨传感器,需要将其安装在室外,且周围没有遮挡物,在选择位置时还需要考虑风向。对于无线 ZigBee 燃气泄漏检测器,应尽可能将其安装在燃气易泄漏处,同时为避免污染,不能将其安装在燃气灶上方。而对于无线智能红外家电控制器,由于其红外传输特性,该设备同家电之间不能有遮挡物,最大传输距离应控制在 5 m 以内,同时应注意,一个红外家电控制器最多可以控制 3 个红外设备。上述设备示意图如图 3-38 所示。

(a) 风光雨传感器　(b) 无线ZigBee燃气泄漏检测器　(c) 无线智能红外家电控制器

图 3-38　设备示意图

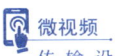
教学课件
传输设计概念
及范畴

教学课件
智能家居项目传输
设计

微视频
传输设计概念
及范畴

微视频
智能家居项目传输
设计

3.5.4　传输设计

在李先生家智能家居项目中,需要根据图 3-34 所示的户型结构和图 3-4 所示的 10 个功能模块进行该项目的传输设计。

1. 确定传输技术

为避免各设备的安装布线给设计和施工增加工作量和实施成本,同时,为方便以后网络升级改造和更好地支持设备的移动性,在该项目中采用无线传输技术。在对比了多种无线传输技术的优劣以后,决定采用 ZigBee 无线通信技术。ZigBee 相比于其他无线方式有其特有的优势,ZigBee 技术优势见表 3-20,其中,最核心的优势有:稳定性好,抗干扰性强;安全性高;网络容量大;功耗低。

表 3-20　ZigBee 技术优势

价值点	ZigBee 技术优势
施工与维护	无线系统无须布设控制线,施工简单,维护方便
稳定性	采用动态路由自组网技术,抗干扰性强,具备网络自愈能力,公认可靠性最好的智能家居无线传输技术
安全性	采用 AES 加密(高级加密系统),严密程度相当于银行卡加密技术的 12 倍
网络容量	网络容量巨大,理论结点高达 65 300 个,不仅可以覆盖家庭需要,而且也能覆盖智能小区、智能楼宇、智能酒店、智能工厂等

续表

价值点	ZigBee 技术优势
设备状态反馈	具有双向通信的能力,不仅可以发送命令给设备,设备同时也会把执行状态反馈回来,这对于终端使用体验至关重要
功耗与寿命	典型发射功率仅为 1 mW。采用智能休眠和唤醒技术,标准干电池供电使用寿命长达一年

2. 确定网络拓扑结构

图 3-7 所示为某智能家居项目网络拓扑结构。其中,两个核心传输设备为路由器和智能中控主机,通过网线将其直接相连。而智能中控主机同其他感知层设备之间则通过 ZigBee 无线协议进行通信。

3. 确定网络层设备的位置和数量

最后,需要确定网络层设备的位置和数量。智能中控主机是智能家居系列产品中核心的设备,李先生家的 2 室 2 厅户型结构较方正,可将智能中控主机放置在客厅电视机柜上,如图 3-39 所示。智能中控主机采用 ZigBee 通信模块,可以覆盖整个房间的通信,因此整个方案中智能中控主机所需数量为 1 个。对于一些特大户型或者别墅,还需要无线 ZigBee 中继器,将 ZigBee 信号进行放大。

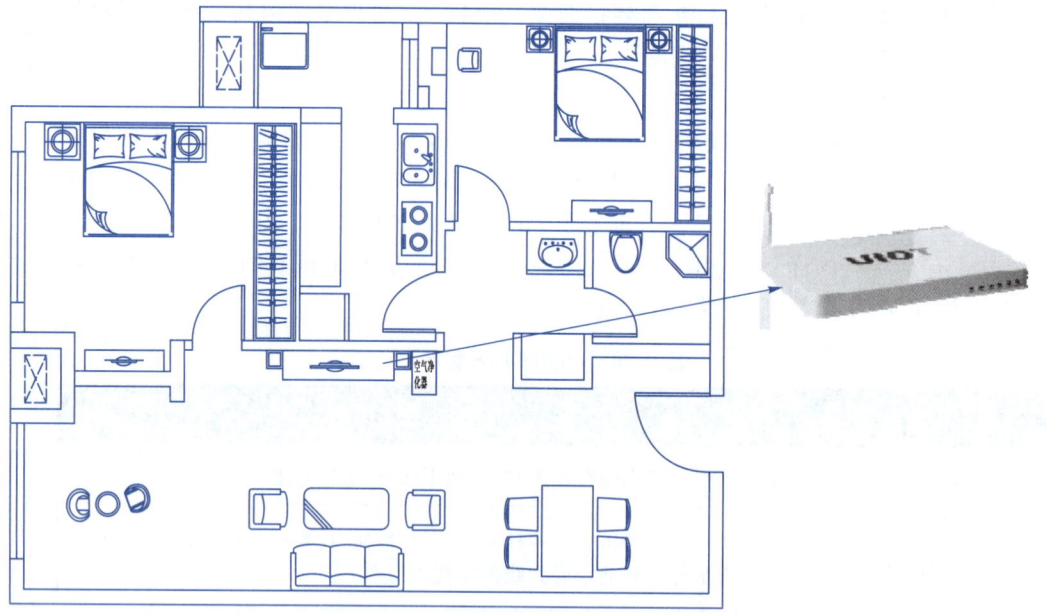

图 3-39　李先生家智能中控主机位置

3.5.5　后端设计

在李先生家智能家居项目中,该项目的后端设计需要基于图 3-34 所示的 2 室 2 厅户型结构展开。通过分析如图 3-3 所示的设备点位图得知,在客厅安装摄像头,可以对房间进行 24 小时远程监控。在李先生家智能家居项目的各项业务中,摄像头视频监控是最占用带宽和存储的。因此,在该项目后端设计中,主要关注视频监控部分,即图 3-40 中的摄像头。

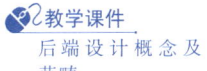

后端设计概念及范畴

下面以视频监控业务为例重点介绍带宽和存储需求量。

带宽需求:根据监控行业规定,720P 格式的视频码率为 4 M,1 080P 格式的视频码率为 8 M。在该项目中,将采用 1 080P 格式视频流,同时考虑其他业务冗余,因此 10 M 带宽即可满足李先生家智能家居项目的带宽需求。

智能家居项目后端设计

存储需求:见表 3-21。摄像头数量为 1 个,采用 1 080P 视频流,同时需要保存 30 天视频数据,因此可以计算出需要 2.47 TB 容量的存储空间。选择 4 TB 硬盘,考虑一些损耗和冗余,实际单块硬盘最终可用容量为 3.19 TB。因此只需要一块 4 TB 硬盘即可满足该项目的存储需求。

微视频
后端设计概念及范畴

表 3-21　存储需求性能指标

序号	项目	单位	数量
1	摄像头数量	个	1
2	单路码流(1 080P)	Mbit/s	8
3	每天录像时间	小时	24
4	保存天数	天	30
5	可用容量需求	TB	2.47
6	选用硬盘容量	TB	4
7	单块硬盘实际可用容量	TB	3.73
8	格式化损失及空间预留	—	10%
9	其他冗余	—	5%
10	单块硬盘最终可用容量	TB	3.19
11	实际需要硬盘数量	块	1

微视频
智能家居项目后端设计

此外,在后端设计中,还需要考虑服务器性能。服务器的配置原则主要包括处理器、内存、硬盘和网络四个方面。

1. 处理器的配置原则

应考虑处理器在高峰时的处理能力,并适当保留一些缓冲空间,以确保在业务增长时,系统有扩展的余地。如果要保持处理器的快速响应能力,应当为其保留 20% ~ 40% 的富余量。通常而言,处理器的最佳运行状态一般是其利用率维持在 75% 左右。

2. 内存的配置原则

应为运行在此服务器上的所有应用软件考虑内存需求。所需要的内存主要取决于用户数、应用程序类型、进程的处理方式和应用程序需要处理的数据量。一般来说,合理的内存利用率应低于 50%。

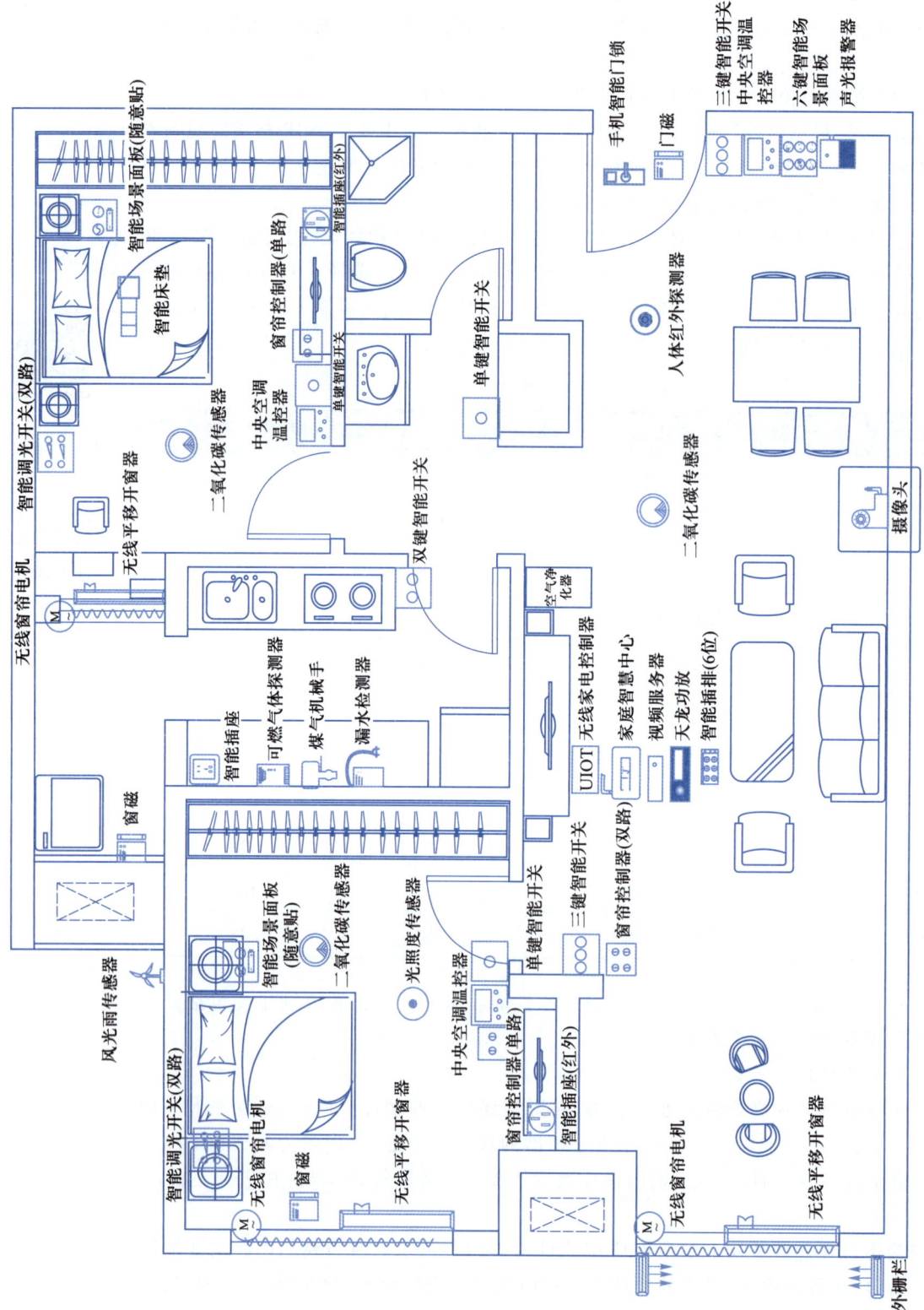

图 3-40   李先生智能家居项目后端设计

3. 硬盘的配置原则

应评估业务实际用户的数据量,并以此推算出磁盘的最小个数,同时牢记选择备份设备。硬盘空间的利用率不超过 85%。

4. 网络的配置原则

应为服务器选择合适的网卡,保证网络不会成为系统的瓶颈。

下面介绍网络的配置方法,配置计算可参考 TPMC 值。

TPMC(transactions per minute)定义为系统每分钟处理的事务数量。通过计算机系统对事务的处理能力的需求,来确定所需要的机型、CPU 主频及数量等。TPMC 的计算公式如下:

TPMC = 并发用户数×每个用户每分钟请求数×每个请求的事务数×冗余

5. 案例分析

设定某学校用户数为 3 000 人,每个用户每月平均登录应用服务器 110 次,管理员每月平均登录 60 次,忙时并发用户不超过 200 人。用 TPMC 计算的参数见表 3-22。通过 TPMC 公式计算可得到下列数据:

每月使用业务数 = 总用户数×个人用户月平均使用次数 = 3 000×110 = 330 000 次

忙日峰值使用业务数 = 总用户数×每月使用业务数×忙日集中系数 = 330 000×0.3 = 99 000 次/天

忙时峰值使用业务数 = 忙日峰值使用业务数×忙时集中系数 = 99 000×0.16 = 15 840次/小时

表 3-22　某学校用 TPMC 计算的参数

参数名称	数量	单位
总用户数	3 000	人
个人用户月平均登录次数	110	次
管理员数	400	人
管理员月平均登录次数	60	次
忙日集中系数	0.3	—
忙时集中系数	0.16	—
用户每次登录操作数	10	次
每次业务使用数据库操作次数	10	次
平均每条用户记录大小	50 K	B
每次页面操作的平均数据流量	100 K	B

（1）CPU 性能

根据计算公式,TPCC = 用户应用服务器要求的 TPC 单位用户数忙时每分钟登录次数×每个用户每次登录操作数/60(分钟/小时)×平均每个用户每次操作消耗 5 个 TPMC = (15 840×10/60)×5 = 13 200 TPMC。即用户服务要求的 TPCC 为 13 200 TPMC。考虑 30%的冗余,则主机 TPCC 要求 13 200/(1-30%) = 18 857 TPMC。

同时,管理服务要求的 TPCC = 管理员忙时每分钟峰值登录次数×管理员每次登录操作数/60（分钟/小时）×平均每次操作消耗 5 个 TPMC = 1 152 ×60/60×5 =

5 760 TPMC,即管理服务要求的 TPCC 为 5 760 TPMC。考虑 30% 的冗余,则主机 TPCC 要求 5 760/(1−30%)= 8 228 TPMC。

总的应用服务器 TPCC 要求 = 18 857+8 228 = 27 085 TPMC。

(2)带宽计算

应用服务器面向所有用户开放。

应用带宽要求 = 忙时峰值登录次数×每次登录操作数/3 600×每次操作应用服务器产生流量/网络使用效率。

每个用户每次操作应用服务器产生流量平均为 100 KB。

带宽 = (15 840×10/3 600×100 K×8 bit)/ 0.4 = 88 Mbit/s

(3)硬盘容量计算

需要计算每年用户产生的日志文件大小。

假定用户每次操作产生日志文件大小为 10 KB。

每年用户产生的日志文件大小 = 所有使用用户数×用户每次操作产生日志文件大小×用户每月登录次数×每次登录操作数×12 个月 = 3 000×10×110×10×12 = 378 GB。

即每月产生:378/12 = 32 GB。

按每三月备份一次计算,则应用服务器 WEB 容器日志大小为 32×3 = 96 GB。

此外还需考虑系统产生的日志。

假定系统运行每天产生 5 MB 的日志文件,则:

系统每年产生的日志文件大小 = 5×30×12 = 1 800 MB = 1.7 GB。

【任务实施】

模拟图 3-10 所示的某家居样板间项目,分别做出实地勘察、前端设计、传输设计及后端设计。

要求:① 需包括勘察报告、前端设计、传输设计及后端设计四部分;

② 图文并茂,采用 Word 文档的形式展示,课内发言,时间 8~10 分钟。

评估标准:

评估细则	分值
按规范及流程完成勘察,撰写勘察报告	10 分
前端设计,需完成点位图、设备清单表、设备性能指标要求	35 分(点位图 15 分,设备清单表 10 分,设备性能指标要求 10 分)
传输设计,需确定传输技术、网络拓扑结构、网络设备位置及数量	25 分(传输技术 10 分,拓扑结构 10 分,网络设备位置及数量 5 分)
后端设计,需计算带宽及存储需求	15(计算带宽需求 8 分,计算存储需求 7 分)
叙述条理性强,表达清晰	5 分
整体汇报文案配色及排版美观	5 分
Word 办公软件运用熟练	5 分

任务六　感知层设备选型

【任务目标】

【知识目标】
- 掌握传感器的选型原则
- 掌握 RFID 系统的选型原则
- 掌握智能家居中常用传感器的选型原则及方法
- 了解各类传感器的标准

【能力目标】
- 熟知物联网智能家居等工程项目常用传感器的类型
- 熟知各类传感器的知名厂商
- 会查阅各类传感器参数并理解其意义
- 掌握搜集及查阅产品资料的方法及途径

【素养目标】
- 培养规范及标准意识
- 培养搜集信息的能力
- 培养加工整理信息的能力
- 培养独立思考的能力

【任务描述】

根据已经完成的前端设计方案中确定的设备参数及安装要求,以及传输设计中确定的设备有线/无线组网方式,对李先生家的智能家居项目进行感知层的设备选型。

【知识准备】

设备选型是指在购置设备时,根据生产工艺要求和市场供应情况,按照技术先进性、经济合理性、生产适用性的原则及可行性、维修性、操作性和能源供应等要求,进行调查和分析比较,以确定设备的优化方案。

3.6.1　物联网工程设备选型

物联网工程设备选型需要遵循以下六大原则。

1. 可扩展性

可扩展性分为硬件可扩展性和软件可扩展性。物联网应用中的智能硬件应具备优化的接口和不断连接的能力。软件的可扩展性又称为可伸缩性,是一种衡量软件系统计算处理能力的设计指标。高可伸缩性代表一种弹性,在系统扩展的过程中,软件能够保证旺盛的生命力,通过很少的改动甚至只是硬件设备的添置,就能实现整个系统处理能力的增长和应用功能的拓展。

此外,对于同一款物联网应用产品,要尽可能扩展其应用场景,而不仅仅局限于满

足相对单一的需求。如果物联网设备能够像组合工具一样,提供组合和扩展的可能性,则又是更进一步。如一款以视觉、音效的呈现为主的移动娱乐设备,用户可随时随地欣赏各种高清影视节目,同时还可进行 PPT 等文档的演示。这款设备集移动办公场景和娱乐场景为一体,实现了良好的应用扩展和相通功能,能满足人们办公之余的娱乐需求。

2. 可靠性

可靠性是指物联网应用中的设备、产品、系统在一定时间内、一定条件下,能够无故障地执行指定功能的能力或可能性。可通过可靠度、失效率、平均无故障间隔等来评价物联网工程设备的可靠性。

3. 可管理性

可管理性是指所有的节点都应是可网管的,设备应具备性能监视、故障排除、故障调试的工具及接口。此外,还需要有一个强有力且简洁的管理系统,可以让人更有效地进行管理。同时,还应有助于确保安全性和规范性,使程序更新及资源利用的相关工作流程化。

4. 安全性

安全性是指硬件、软件及其系统中的数据受到保护,不因偶然的或者恶意的原因而遭受到破坏、更改、泄露,系统能够连续、可靠且正常地运行,服务不会中断。从本质上来讲,安全性也可以指物联网上的信息安全。物联网安全性的具体含义会随着"角度"的变化而变化。例如:从个人用户或企业用户的角度来说,他们希望涉及个人隐私或商业利益的信息在物联网中传输时能够受到机密性、完整性和真实性的保护,以防其他人或竞争对手利用窃听、冒充、篡改等手段侵犯用户的利益和隐私。

5. 标准性和开放性

由于物联网是一个涵盖多种厂商设备的环境,因此,选择的设备应能够支持业界通用的开放标准和协议,以便能够和其他厂商的设备有效地互通。

"标准性"原则指的是,系统除支持本约定的设计规范外,还需提供标准化的外部接口,并遵循公认的功能架构规范,从而使物联网工程中现有的设备可以轻松与各种操作系统、中间件、数据库、业务系统及工具软件进行平滑对接。

"开放性"原则指的是,系统支持各种硬件设备的互连互通,以及在软件上支持跨平台和开放数据接口,以便于与其他系统软件互相集成,实现与这些系统的应用、门户、数据等各层面上的无缝连接。

6. 厂商的选择

在进行厂商的选择时,所有设备应尽可能选取同一厂家的产品,这样在设备互连性、协议互操作性、技术支持和价格等方面都更有优势。从这个角度来看,产品线齐全,技术认证队伍力量雄厚,产品市场占有率高的厂商是物联网工程实施中的首选。这些厂商的产品经过大量用户的检验,成熟度高,而且这些厂商出货频繁,生产量大,质保体系完备。在物联网项目规划与实施的过程中,不应依赖于任何一家厂商的产品,应能够根据需求和费用公正地评价各种产品,做出最优的选择。在制定方案之前,应根据用户的承受能力来确定设备的品牌。

3.6.2 传感器选型

传感器的选型应遵循的四大原则：① 明确测量的对象、目的和要求；② 明确与传感器有关的技术指标；③ 考虑与使用环境条件有关的因素；④ 考虑与购买和维修有关的因素。

原则①和原则②对于传感器研发人员和生产厂商来说尤为重要；而对于物联网应用服务集成商和传感器的使用方来说，则更需要关注原则③和原则④，即在一般技术指标满足条件的情况下，需更多地考虑传感器的外部特性和性价比等商务因素。

1. 明确测量的对象、目的和要求

选型时，首先要考虑传感器的类型和原理。测量同一物理量时，可在多种原理的传感器中进行选择，根据被测量的特点和传感器的使用条件考虑具体指标，如量程、被测位置对传感器体积的要求等。如在对食品溯源应用中的称重传感器选型时，需要扩大其量程，使传感器工作在其量程的 20%～30% 之内，这样可以增大其称量储备量，以确保其使用安全和寿命。此外，还要考虑测量方式为接触式还是非接触式，信号的引出方法，传感器的来源（国产还是进口），价格能否承受，是否自行研制等因素。

2. 明确与传感器有关的技术指标

需要考虑的技术指标有：灵敏度、频率响应、线性范围、稳定性以及精度等。

（1）灵敏度

通常，在传感器的线性范围内，传感器的灵敏度越高越好。因为只有灵敏度高时，与被测量变化对应的输出信号的值才比较大，有利于信号处理。但传感器的灵敏度过高时，与被测量无关的外界噪声也容易混入，也会被放大系统放大，从而影响测量精度。因此，要求传感器本身应具有较高的信噪比，尽量减少从外界引入的干扰信号。（传感器的灵敏度是有方向性的。如果被测量是单向量，且对其方向性要求较高，则应选择其他方向灵敏度小的传感器；如果被测量是多维向量，则要求传感器的交叉灵敏度越小越好。）

（2）频率响应

传感器的频率响应特性决定了其能够测量的频率范围，应确保在允许频率范围内能够保持不失真的测量。传感器的响应总有一定的延迟，且延迟时间越短越好。传感器的频率响应越高，那么它可测的信号频率范围就越宽。

（3）线性范围

传感器的线性范围是指输出与输入成正比的范围。理论上在此范围内，灵敏度保持定值。传感器的线性范围越宽，则其量程越大，并且能保证一定的测量精度。在选择传感器时，当确定传感器的种类以后，首先要看其量程是否满足要求。但实际上，任何传感器都不能保证绝对的线性，其线性度也是相对的。当所要求的测量精度比较低时，在一定的范围内，可将非线性误差较小的传感器近似看作线性的，这会给测量带来极大的方便。

（4）稳定性

传感器在使用一段时间后，其性能保持不变化的能力称为稳定性。影响传感器长期稳定性的因素除传感器本身的结构外，主要是传感器的使用环境。因此，要使传感器具有良好的稳定性，传感器应有较强的环境适应能力。

　　在选择传感器前,应对其使用环境进行调查,并根据具体的使用环境来选择合适的传感器,或采取适当的措施,减小环境对传感器的影响。

　　传感器的稳定性有定量指标。当超过使用期后,在使用前应重新进行标定,以确定传感器的性能是否发生变化。在某些要求传感器能长期使用而又不能轻易更换或标定的场合,对所选用的传感器的稳定性要求更加严格,且传感器要能够经受住长时间的考验。

　　(5)精度

　　精度是关系到传感器测量是否准确的一个重要环节。传感器的精度越高,其价格越昂贵,因此,传感器的精度只要能够满足整个测量系统的精度要求就可以,不必选得过高。这样就可以在满足同一测量目的的诸多传感器中选择比较便宜和简单的传感器。如果测量目的是定性分析,选用重复精度高的传感器即可,不宜选用绝对量值精度高的;如果是为了定量分析,需要获得精确的测量值,就应选用精度等级能满足要求的传感器。

　　对某些特殊使用场合,若无法选到合适的传感器,则需自行设计并制造传感器,自制传感器的性能应满足使用要求。

3. 考虑与使用环境条件有关的因素

　　包括:安装现场条件及情况;传感器工作的环境条件,如温度、湿度、振动等;传感器的测量时间,是长时间还是短时间工作;与其他设备的连接距离以及信号传输距离;现场所需提供的功率,以及是否需要外接电源供电等因素。选型时,应充分考虑传感器的使用环境,并结合传感器的性能指标综合考虑使用方案。

4. 考虑与购买和维修有关的因素

　　包括性价比、零配件的储备情况、售后服务与维修制度、保修时间以及交货时间等因素。

　　在对传感器选型时其他的注意事项,参考教学课件及微视频"传感器选型注意事项"。

3.6.3　RFID 系统选型

　　RFID 系统的选型原则及步骤为:① 根据不同频段 RFID 的技术特性进行初步选型;② 选择频段和识别距离;③ 进行方案折中;④ 进行整体解决方案的选择;⑤ 进行成本考虑。

　　根据不同频段 RFID 的技术特性进行选型时,可以参考表 3-23。

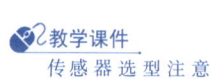

教学课件
传感器选型注意事项

微视频
传感器选型注意事项

教学课件
RFID 系统选型原则

微视频
RFID 系统选型原则

表 3-23　各频段 RFID 特性

类型	频段	标签	数据传输	价格	距离	抗冲突	其他特性	应用
低频	10 kHz~1 MHz,常用:125 kHz、135 kHz	被动式	电感耦合	读写设备低/标签高	<10 cm	无	低速率/适用金属液体/安全性差/128~512 位	门禁/动物追踪/汽车防盗器/无钥匙开门系统/玩具

续表

类型	频段	标签	数据传输	价格	距离	抗冲突	其他特性	应用
高频	1 MHz～400 MHz,常用:13.56 MHz	被动式为主	电感耦合	低	<1 m	有	高速率100 Kbit/s以上/高安全性	非接触式智能卡/身份证/图书馆管理/产品管理/公交卡/校园一卡通
超高频	400 MHz～1 GHz,常用:433 MHz、868～950 MHz	被动式/主动式	电磁波	低	<10 m >1 m	有	高速率100 Kbit/s以上/安全性一般	物流/供应链管理
微波	>1 GHz,常用:2.45 GHz、5.8 GHz	被动式/主动式	电磁波	低	>10 m	有	标签尺寸更小	行李追踪/物品管理/供应链管理

接下来,根据应用对识别距离的需求,确定频段。

读写距离决定了选择哪个频段的读写器、天线及标签。通常,10 cm以下选用低频系统,10 cm以上1 m以下选用高频系统,1 m以上10 m以下选用超高频系统,10 m以上选用微波频段系统。但即使是在同一个频段内的射频识别系统,其通信距离也会因天线设计、读写器输出功率、标签芯片功耗和读写器接收灵敏度等不同而有差异。因此,不能简单地认为某一个频段的RFID系统的工作距离大于另一个频段的RFID系统。

理想的RFID系统具有长工作距离,高传输速率和低功耗的特性。然而现实的情况下这种理想的射频系统并不存在,高数据传输率只能在相对较近的距离下实现。反之,如果要提高通信距离,就需要降低数据传输率。所以我们如果要选用通信距离远的射频识别技术,就必须牺牲通信速率。选择频段的过程常常是一种折中的过程。

选择RFID系统时,还要考虑存储器容量、安全特性等因素。例如,超高频和微波RFID系统的操作距离较远,并具有较快的通信速率,但是为了降低标签芯片的功耗和复杂度,并不能实现复杂的安全机制,仅限于写锁定和密码保护等简单的安全机制。高频频段则能够支持大的存储器容量和复杂的安全算法。

RFID系统的周围环境对其读写距离也会产生影响。例如,水会让超高频和微波信号严重衰减,但对高频和低频信号却几乎没有影响。金属会使超高频信号产生衰减,也会使高频信号产生反射。

此外,电子标签的安装位置也会对RFID系统的读写距离产生影响。如将标签安装在物体内侧,就须考虑物体的遮挡对读写距离产生的影响。同时电子标签必须安装在天线的有效阅读区域内,不要垂直于天线安装,最好和天线平行。

一个RFID系统,不仅仅涉及标签、读写器,而是包括完整的解决方案。因此,在选型时应考虑整体的解决方案。

从需求分析、可行性分析、架构设计规划，到所有硬件方案、控制与通信方式和数据管理及软件集成，再到用于解决方案部署的应用程序、辅助设备和新产品、合作伙伴支持与维护和功能增强等，都是整体解决方案中所需要考虑的因素。

另外，成本的考虑。一个 RFID 系统的成本，包含硬件成本、软件成本和集成成本等。其中，硬件成本不仅包括读写器和标签的费用，还包括安装相关的开销。应用和数据管理软件以及系统集成的费用是整个应用的主要成本。如果从成本考虑出发，一定要根据系统的整体成本进行，而不仅局限于硬件成本，如标签的价格等。

3.6.4　红外人体传感器选型

1. 红外人体传感器选型要点

① 根据需求分析及前端设计中的要求，确定设备参数及技术指标。

② 参考相关技术标准。

③ 根据组网方式及通信协议确定数据接口。

④ 根据安装点位的供电要求确定电源接口。

⑤ 查阅产品资料，结合品牌、售后服务和性价比确定所选产品。

2. 李先生家的智能家居项目红外人体传感器选型

（1）确定设备参数及技术指标

分析客户需求和前期方案设计结果得知，需在李先生家入户门处安置红外人体传感器，并且布防后，能探测出客厅活动的人体并触发报警信号。李先生家居户型如图 3-41 所示。客厅区域为 3.5 m 宽，7.6 m 长的矩形，要使红外人体传感器能探测出整个客厅区域，该传感器至少需探测距离能达到 10 m，探测角度能覆盖 120°。此外，在使用环境方面，李先生的房屋坐落于重庆市区，夏季闷热潮湿，温度时常达到 40 ℃，湿度也

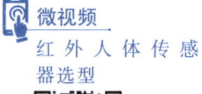

教学课件
红外人体传感器选型

微视频
红外人体传感器选型

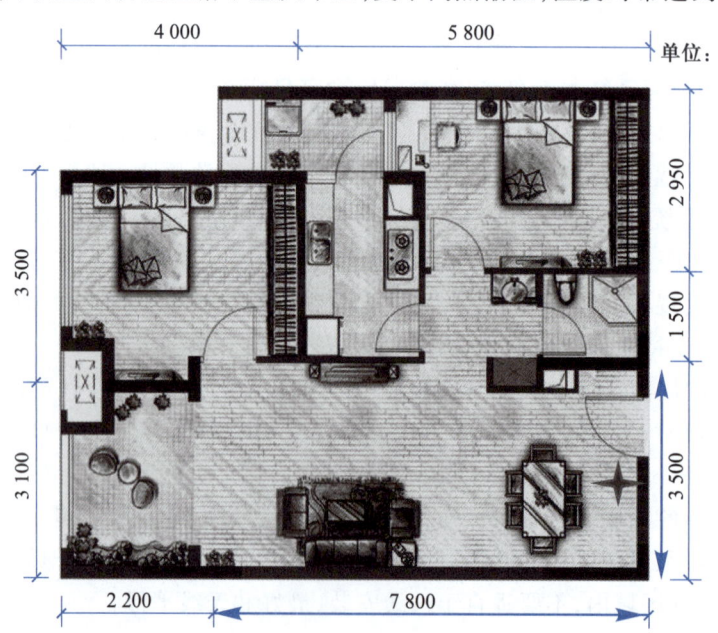

图 3-41　李先生家居户型图

经常达到 80%,冬季市内温度通常不会低于 0 ℃。因此,该红外人体传感器的工作环境温度应能在 0 ℃ 以上 50 ℃ 以下,工作环境湿度应能满足 80% 的上限要求。

经过以上分析,能够列出红外人体传感器选型时要求的基本产品参数:

探测角度 120°,探测距离 10 m 以上;

工作温度−10~50 ℃,工作湿度 0~80%。

（2）参考相关技术标准

所选择的红外人体传感器应符合现行的国家标准、行业标准以及企业标准的各项指标和要求。

教学文件
红外人体传感器相
关国家标准

（3）确定数据接口

前端设计方案和传输设计方案中已确定采用 ZigBee 协议作为各感测节点与中控主机的通信协议。因此,该红外人体传感器应采用 ZigBee 协议输出感测信号。

（4）确定电源接口

客户需求中提出,在入户门处设置插座影响美观。因此,该红外人体传感器只能采用电池供电,而不能使用 220 V 外接电源。

（5）查阅产品资料,结合品牌、售后服务和性价比确定所选产品

经过在网上搜索和查阅厂家提供的产品资料手册,并对比了其售后服务和性价比,我们认为紫光物联 Z−HWGY−Ⅱ型红外人体传感器最符合各项要求,其各项产品参数如图 3−42 所示。该传感器采用 ZigBee 无线通信协议输出感测信号;灵敏度适中,可以避免因灵敏度过高而造成误报警,或因灵敏度过低而造成漏报警;抗干扰能力强;同时,还具备智能休眠唤醒节能技术,电池供电可用 1 年以上,低电压时手机 App 会自动提醒客户尽快更换电池。

教学文件
常用红外人体传感
器型号及参数

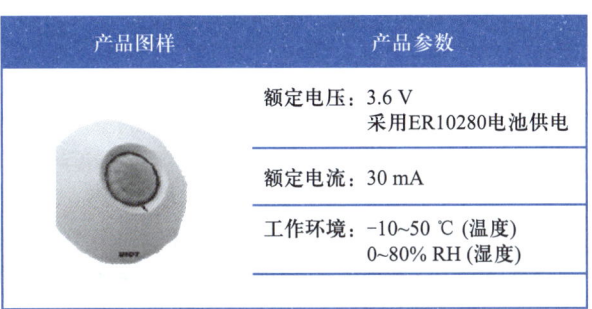

图 3−42　Z−HWGY−Ⅱ型 ZigBee 红外人体感应器产品参数

这样,为李先生选择出了能够满足其智能家居需求的红外人体传感器。除了性能指标和技术参数,该产品的品牌实力和售后服务也让李先生非常满意。

3.6.5　声光报警器选型

1. 声光报警器选型要点

① 确定设备参数及技术指标。

② 根据组网方式及通信协议、安装点位的供电要求确定数据接口及电源接口。

③ 查阅产品资料,结合品牌、售后服务和性价比确定所选产品。

教学课件
声光报警器选型

微视频
声光报警器选型

2. 李先生家的智能家居项目声光报警器选型

（1）确定设备参数及技术指标

声光报警器的主要技术指标和性能参数有：工作电压、静态电流、报警电流、声响等级、工作环境温湿度等。李先生对于这些指标没有具体的要求，在对比查找了多个厂家各产品的性能指标后，发现都能满足客户的使用需求。因此，选型时主要考虑声光报警器的声响等级和工作环境温湿度。

（2）根据组网方式及通信协议、安装点位的供电要求确定数据接口及电源接口

大部分声光报警器在通电后即可报警，所以声光报警器的电源线直接接到输出报警信号装置的控制信号的输出线，无须单独的数据接口；但也有部分声光报警器有单独的数据接口来接收控制信号。

在李先生家的智能家居项目中，结合前期的前端设计方案和传输设计方案，已确定采用 ZigBee 协议作为各控制节点与中控主机的通信协议，该声光报警器的数据接口与电源接口应兼容于该智能家居整体方案。因此，该声光报警器需要连接一个 ZigBee 协议转换器，用以接收来自中控主机的控制信号，并将其转发到声光报警器，其连接示意图如图 3-43 所示。

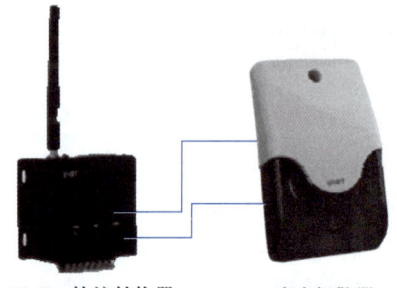

ZigBee协议转换器　　**声光报警器**

图 3-43　ZigBee 协议转换器与声光
报警器连接示意图

（3）查阅产品资料，结合品牌、售后服务和性价比确定所选产品

最终挑选出紫光物联的 Z-SGBJ-Ⅱ-XY 型 ZigBee 声光报警器，产品如图 3-44 所示。其产品参数如下所述：

工作电压：AC220/380 V、DC18~26 V；

静态电流：≤500 μA；

教学文件
常用声光报警器型号及参数

报警电流：≤60 mA；

声响等级：>106 dB；

线制：二总线 24 V（红）、GND（黑）；

安装方式：外露壁挂；

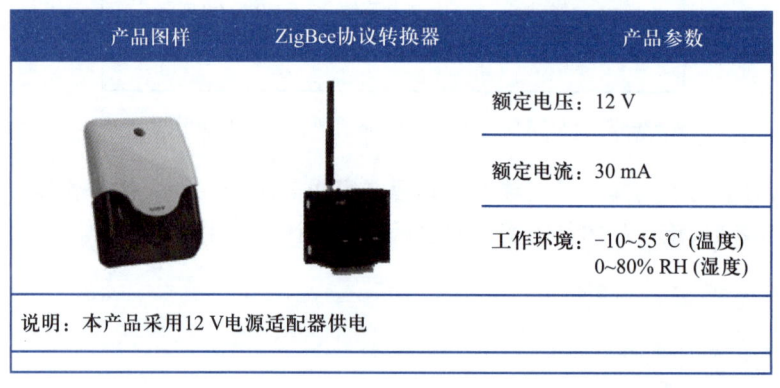

产品图样	ZigBee协议转换器	产品参数
		额定电压：12 V
		额定电流：30 mA
		工作环境：-10~55 ℃（温度） 0~80% RH（湿度）
说明：本产品采用12 V电源适配器供电		

图 3-44　Z-SGBJ-Ⅱ-XY 型声光报警器与 ZigBee 协议转换器及产品参数

工作温度：-10~55 ℃；

相对湿度：≤80%；

外形尺寸：122×73×44 mm（高×宽×厚）；

质量：约 150 g；

颜色：红绿黄。

该声光报警器可以同时发出声、光两种警报信号，以达到提醒用户、吓退入侵者的目的；该产品可以与紫光物联智能安防类产品联动，如果检测到门窗被非法打开即会发出警报信号，用户可以通过手动或软件客户端打开或关闭其警报功能。

3.6.6　红外电子栅栏选型

1. 红外电子栅栏选型要点

① 根据需求分析及前端设计的要求，确定设备参数及技术指标。

② 参考相关技术标准。

③ 根据组网方式及通信协议确定数据接口。

④ 根据安装点位的供电要求确定电源接口。

⑤ 查阅产品资料，结合品牌、售后服务和性价比确定所选产品。

2. 李先生家的智能家居项目红外电子栅栏选型

（1）根据需求分析及前端设计的要求，确定设备参数及技术指标

李先生家的红外电子栅栏预计安装在客厅阳台外侧，因此布防距离只需满足阳台长 3.1 m 以上即可，水平探测角度需满足 180°的要求，如图 3-45 所示。

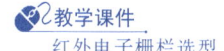

教学课件
红外电子栅栏选型

微视频
红外电子栅栏选型

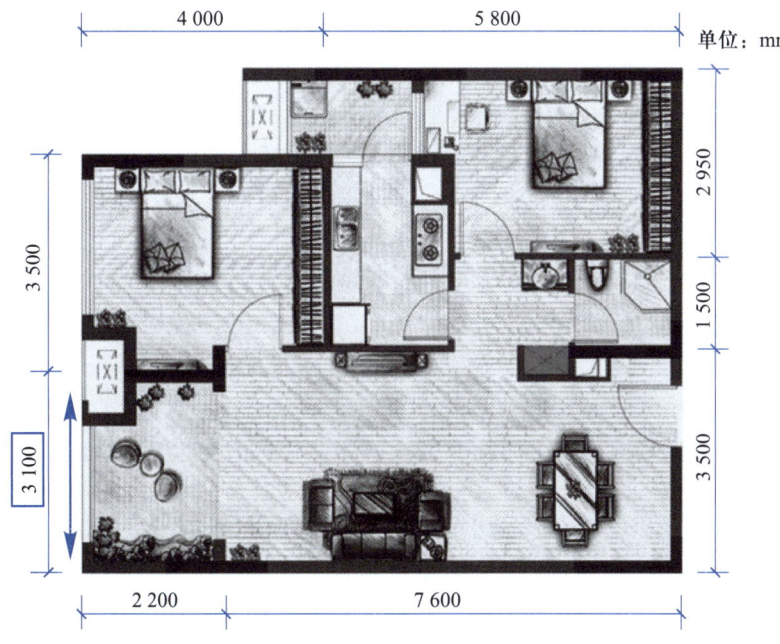

图 3-45　李先生家红外电子栅栏探测区域示意图

此外，关于红外电子栅栏，还需考虑的技术指标和性能参数有：额定电压电流、工作环境温湿度、光束数、应答速度、测量精度，其中最关键的参数是测量精度。当室外工作环境恶劣时会影响红外电子栅栏的探测灵敏度，所以应考虑到如遇雾天、雨天，能

见度下降时,红外电子栅栏的探测距离就会缩短,在选型时要引起充分注意。

（2）参考相关技术标准

在确定红外电子栅栏的各参数指标时,应参考相关的国家标准,在满足探测需求的基础上,选择参数适中的产品即可。探测距离和应答速度指标不是越高越好,指标过高时,红外电子栅栏的价格也可能越昂贵。

教学文件
主动红外入侵探测器标准

（3）根据组网方式及通信协议确定数据接口

结合前端设计方案和传输设计方案,已确定采用 ZigBee 协议作为红外电子栅栏与中控主机的通信协议,与智能家居整体方案兼容。因此,该红外电子栅栏需要连接一个 ZigBee 协议转换器,将红外栅栏监测信号通过该协议转换器发往中控主机,如图 3-46 所示。

（4）根据安装点位的供电要求确定电源接口

结合李先生家的智能家居的总体设计方案和实地勘察结果,红外电子栅栏的安装位置处预留有 220 V 电源插座,因此,选用交流 220 V 或直流供电的产品均可。

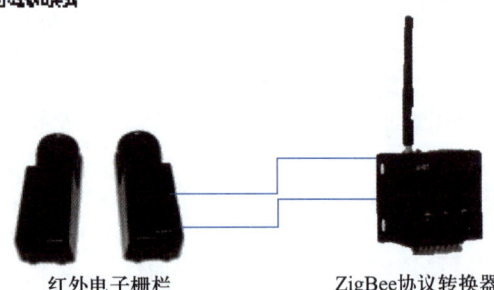

红外电子栅栏   ZigBee协议转换器

图 3-46 红外电子栅栏与 ZigBee 协议
转换器连接示意图

教学文件
常用红外电子栅栏型号及参数

（5）查阅产品资料,结合品牌、售后服务和性价比确定所选产品

最终为李先生挑选出紫光物联的 Z-HWSL-Ⅱ-60 型 ZigBee 红外电子栅栏。它配备了 ZigBee 转接模块,将原本有线的报警信号输出方式转变为 ZigBee 无线传输,更便于灵活地安装部署,且可在上电后自动加入 ZigBee 无线网络。该红外电子栅栏的额定电压为 12 V,额定电流为 30 mA,采用数字滤波式光源,3 光束同时遮断式的探测方式,有 4 种遮光时间可选,能够精确探测到侵入者跑动、步行或缓行的状态。此外,该产品的布防距离为 60 m,光轴调整角度在水平和垂直方向分别为 180° 和 24°。该产品的所有性能及参数指标均符合国家标准 GB 10408.4—2000《入侵探测器 第 4 部分：主动红外入侵探测器》。

教学课件
智能插座类选型

微视频
智能插座类选型

3.6.7 智能插座类选型

智能插座选型要点主要有以下方面。

教学文件
智能插座相关标准

1. 安全性

智能插座内部植入了 Wi-Fi 或 ZigBee 等通信模块,进一步加剧了插座内部的散热问题。高温环境很容易对插座的寿命和安全性产生影响,因此在选型时一定要比选择普通插座时更加谨慎。

智能插座的阻燃性是其安全性的有力保障,而插座的外壳体材质决定了其阻燃功效。智能插座主要采用两种材质：一种为 V0 级阻燃 PC,另一种为工程塑料外壳,这两种材质都具备双向阻燃能力,在 750 ℃ 的高温下也不会燃烧,这是插座安全的基本要求。

教学文件
11 款主流智能插座评测

普通插座都设置了过载保护,当电流、电压超过额定功率后,插座会自动采取断电措施。智能插座同样具备这样的功能,且具有超功率保护按钮,形成了终极安全结构。

另外,产品必须具备国家 3C 认证。

教学文件
智能插座选型要点

2. 功能及操作性

厂家应能提供产品线齐全的插座类产品,而非仅有单一产品。如既有单个的智能插座,又有智能插排等多样化产品。

此外,智能插座应具备远程控制的功能,并且可通过手机 App 进行操作。

3. 协议上与其他产品的互通和兼容性

以李先生家的智能家居项目为例,这是包含一套完整的智能家居产品。在选择智能插座时,需要考虑其是否和其他产品在通信协议上能够互通和兼容。因此,本项目需要选择支持 ZigBee 无线通信协议的智能插座。

4. 外观及价格

最后需要选择外观符合客户审美以及性价比高的产品。以李先生家的智能家居项目为例,最终为李先生选择的是紫光物联的 ZigBee 智能插座系列产品。这些产品包括:Z-CZ-Ⅱ型智能插座系列、智能插排、ZGWL-ZZ-01 型智能转接插座,如图 3-47 所示。

 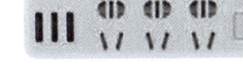 

(a) Z-CZ-Ⅱ型智能插座   (b) 智能插排   (c) ZGWL-ZZ-01型智能转接插座

图 3-47   紫光物联 ZigBee 智能插座系列产品

3.6.8   智能控制面板类选型

智能控制面板选型要点主要有以下方面。

1. 确定面板接线方式

面板的接线方式有单火(相)接线式和零火(相)接线式,如图 3-48 所示。单火接线式只需要将火(相)线接入开关接线盒。零火接线式则需要将火(相)线、零线都接入开关接线盒。传统的机械式面板一般采用单火(相)式,而单火(相)接线式智能家居面板一般用在已装房屋的改造,因为不方便重新布线或无法就近重新引入零线。

教学课件
智能控制面板类选型

微视频
智能控制面板类选型

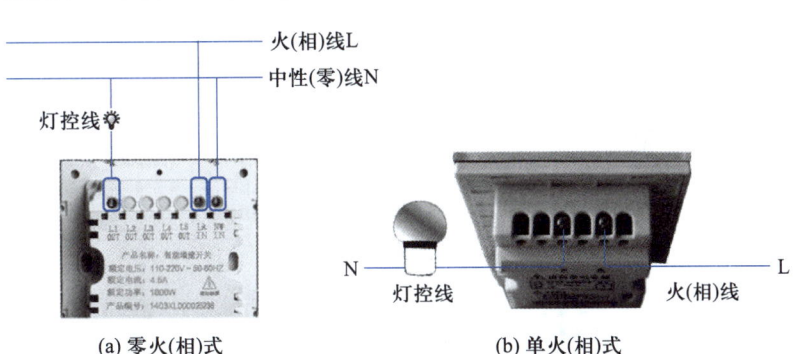

图 3-48   面板接线方式

同等级配件条件下零火(相)式开关寿命约为单火(相)式开关的 5~10 倍。若想要降低对 LED 灯、节能灯的损耗,则应选用零火(相)式智能开关,而单火(相)式智能开关会降低灯具寿命的 50%以上。李先生家还未开始装修,因此,可在装修的水电工程布线阶段,在面板底盒处预先布设好零线与火(相)线,零火(相)式开关无疑是最好的选择。

2. 确定指令通信方式

控制面板与智能家居中控主机的通信分为有线和无线两种方式,有线方式需要在装修时预埋信号线,因此,现在一般以无线方式应用较多。而无线通信协议又以红外和 ZigBee 为主流。

考虑到 ZigBee 无线通信协议符合李先生家的智能家居项目整体方案设计及技术框架,且与该项目中其他设备在通信协议上相匹配,具备更好的兼容性;而红外方式则需要学习,且有物体或人体遮挡时,其准确度和灵敏度会下降。因此,宜为李先生家选用采用 ZigBee 无线通信协议的智能控制面板。

3. 其他因素

希望选择的智能控制面板产品线齐全,不仅能控制照明灯具,还能控制窗帘、家电、场景等,并且希望能与手机 App 配合使用,使用户可以编辑和自定义场景与控制条件。

4. 查阅产品资料和手册,完成选型

以李先生家的智能家居项目为例,综合上述选型要点,经查阅产品资料和手册后,为李先生选择了紫光物联的智能控制面板的系列产品。该系列产品线齐全,采用 ZigBee 无线通信方式,可自定义场景,并且可通过手机 App 远程操作。

该系列产品如图 3-49 所示。

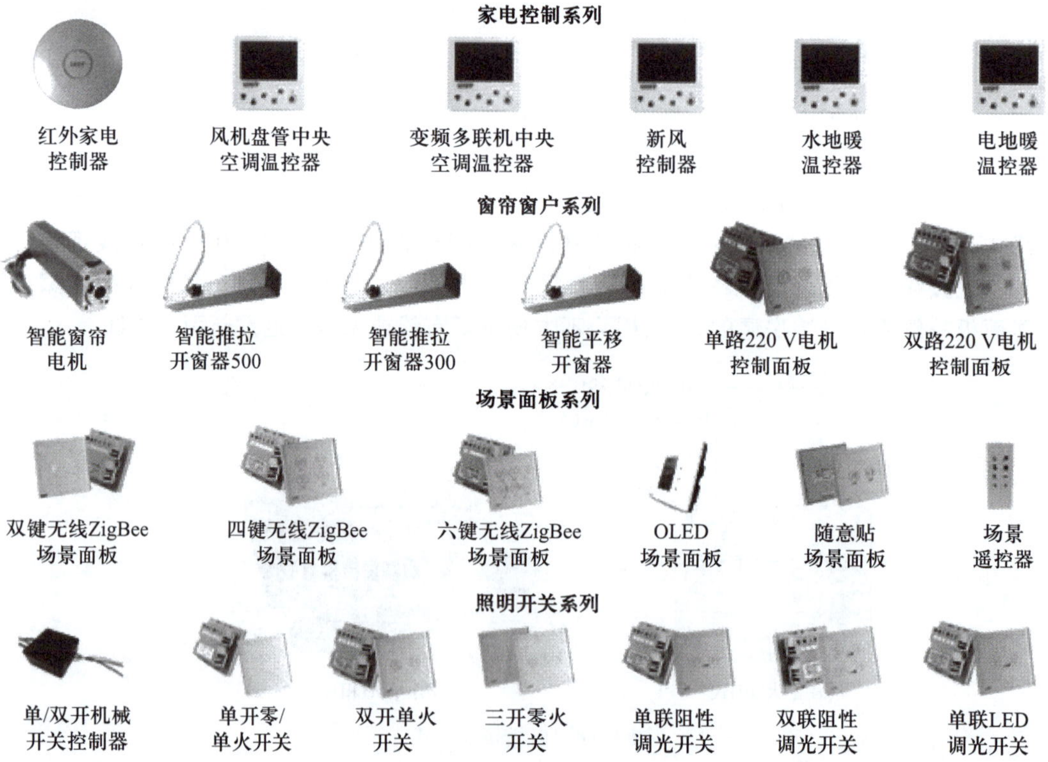

家电控制系列

红外家电控制器　风机盘管中央空调温控器　变频多联机中央空调温控器　新风控制器　水地暖温控器　电地暖温控器

窗帘窗户系列

智能窗帘电机　智能推拉开窗器500　智能推拉开窗器300　智能平移开窗器　单路220 V电机控制面板　双路220 V电机控制面板

场景面板系列

双键无线ZigBee场景面板　四键无线ZigBee场景面板　六键无线ZigBee场景面板　OLED场景面板　随意贴场景面板　场景遥控器

照明开关系列

     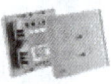 

单/双开机械开关控制器　单开零/单火开关　双开单火开关　三开零火开关　单联阻性调光开关　双联阻性调光开关　单联LED调光开关

图 3-49　紫光物联智能控制面板系列产品

3.6.9 空气质量与气体类传感器选型

空气质量与气体类传感器主要包含下列类型:甲醛传感器、二氧化碳传感器、燃气泄漏传感器、PM2.5粉尘颗粒传感器、温湿度传感器。

选型要点主要有以下方面。

1.根据需求分析及前端设计的要求,确定设备参数及技术指标

空气质量与气体类传感器的技术指标和性能参数一般包括:额定电压、额定功率、工作环境温湿度和测量精度。

燃气泄漏传感器还涉及报警浓度、探测角度、探测距离等指标。

2. 参考相关技术标准

可参考的相关技术标准见教学文件甲醛浓度检测标准、二氧化碳传感器标准、可燃气体探测器标准、粉尘传感器标准、温度传感器标准、湿度传感器标准。

3. 根据组网方式及通信协议确定数据接口

与前期的前端设计和传输设计方案整体兼容,采用ZigBee无线通信方式组网,感测信号值用ZigBee无线通信协议输出。而燃气泄漏传感器的情况更为复杂,还需要同时将感测信号输出到燃气开关机械手。

4. 根据安装点位的供电要求确定电源接口

主要看安装点位有无预埋220 V电源插座。若有则可选用220 V外接电源供电的产品,若没有或者为了美观则需要选电池供电的产品。

5. 查阅产品资料,结合品牌、售后服务和性价比确定所选产品

以李先生家的智能家居项目为例,最终为李先生挑选出的产品如图3-50~图3-54所示。

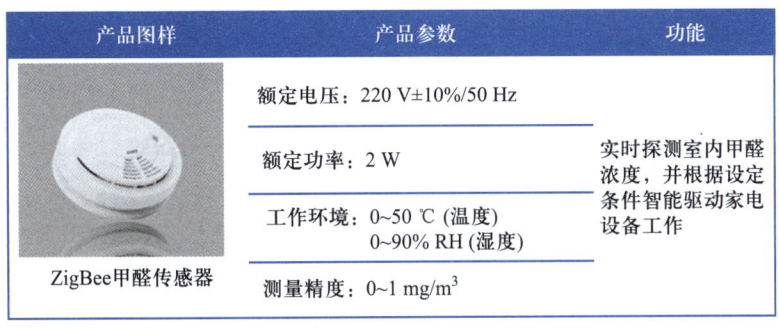

产品图样	产品参数	功能
ZigBee甲醛传感器	额定电压: 220 V±10%/50 Hz 额定功率: 2 W 工作环境: 0~50 ℃ (温度) 0~90% RH (湿度) 测量精度: 0~1 mg/m³	实时探测室内甲醛浓度,并根据设定条件智能驱动家电设备工作

图3-50 紫光物联 ZigBee 甲醛传感器

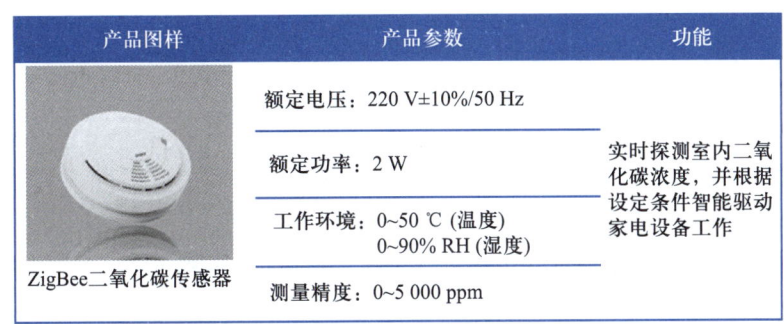

产品图样	产品参数	功能
ZigBee二氧化碳传感器	额定电压: 220 V±10%/50 Hz 额定功率: 2 W 工作环境: 0~50 ℃ (温度) 0~90% RH (湿度) 测量精度: 0~5 000 ppm	实时探测室内二氧化碳浓度,并根据设定条件智能驱动家电设备工作

图3-51 紫光物联 ZigBee 二氧化碳传感器

 教学课件
甲醛传感器选型

 微视频
甲醛传感器选型

教学课件
二氧化碳传感器选型

 微视频
二氧化碳传感器选型

 教学课件
燃气泄漏传感器选型

 微视频
燃气泄漏传感器选型

 教学课件
PM2.5粉尘颗粒传感器选型

 微视频
PM2.5粉尘颗粒传感器选型

 教学课件
温湿度传感器选型

 微视频
温湿度传感器选型

 教学文件
甲醛浓度检测标准

产品图样	产品参数	功能
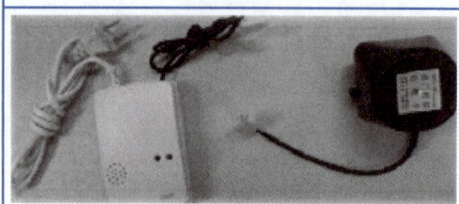 ZigBee燃气泄漏传感器及燃气开关机械手	额定电压：220 V/50 Hz 静态功耗：0.3 W 工作温度：−20~50 ℃ 探测浓度：煤气0.1%~0.3%， 天然气0.1%~0.5%，液化石油气0.1%~0.3%	实时探测室内燃气浓度，并根据设定条件智能驱动家电设备工作

图 3-52　紫光物联 Z-MQXL-Ⅱ无线 ZigBee 燃气泄漏传感器
与 ZGWL-MKJX-01 燃气开关机械手

产品图样	产品参数	功能
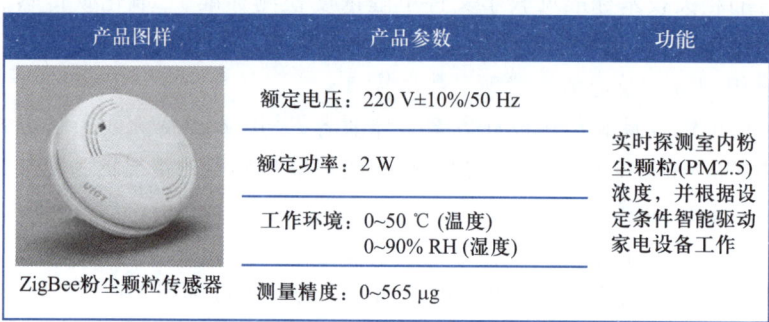 ZigBee粉尘颗粒传感器	额定电压：220 V±10%/50 Hz 额定功率：2 W 工作环境：0~50 ℃ (温度) 0~90% RH (湿度) 测量精度：0~565 μg	实时探测室内粉尘颗粒(PM2.5)浓度，并根据设定条件智能驱动家电设备工作

图 3-53　紫光物联 ZigBee 粉尘颗粒传感器

产品图样	产品参数	功能
ZigBee温湿度传感器	额定电压：3.6 V 采用5号电池供电 额定电流：30 mA 工作环境：−15~45 ℃ (温度) 0~100% RH (湿度) 测量精度：0~100% TH	实时探测室内温湿度，并根据设定条件智能驱动家电设备工作

图 3-54　紫光物联 ZigBee 温湿度传感器

3.6.10　网络高清摄像头选型

网络高清摄像头的选型要点有以下方面。

1. 根据安装方式选型

安装方式分固定安装和云台安装。

固定安装方式用于普通枪式摄像机和半球式摄像机，如图 3-55、图 3-56 所示。

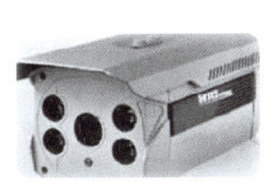

图 3-55　普通枪式摄像机图示

云台安装方式适用于一体化摄像头,如图 3-57 所示,可根据需要配置解码器。

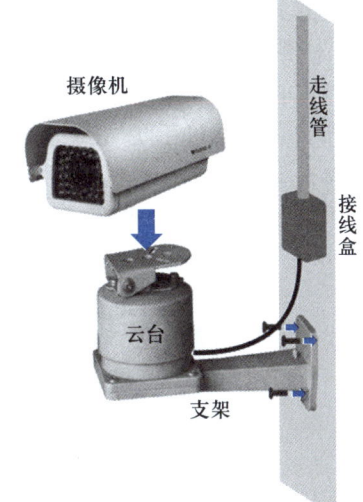

摄像机

走线管

接线盒

云台

支架

图 3-56　半球式摄像机图示　　　　图 3-57　一体化摄像头云台安装图示

教学文件
常用 PM2.5 粉尘颗粒传感器型号及参数

教学文件
常用温湿度传感器型号及参数

教学文件
常用温湿度传感器型号及参数-器件

教学文件
ATC60A0 温湿度传感器在智能家居中的应用

教学文件
物联温湿度产品举例

教学课件
网络高清摄像头选型

微视频
网络高清摄像头选型

2. 根据安装地点选型

根据不同的安装地点,一般有"壁装 & 吊顶安装"和"吸顶安装"两种方式。

"壁装 & 吊顶安装"多用于普通枪式摄像机,其特点是室内外均可安装,但需另配备镜头防护罩支架等设备。

"吸顶安装"适用于半球式摄像机,其特点是多用于室内以及安装高度受限的场合,或者是需要美观性和隐蔽性较强的场合。

3. 根据环境光线选型

在光线条件不理想的情况下,宜选用照度低的彩色或黑白摄像机(照度,即光照强度,单位勒克斯,简称"勒",单位符号为 lx)。

在对监视图像清晰度要求高的场合中,宜选用黑白摄像机,并添加红外灯或选用具有红外夜视功能的摄像机。尤其要注意的是,监视目标最低环境照度应不低于摄像机靶面最低照度的 50 倍。

4. 根据清晰度要求选型

根据清晰度要求进行选型时,则要考虑摄像机的分辨率。分辨率指标又分为水平分辨率(又称为电视线)指标和像素指标。水平分辨率在 420~450 线之间的为中解析摄像机,470 线以上的为高解析摄像机。清晰度越高的摄像机,其价格也越昂贵。

5. 综合考虑其他性能指标

在对网络高清摄像头进行选型时,要考虑的其他性能指标还有:信噪比以及自动光圈镜头的驱动方式。

信噪比的行业标准为大于 38 dB,一般选用大于 48 dB 的产品。

自动光圈镜头的驱动方式一般选用双驱动式的。

6. 查阅产品资料,结合品牌、售后服务和性价比确定所选产品

教学文件
常用摄像头型号及参数

最终为李先生挑选出紫光物联的 W-TV-Ⅱ-SY-Wi-Fi 型网络高清摄像头。它具备如下所述特点和表 3-24 所示参数。

① 用户可以用手机远程控制云台,调整镜头焦距,并可 360°旋转镜头。

② 摄像头内置远程双向通话功能,当用户发现家中老人身体不适时,可以远程和老人双向对讲,而发现有侵入者时,则可以通过手机 App 直接远程向侵入者喊话。

③ 当智能家居中人体感应和帘幕感应报警时,摄像头可以自动抓拍图片并上传到云中心,用户可以通过手机 App 立即查看。

④ 具有 32 位 RSIC 微电脑嵌入式处理器。

⑤ 采用嵌入式 Linux 操作系统。

表 3-24　网络高清摄像头参数

工作电压	DC5 V
最大功耗	5 W
工作范围	10~20 m
工作环境	-10~60 ℃(温度) 0~90% RH(湿度)

3.6.11　漏水探测器选型

漏水探测器选型要点有如下方面。

1. 根据需求分析及前端设计的要求,确定设备参数及技术指标

漏水探测器的主要技术指标和性能参数有:工作电压、静态电流、报警电流、工作环境温度等。

2. 根据组网方式及通信协议确定数据接口

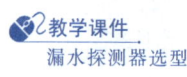

教学课件
漏水探测器选型

微视频
漏水探测器选型

在数据接口方面,有两种情况:一种是将探测器和报警器集成到一起,则不存在对外接口;另一种是仅实现了探测器的功能,则需要关注报警信号到报警器的输出方式是有线还是无线,如果为有线,则重点关注其接线方式,如果为无线,则重点关注其通信协议。

在李先生家的智能家居项目中,结合前期的设计方案,并考虑到该漏水探测器的数据接口要与该智能家居整体方案兼容。在整体方案中,已确定采用 ZigBee 协议作为各感测节点与中控主机的通信协议,因此,该漏水探测器应采用 ZigBee 协议输出感测信号。

3. 根据安装点位的供电要求确定电源接口

在电源接口方面,则主要关注产品是交流供电还是直流供电,或者两者都支持。

若是交流供电,则要看安装现场有无 220 V 插座或预埋零火(相)线接头;若是直流供电,则需关注产品是采用变压器转换进行供电还是采用电池供电。在李先生家的智能家居项目中,结合前期的设计方案,并考虑到漏水探测器不便于采用外接电源供电,因此只能采用电池供电。

4. 查阅产品资料,结合品牌、售后服务和性价比确定所选产品

通过广泛查阅和对比了市面上各类漏水探测器的产品资料及产品手册,并对比了其售后服务和性价比,最终为李先生挑选出紫光物联的 Z-LS-II 型无线 ZigBee 漏水探测器,如图 3-58 所示。

教学文件
常用漏水探测器型号及参数

该探测器能够实时监测周围环境,在检测到漏水时通过 ZigBee 协议迅速上报报警数据,并配合报警主机将报警信息推送至用户手机,同时可联动其他设备如电控阀门以减缓险情。此外,该探测器采用 3.6 V 电池供电,静态电流为 7 μA,使用寿命超过 15 000 次,同时具备智能休眠唤醒技术,电池供电可用 1 年以上,核心部件稳定可靠。

图 3-58　紫光物联 Z-LS-II 型无线 ZigBee 漏水探测器

3.6.12　风光雨传感器选型

风光雨传感器选型要点有如下方面。

1. 根据需求分析及前端设计的要求,确定设备参数及技术指标

风光雨传感器的主要技术指标和性能参数有:工作电压、环境温度,风速、光照和雨量感应信号的强度范围,以及风、光、雨感应信号的响应时间。其中最关键的参数是感应信号强度和响应时间。

2. 参考相关技术标准

在满足基本需求的基础上,选择指标适中的产品即可,并不是指标越高越适用。例如感应信号强度过于灵敏、响应时间过短,可能导致频繁地触发开关窗等动作。

3. 根据组网方式及通信协议确定数据接口

确定数据接口,主要是要确定传感器感测信号的输出方式是有线还是无线。如果为有线,则应重点关注其接线方式;如果为无线,则重点关注其通信协议。

在李先生家的智能家居项目中,结合前期的设计方案,并考虑到该风光雨传感器的数据接口要与该智能家居整体方案兼容。在整体方案中,已确定采用 ZigBee 协议作为各感测节点与中控主机的通信协议,因此,该风光雨传感器应采用 ZigBee 协议输出感测信号。在选择产品时,要充分考虑到所选产品应能将有线风光雨信号线输出转换为 ZigBee 无线信号输出。

4. 根据安装点位的供电要求确定电源接口

确定电源接口,需主要关注产品是交流供电还是直流供电,或者两者都支持。若是交流供电,则要看安装现场有无 220 V 插座或预埋零火(相)线接头;若是直流供电,则需关注产品是采用变压器转换进行供电还是采用电池供电。

结合李先生家智能家居的总体设计方案和实地勘察结果,风光雨传感器的安装位置处预留有 220 V 电源线,因此,选用交流 220 V 或直流供电的产品均可。

教学课件
风光雨传感器选型

微视频
风光雨传感器选型

教学文件
风传感器国家标准

教学文件
光照传感器国家标准

教学文件
雨量计国家标准

教学文件

常用风光雨传感器
型号及参数

5. 查阅产品资料,结合品牌、售后服务和性价比确定所选产品

通过广泛查阅和对比了市面上各类风光雨传感器的产品资料及产品手册,并对比了其售后服务和性价比,最终为李先生挑选出紫光物联的 Z-FGY-Ⅱ-XY 型 ZigBee 风光雨传感器,如图 3-59 所示。

这款风光雨传感器一机多能,集风感、光感、雨感三种传感功能于一体,其响应时间和调节范围均符合要求。此外,风光雨强度调节精度高且反应灵敏、准确度高,可设置 3 个不同的风力等级和 4 个不同程度的光线等级。风速调节范围为 10~50 km/h;雨感调节范围为 1~100 mm/h;光感调节范围为 0.2~10 klux。该风光雨传感器还配备了 ZigBee 转接模块,能够将原本有线的信号传输方式转变为 ZigBee 无线传输,更便于灵活地安装部署,且安装简单,拥有三种安装方式。该传感器的防雨淋结构设计以及风感部分的双轴承结构,能够确保风感灵敏,更加经久耐用,且材料能够抗紫外线辐射,符合室外使用条件。

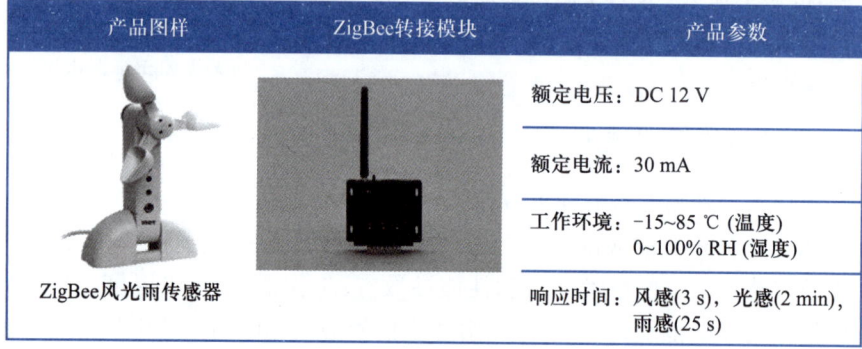

产品图样	ZigBee转接模块	产品参数
		额定电压:DC 12 V
		额定电流:30 mA
		工作环境:-15~85 ℃ (温度) 0~100% RH (湿度)
ZigBee风光雨传感器		响应时间:风感(3 s), 光感(2 min), 雨感(25 s)

图 3-59　紫光物联 Z-FGY-Ⅱ-XY 型风光雨传感器

【任务实施】

请对图 3-10 所示智能家居样板间项目,进行感知层设备的选型。

要求:① 列举出所需的传感器类型;

② 按照各类传感器的选型要点,列举出各类传感器最终选定设备的名称、厂家及性能参数等指标。填好表 3-25 所示设备选型清单表。

表 3-25　设备选型清单表

区域	产品名称	安装位置	数量	功能说明	性能参数	布线要求

注:可按所需为表增加行数。

评估标准:

评估细则	分值
符合需求程度	20 分

续表

评估细则	分值
遵循行业标准及技术规范	10 分
符合前端设计及传输设计	20 分
关键技术指标无遗漏	20 分
高性价比	10 分
与客户充分有效沟通	20 分

从符合需求,遵循行业标准及技术规范,符合前端设计,符合传输设计,关键技术指标无遗漏,高性价比这几方面综合考虑做出各类设备选型。需与客户反复沟通取得一致意见后确定最终选型方案。

任务七　网络设备选型

【任务目标】

【知识目标】
- 了解典型的网络设备的构成和各自的功能特点
- 掌握网络设备选型的一般原则和方法

【能力目标】
- 能够对特定的实际应用场景,通过对需求的分析,结合网络设备的选型原则和方法,给出网络设备选型方案

【素养目标】
- 培养主动观察的意识
- 培养独立思考的能力
- 培养积极沟通的意识
- 培养团队合作的能力

【任务描述】

宋女士的新家确定了如图 3-11 所示的宽带网络组建方案。其中,光猫由电信公司提供,剩余的网络设备需要宋女士自己采购,包括服务器、交换机、路由器以及配套的软件系统(操作系统、数据库、应用软件等)。选择何种型号的硬件设备和软件系统成了困扰宋女士的问题。于是,宋女士继续咨询物联网项目咨询公司,寻求相关产品选型的建议。

【知识准备】

3.7.1　常用网络设备类型及参数

1. 交换机

交换机(Switch)如图 3-60 所示,是一种用于电(光)信号转发的网络设备。它可

教学课件
常用网络设备类型及参数

微视频
常用网络设备类型及参数

以为接入交换机的任意两个网络节点提供独享的电信号通路。

交换机的主要参数指标有:性能、位置、端口类型和数量、端口速率、外观尺寸、安全性和可管理性。

图 3-60 交换机示意图

2. 路由器

路由器(Router)如图 3-61 所示,用于连接多个逻辑上分开的网络。逻辑网络是指一个单独的网络或者一个子网。当数据从一个子网传输到另一个子网时,可通过路由器的路由功能来完成。

路由器的主要参数指标有:性能、外观尺寸、位置、安全性、端口类型和数量、可管理性、端口速率、联网方式和控制性。

3. 防火墙

防火墙(Firewall)如图 3-62 所示,其在网络中的位置如图 3-63 所示。防火墙是指一个由软件和硬件设备组合而成、在内部网和外部网之间、专用网与公共网之间的界面上构造的保护屏障,从而保护内部网免受非法用户的侵入。

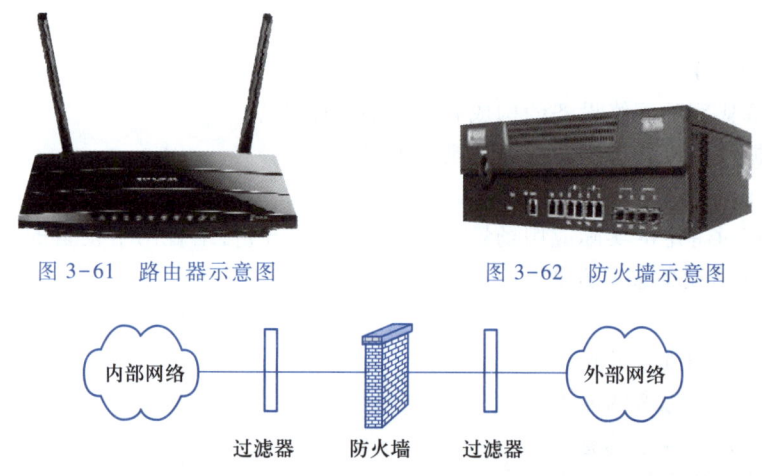

图 3-61 路由器示意图   图 3-62 防火墙示意图

图 3-63 防火墙在网络中的位置示意图

防火墙的主要参数指标有:连接状态检测功能、访问控制和过滤功能、源/目标地址转换功能、流量控制(带宽管理)、用户管理与认证、异常恢复支持能力和负载均衡能力。

3.7.2 网络设备选型

教学课件
常用网络设备选型

微视频
常用网络设备选型

网络设备的选型原则是:根据实际环境和应用需求出发,选择满足关键参数指标的合适的产品。

1. 交换机的选型

就像梁桥、拱桥、斜拉桥、悬索桥、立交桥等,它们虽功能相似,却又各有其不同的特点和用途。交换机的种类非常多,不仅彼此之间的性能差异较大,而且各自拥有不同的特点,分别适用于不同的场合,如图 3-64 所示。

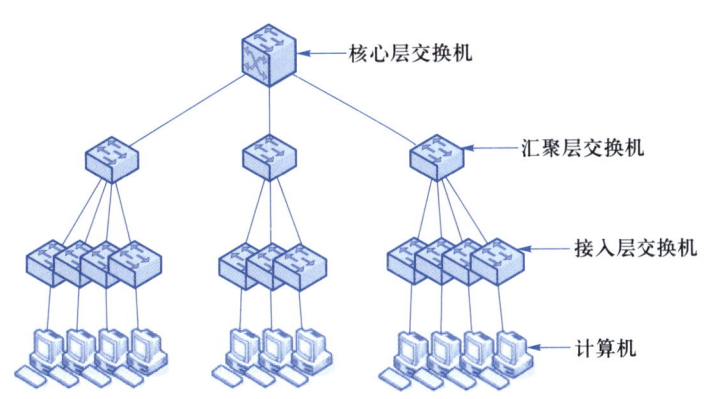

图 3-64　不同交换机类型

在对交换机选型时,需考虑下述几点要素:

(1)性能

现在市场上的交换机价格从几十元到几十万元都有,不同的设备其性能差异较大。根据性能不同,常将交换机分为企业级交换机、部门级交换机和工作组级交换机。

(2)位置

以交换机的应用规模为标准,可以将交换机分为接入层交换机、汇聚层交换机和核心层交换机。通常情况下:

① 支持 500 个信息点以上的大型企业应用的交换机为核心层交换机。

② 支持 300 个信息点以下的中型企业的交换机为汇聚层交换机。

③ 支持 100 个信息点以内的交换机为接入层交换机。

(3)端口类型和数量

交换机的端口类型通常被分为电口(双绞线)和光口(光纤)。根据不同的端口类型,可将交换机分为全电口交换机、全光口交换机和混合端口交换机。

交换机常见的端口数量有 4 口、8 口、16 口、24 口和 48 口,其中 24 口使用最多。在规划交换机的端口数量时要有适当的冗余,并为将来企业规模的扩大留有余地。根据企业的用户数量,尽量选择高密度端口的交换机,这样可以获得相对较低的端口单价。

(4)端口速率

主流交换机的端口速率有 100 Mbit/s、1 000 Mbit/s(即 1 Gbit/s)和 10 Gbit/s,需根据应用中对网速的需求进行选择。在物联网中,如果只是用于一般性的信号传输,100 Mbit/s的交换机就能满足使用;当要进行实时视音频传输时,就需要选择更高速率的交换机。

(5)外观尺寸

从交换机的外形上可将其分为桌面式交换机和机架式交换机。

桌面式交换机的外形尺寸没有固定的规范,通常体形都较小,可以直接放置在桌面上使用,但它能够提供的端口数量也较少。桌面式交换机的价格较低,市场上最便宜的交换机仅需几十元一台。

机架式交换机有标准的外形尺寸,它的宽度为 19 in(英寸),高度为 1 U(1 U=

1.75 in=4.45 cm)的倍数,可以安装在标准机柜中。

（6）安全性

网络安全性越来越受到人们的重视,交换机可以在底层把非法的客户隔离在网络之外。网络安全一般是通过 MAC 地址过滤或将 MAC 地址与固定端口绑定的方法来实现的,同时 VLAN 也是强化网络管理,保护网络安全的强有力手段。现在交换机是否支持 VLAN 已成为衡量其性能好坏的重要指标。

（7）可管理性

应用于大中型网络中的交换机应具备管理功能,并且能够被第三方管理软件所管理。可管理的交换机借助如 VLAN、扩展树、QoS、端口聚合等技术,来实现广播域的划分、冗余链路的智能选择、服务质量的控制,以及将若干端口绑定在一起从而成倍地增加网络带宽等功能,满足大中型网络对网络安全、网络应用、网络控制和网络管理的需要。

可网管交换机的特点如下:

① 提高网络稳定性。

② 提高网络安全性。

③ 提高网络传输效率。

④ 支持复杂网络应用。

⑤ 支持远程监视与管理。

可网管交换机一般应用于:核心层交换机、汇聚层交换机和重要的工作组交换机。

2. 路由器的选型

在对路由器进行选型时,需考虑以下几个方面:

（1）安全性

① 路由器常用安全性。

② 认证。

③ ACL(访问控制列表)。

④ SSH(安全连接)。

⑤ VPN(虚拟专用网)。

（2）管理方式

路由器设备的可管理性代表了设备监控、维护和管理的重要特性。用户在选择时也必须考虑到设备厂商所能提供的网管系统,以及设备本身的管理方式和方法。

（3）联网方式

路由器接入互联网较常用的方式有以下几种:

① 专线接入(光口)。

② ADSL 接入(电口)。

③ 拨号接入(电口)。

企业应根据自身的联网需求来进行选择,不同的联网方案所需的路由器类型也不相同。

（4）流量控制和计费

企业用户为了保证不同应用的不同服务等级,或者为了统计某一类用户的流量,需要对用户、网段、应用或者接口设置不同的流量保障。这类用户在选择路由器时,要考虑到路由器的服务质量保证体系和流量控制与计费特性。

（5）品牌

国外路由器品牌有 Cisco（思科）、Juniper（瞻博）等,他们的产品发展起步早,技术一度领先,但价格通常比国产品牌贵出许多。国产品牌有华为、H3C、神州数码、锐捷、中兴等。国产品牌虽然发展起步稍晚,但它们锐意进取励精图治,相比于国外品牌不光安全性更有保障,价格更实惠,在技术上与性能上甚至更胜一筹,在本地化上也更有优势,且国内厂商还把目光投向广阔的海外市场,如今已在全球同类产品中,占领重要的一席之地,市场份额反超国外同类产品。这些民族品牌崛起的故事反映了中华民族的伟大复兴的历程,也告诉我们面临困境时一定要拼搏要奋斗,只有历经不懈的努力才能迎来更美好的未来,对一个公司如此,对每一个人同样如此。

在选择路由器产品构建物联网网络时,要多方考察设备制造企业的能力。这些能力包括产品本身的能力,如性能、功能、价格;整体解决方案的能力,如安全性、可管理性、可靠性、稳定性;以及厂商的规模、服务能力、后续开发能力等。充分了解设备制造企业,对用户未来面对产品升级和网络维护服务等都大有好处。在服务于国家战略、国计民生等重要领域,宜首选国产品牌。

3. 防火墙的选型

防火墙分为软件防火墙和硬件防火墙。

应根据自身的网络规模和需求,对常用指标参数进行详细了解,选择适合的产品,或寻求相关的咨询顾问公司的建议。

防火墙的功能指标主要体现在以下方面:对网络层包过滤和连接状态检测的支持;对常见标准网络协议的支持;对应用层的访问控制和过滤功能的支持;对源/目标地址转换功能、路由/透明网桥混合工作模式的支持;流量控制（带宽管理）;用户管理与认证;对防火墙设备的双机热备、双机负载均衡、多机集群等能力的支持,以及防火墙对应用服务器的负载均衡能力。

在防火墙的选型上首先要做好需求分析。针对网络的结构、业务应用系统、用户及通信流量规模、防攻击能力、可靠性、可用性、易用性等具体需求进行分析。

在选择时,依照满足性能为首的原则,并适当为日后升级做准备。其次根据企业网络出入口流量来决定防火墙接口网络速度,流量大的需要选择 G 级接口,而小型网络选择 100 M 级接口防火墙即可满足实际需求。最后根据功能需求去决定防火墙的选购型号。

3.7.3　智能家居项目网络设备选型

对智能家居项目网络设备进行选型时,首先需要对应用需求进行分析,然后进行系统方案设计,最后根据设计方案选择相适应的网络设备。下面以一个实际的智能家居项目为例进行介绍。

1. 智能地暖项目网络设备选型

（1）项目背景

随着冬天的到来,天气越发寒冷,宋女士有了新的需求。由于地暖的控制器被安装在客厅的墙上,当宋女士在书房办公或者在卧室睡觉时,要想调节地暖的温度就变得很不方便。

（2）需求分析

宋女士的需求是在房间里的任意一个位置都能方便地查看地暖温度并进行相应的操控。

（3）方案设计

根据需求分析的结果,设计出如图 3-65 所示的智能家居地暖控制网络方案。

地暖温度传感器实时采集地暖温度信息,然后通过 ZigBee 通信协议将采集到的温度信息传递到通信模块,通信模块再通过无线路由器搭建的无线局域网,将信息传递到服务器保存。用户在移动终端中安装相应的 App 软件,就可以用手机通过无线局域网访问服务器上存储的地暖温度信息,然后在 App 中输入相应的操作指令,即可通过通信模块将操作指令发送至地暖温度控制器,从而实现对地暖温度的实时控制。上述方案设计,能够满足宋女士的需求。

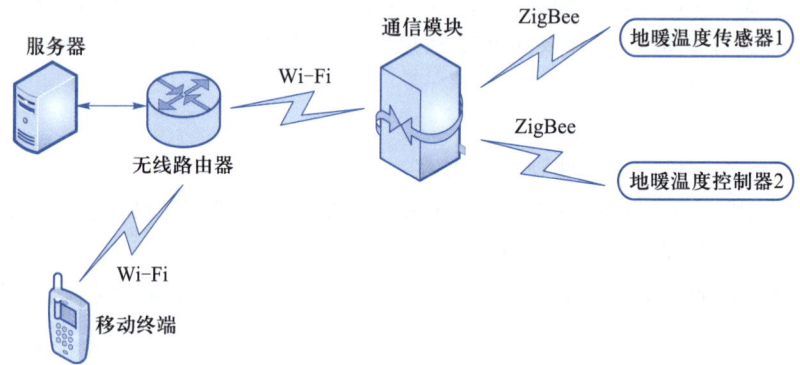

图 3-65　某智能家居地暖控制网络方案

（4）网络设备选型

根据确定的设计方案进行网络设备选型。在该设计方案中,需要采购的网络设备有:无线路由器、通信模块和服务器。

① 无线路由器选型。

功能需求:具备无线局域网路由配置功能。

性能需求:通信数据量小,两居室房屋的信号衰减较小,最大同时连接设备小于16 个。

扩展性需求:无。

根据选型原则,在满足功能、性能和扩展性需求的前提下,优先考虑节约成本。目前市面上价格较低廉的无线路由器即可满足功能和性能需求,因此可选型号为 TL-WR842N 的无线路由器。

② 通信模块选型。

功能需求:实现 Wi-Fi 和 ZigBee 协议间的通信转接。

性能需求:功耗低,通信数据量小,两居室房屋的信号衰减较小,最大同时连接设备小于 16 个。

扩展性需求:无。

基于在满足需求前提下优先节约成本的原则,可以选取市面上的一些商用ZigBee/Wi-Fi转接产品,具体选型需要查询相关技术手册,此处不再赘述。

③ 服务器选型。

在该方案中,服务器主要实现数据的保存(数据库服务器),以及操作管理页面的发布与管理(Web服务器)功能。由于保存的地暖温度信息的数据量较小,且实时处理能力要求也较低,因此选用配置较低、硬盘存储空间较小的计算机作为服务器即可满足需求。

2. 智能地暖项目网络设备选型(远程控制升级版)

宋女士在使用了经过第一步改造的地暖控制系统一段时间后,又提出了新的需求,即希望能远程实时调控家中地暖温度,即使自己不在家,也能远程实时为家中老人调节好更舒适的居住环境温度。

根据宋女士的新增需求,将第一版智能家居地暖控制网络方案升级为可远程控制版,即将无线路由器连接到公共网络,然后就可以使用装载有相应 App 的移动终端实现对地暖温度的远程控制,如图 3-66 所示。

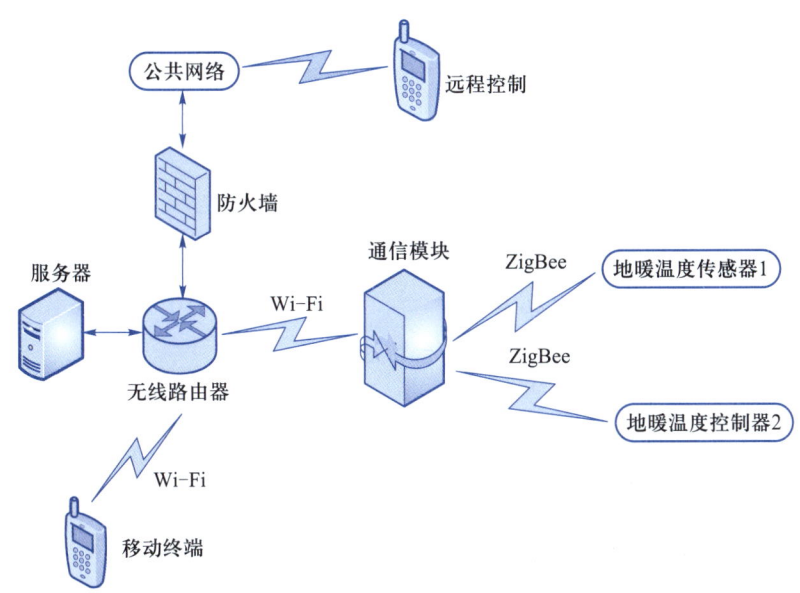

图 3-66 某智能家居地暖控制网络升级方案

该升级方案较原有方案的区别主要体现在以下两点:

① 由于连接到公共网络,为确保安全性,新增一个硬件防火墙进行访问安全控制。

② 无线路由器新增与公共网络连接的相应物理连接和软件设置。

市面上主流的小型硬件防火墙软件均可满足需求,因此为宋女士选用了较常见的华为 USG2100 防火墙,具体技术指标参见相关的技术手册,在此不再赘述。

【任务实施】

以寝室网络和校园网络为例,分析出网络中所包含的网络设备组成,并将网络设备选型的一般原则理论应用到实际的选型过程中。

要求:分析所包含的网络设备,并结合网络设备选型的一般原则和方法,给出上述两个网络所包含网络设备的选型方案。

评估标准:

评估细则	分值
寝室网络的网络设备组成分析是否合理	10 分
寝室网络的网络设备的需求分析是否合理	20 分
寝室网络的网络设备的选型方案设计是否合理	20 分
校园网络的网络设备组成分析是否合理	10 分
校园网络的网络设备的需求分析是否合理	20 分
校园网络的网络设备的选型方案设计是否合理	20 分

任务八　应用系统与云平台选型

【任务目标】

【知识目标】
- 了解物联网应用系统的两种部署方式
- 了解物联网应用系统的软硬件需求
- 了解常用操作系统类型及特点
- 了解常用数据库类型及特点
- 了解典型的云平台厂商及其云平台功能
- 掌握操作系统的选型要点
- 掌握数据库的选型要点
- 掌握云平台的选型要点

【能力目标】
- 能够针对需求给出恰当的物联网应用系统软硬件选型方案
- 能够针对需求给出恰当的操作系统选型方案
- 能够针对需求给出恰当的数据库选型方案
- 能够针对需求给出恰当的云平台选型方案
- 能够针对具体应用场景分析比较物联网应用系统两种部署方式的优劣势,并做出选择

【素养目标】
- 培养主动观察的意识
- 培养独立思考的能力
- 培养积极沟通的意识
- 培养团队合作的能力

【任务描述】

李先生家的智能家居项目感知层及网络层设备选型都已完成,现在需要对该项目进行应用系统与云平台的选型。

【知识准备】

3.8.1　物联网应用系统的两种部署方式

1. 自建服务器或私有云部署

自建服务器部署方式常见于大型企业,需要根据物联网应用的需求,购买应用服务器及边缘服务器的硬件、软件,并准备好联网及带宽等条件,使应用服务器及边缘服务器的硬件、软件、处理能力、计算能力、网络带宽等均能满足物联网应用的需求。除了需要了解服务器的硬件配置及选型,还需要对操作系统、数据库等知识有深入的理解,并能对系统软件及应用软件进行日常管理与维护。

有些企业选择自己开发及运营物联网平台,有些企业则在企业内部通过私有云部署物联网平台,一般这两种方式都需要与电信运营商、物联网云平台厂商进行合作。

2. 公有云平台部署

直接选择公有云平台进行云端开发已成为目前大部分企业,尤其是中小企业的主流选择。例如,某工厂通过云平台对生产数据和能耗进行远程监测、远程控制生产,不仅能优化生产流程,实现个性化定制,还能免去自行购买服务器硬件,开发、集成、配置服务器软件,以及后期维护的烦琐过程。

3.8.2　物联网应用系统软硬件及网络条件准备

1. 硬件条件

物联网应用系统的硬件条件如图 3-67 所示。

图 3-67　物联网应用系统的硬件条件

微型计算机的主要性能指标如下所述:

(1) 运算速度

运算速度是衡量计算机性能的重要指标,一般以每秒完成多少次运算来度量。当

教学课件
应用安装的注意事项

微视频
应用安装的注意事项

今计算机的运算速度可达每秒万亿次。计算机的运算速度不仅与主频有关,还与内存、硬盘等的工作速度及字长有关。

（2）字长

字长是 CPU 一次可以处理的二进制位数,字长主要影响计算机的精度和速度。字长有 8 位、16 位、32 位和 64 位等多种规格。字长越长,表示计算机一次读写和处理的数据范围越大,处理数据的速度越快,计算精度也越高。

（3）主存容量

主存容量是衡量计算机记忆能力的指标。主存容量越大,计算机能存储的数据就越多,能直接接收和存储的程序就越长,计算机的解题能力和处理规模也就越大。

（4）输入输出数据传输速率

输入输出数据的传输速率决定了可用的外设以及与外设交换数据的速度。提高计算机的输入输出传输速率可以提高计算机的整体运行速度。

（5）可靠性

可靠性代表计算机连续无故障运行时间的长短。计算机的可靠性越好,表示计算机能够无故障运行的时间越长。

（6）兼容性

任何一种计算机中,高档机总是由低档机发展而来。如果原来为低档机开发的软件不加修改便可以在它的高档机上运行和使用,则称此高档机为向下兼容。

硬件条件主要涉及主机的处理器、内存和硬盘。处理器根据系统的规模来选择,一般采用主频为 2.4 GHz 以上的多核处理器。内存为软件运行的场所,一般采用 4 G 以上内存;如果使用 64 位操作系统,建议使用 8 G 以上内存。硬盘主要用来存储软件、数据及数据库等内容,一般建议有 10 G 以上的空闲磁盘空间。

2. 软件条件

软件是用户与硬件之间的接口,用户主要是通过软件与计算机进行交流。软件是计算机系统设计的重要依据。为了方便用户,使计算机系统具有较高的总体效益,在设计计算机系统时,必须全面考虑软件与硬件的结合,以及用户的需求和软件的要求。计算机软件总体分为系统软件和应用软件两大类。

系统软件包括各类操作系统,如 Windows、Linux、Unix 等,还包括操作系统的补丁程序及硬件驱动程序。

应用软件可以细分的种类更多,如工具软件、游戏软件、管理软件等都属于应用软件类。

为了使物联网应用系统能正常运行,还需要满足一定的软件条件。这些条件包括操作系统、数据库及其他软件。

目前,物联网应用系统使用的操作系统通常有两类,一类是 Windows 系列操作系统,如 Windows Server 2003/2008 等;另一类是 Linux 操作系统,如 RedHat Linux2.6 等。

主流数据库系统包括 Oracle、MSSQL、MySQL 等。

Web App 服务器软件一般包括 IIS、Tomcat 等,另外还需要 JRE（Java 运行环境）或 dotNet（开发人员平台）等。

3. 网络条件

为了实现远程监控的目的,物联网应用系统往往运行在一定的网络环境之下。从软件的角度来看,需要物联网服务器具备固定的 IP 地址或域名。如果系统涉及的范围超出了局域网,则服务器需要具备一个外网 IP 地址(这需要向网络服务商如电信、移动进行咨询)。在硬件设备上,则要求系统至少具备一张网卡。如果该系统不在局域网内,还需要向运营商申请开通 Internet 服务或联系网络管理员进行内网端口映射。请大家查阅相关资料,了解端口映射的相关知识。

3.8.3　常用操作系统简介

教学课件
常用操作系统

微视频
常用操作系统

操作系统是配置在计算机硬件平台上的第一层软件,是一组系统软件。一个新的操作系统往往融合了计算机发展中的一些传统技术和新的研究成果。在计算机系统中,处理器、内存、磁盘、终端、网卡等硬件资源通过主板连接构成了看得见、摸得着的计算机硬件系统。为了能使这些硬件资源高效、尽可能并行地为用户程序使用,并给用户提供通用的使用方法,必须为计算机配备操作系统。操作系统的工作就是管理计算机的硬件资源和软件资源,并组织用户尽可能方便地使用这些资源。操作系统是软硬件资源的控制中心,它以尽量合理有效的方法组织用户共享计算机的各种资源。

操作系统可以分为以下种类:

① 批处理操作系统。

② 分时操作系统。

③ 实时操作系统。

④ 嵌入式操作系统。

⑤ 个人计算机操作系统。

⑥ 网络操作系统。

⑦ 分布式操作系统。

1. Unix 操作系统

Unix 是一个强大的多用户、多任务操作系统,支持多种处理器架构,按照操作系统的分类,属于分时操作系统。Unix 最早由 Ken Thompson 和 Dennis Ritchie 于 1969 年在美国 AT&T 的贝尔实验室开发。

2. Linux 操作系统

Linux 是一种自由和开放源码的类 Unix 操作系统。该操作系统的内核在 1991 年首次发布,加上用户空间和应用程序之后,就成了 Linux 操作系统,其内核源代码可以自由传播。

Linux 有各类发行版,如 RedHat、CentOS、Ubuntu、openSUSE 等。较有名的国产 Linux 系统有:深度操作系统、红旗 Linux、中标麒麟等。Linux 发行版在个人计算机或服务器中,都已成为主流的操作系统。

3. Windows 操作系统

Windows 是由微软公司成功开发的操作系统。Windows 是一个多任务操作系统,采用图形窗口界面,用户只需通过点击鼠标就可以实现对计算机的各种复杂操作。

4. Nucleus 嵌入式实时操作系统

Nucleus 嵌入式实时操作系统是为实时嵌入式应用而设计的一个抢先式多任务操作系统内核,其95%的代码是用 ANSIC 写成的,因此非常便于移植并能够支持大多数类型的处理器。从实现角度来看,Nucleus 操作系统是一组 C 函数库,应用程序代码与核心函数库连接在一起,生成一个目标代码,下载到目标板的 RAM 中或直接烧录到目标板的 ROM 中执行。在典型的目标环境中,Nucleus 核心代码区一般不超过 20 KB 大小。Nucleus 采用了软件组件的方法,每个组件具有单一而明确的目的,通常由几个 C 语言及汇编语言的模块构成,提供清晰的外部接口,对组件的引用就是通过这些接口完成的。

5. 手机操作系统

iOS 是由苹果公司开发的移动设备操作系统,属于类 Unix 操作系统。

Android 是 Google 公司提供的一种基于 Linux 的开放源代码的操作系统。

Windows Phone 是微软发布的手机操作系统,具有浓厚的 Windows 操作风格。

3.8.4　物联网工程项目中操作系统的选型

物联网操作系统(IoT-OS)是运行在物联网终端和汇聚处理节点上,对终端进行控制和管理,并提供统一编程接口的操作系统软件。

物联网操作系统与传统的个人计算机或个人智能终端(智能手机、平板电脑等)上的操作系统不同,它有其独有的特征。这些特征是为了更好地服务物联网应用而存在的。运行物联网操作系统的终端设备能够与物联网的其他层次结合得更加紧密,数据共享更加顺畅,能够大大提升物联网的生产效率。

物联网操作系统独有的特征:

① 大容量设备资源管理;

② 适应物联网碎片化的特征;

③ 体积小;

④ 适配不同类型的用户终端设备;

⑤ 功耗低。

目前,物联网操作系统领域的研发尚处于起步阶段,各大公司纷纷加大投入进行研发,并推出了多款商用的物联网操作系统产品,意图占领该市场。但到目前为止,仍未出现一款占领绝对多数份额的成熟的商用物联网操作系统。下面对当前市面上的一些物联网操作系统产品进行介绍。

1. LiteOS

2015 年 5 月 20 日,在 2015 华为网络大会上,华为发布了最轻量级的物联网操作系统 LiteOS。LiteOS 的体积只有 10 KB,而且实行开源代码,使智能硬件开发变得更加简单。LiteOS 提供了一个轻量级的完整软件栈,具有以下特点:

① 体积小(10 KB)。

② 支持多种连接协议栈(如 Wi-Fi、BTE、ZigBee 等)。

③ 设备间可自组网、自发现,并且可以互通,互操作。

④ 简单开发出低功耗应用(集中式调度机制——空闲态 Deep Sleeping,优化传输

机制,轻量级网络协议,抗丢包,减少重传次数,从而降低功耗)。

⑤ 提供一整套机制保证数据及设备运行的安全(包括进程隔离、TLS/DTLS 的加密传输、应用签名和 API 认证)。

⑥ 易部署,并支持远程控制。

2. Android Things

2016 年 12 月 13 日,谷歌发布了一款称为 Android Things 的 Android 操作系统。这款操作系统可以运行在有线扬声器、智能控温器、安全摄像头、路由器等各种设备上。谷歌的理念是,通过 Android Things 让 Android 开发者与公司能够以他们过去的开发方式继续开发物联网硬件设备。这其中的关键一点是 Android Things 是 Android 操作系统的精简版,主要定位于装备在智能硬件上,而非类似普通节能灯一样的设备。

3. Mbed OS

Mbed OS 是专为基于 ARM Cortex-M 处理器的设备所设计的一款免费操作系统。它将物联网所需的所有基础组件,包括安全、通信传输与设备管理等功能,整合为一套完整软件,以协助开发低功耗、产品级的物联网设备并实现量产。这套操作系统自 2014 年第四季度起作为初期开发工具提供给 Mbed 合作伙伴,首批采用 Mbed 操作系统的设备已于 2015 年问世,2022 年 6 月 13 日 ARM 发布了 Mbed OS 6.0 版本。

4. 鸿蒙系统

鸿蒙系统是由华为公司开发的具有自主知识产权的操作系统,于 2019 年 8 月发布。它是一款基于微内核、面向 5G 物联网、面向全场景的分布式操作系统。鸿蒙系统的英文名是 Harmony OS,意为和谐。这个新的操作系统能实现跨终端无缝协同的体验,基于微内核架构重塑终端设备的安全性,微内核天然无 Root 权限,外核服务相互隔离,细粒度权限控制,从源头上保证系统安全,完美实现了模块化解耦,对应不同的设备都可以弹性部署。该系统面向下一代技术,能兼容全部 Android 系统的所有 Web 应用。

3.8.5　常用数据库简介

教学课件
常用数据库

微视频
常用数据库

数据库(DataBase,DB):按一定的数据模型组织、描述和存储在计算机内的有组织、可共享的数据集合。

数据库管理系统(DataBase Management System,DBMS):位于用户和操作系统之间的一层数据管理软件。主要包括数据定义功能和数据操纵功能。

通常所指的数据库是指数据库系统(DataBase System,DBS),它由数据库和数据库管理系统在内的一共四个部分组成:

① 一个或多个数据库;

② 数据库管理系统,用于操纵和管理数据库的大型软件系统;

③ 数据库应用开发工具等辅助软件;

④ 具有数据库接口的高级语言与编译系统,如 C、C++ 等。

数据库通常被分为层次式数据库、网络式数据库和关系式数据库三种。不同的数据库是按不同的数据结构来联系和组织的。在当今的互联网中,最常见的数据库模型主要是两种,即关系型数据库和非关系型数据库。

1. ORACLE 数据库

ORACLE 数据库系统是美国 ORACLE 公司(甲骨文)提供的以分布式数据库为核心的一组软件产品,是目前最流行的关系数据库和分布式数据库。作为一个通用的数据库系统,它具有完整的数据管理功能。

2. MySQL 数据库

MySQL 是一种开放源代码的关系型数据库管理系统,它使用最常用的结构化查询语言(SQL)进行数据库管理。

MySQL 是开源的免费数据库,因其速度快、可靠性和适应性较高而备受关注。大多数人都认为,在不需要事务化处理的情况下,MySQL 是管理数据的最好选择。

3. SQL Server 数据库

SQL Server 是由 Microsoft 开发和推广的关系数据库管理系统。SQL Server 是一个全面的数据库平台,使用集成的商业智能(Business Intelligence,BI)工具提供企业级的数据管理。该数据库引擎为关系型数据和结构化数据提供了更安全可靠的存储功能,具备高可用和高性能的特点。

4. MongoDB 数据库

MongoDB 是一个基于分布式文件存储的数据库,由 C++语言编写,旨在为 Web 应用提供可扩展的高性能数据存储解决方案。MongoDB 可以存储比较复杂的数据类型。

Mongo 最大的特点是支持的查询语言非常强大,其语法类似于面向对象的查询语言,可以实现单表查询,且能对数据建立索引。

5. SQLite 数据库

SQLite 是一款轻型的关系型数据库,它的设计目标是为嵌入式系统服务,其占用资源非常低。在嵌入式设备中,SQLite 可能只需要占用几百 KB 的内存。它能够支持 Windows/Linux/Unix/Android 等主流的操作系统,同时能够与多种程序语言相结合。与上述数据库系统相比,SQLite 的处理速度更快。

6. Sybase 数据库

1984 年,Mark B.Hiffman 和 Robert Epstern 创建了 Sybase 公司,并在 1987 年推出了 Sybase 数据库产品。Sybase 主要有三种版本:一是在 Unix 操作系统下运行的版本;二是在 Novell Netware 环境下运行的版本;三是在 Windows NT 环境下运行的版本。对于 Unix 操作系统,目前应用最广泛的版本是 Sybase 10 及 Sybase 11 for SCO Unix。

Sybase 数据库的特点如下:

① 它是基于客户/服务器体系结构的数据库。
② 它是真正开放的数据库。
③ 它是一种高性能的数据库。

7. DB2 数据库

DB2 是内嵌于 IBM 的 AS/400 系统上的数据库管理系统,直接由硬件支持。它支持标准的 SQL 语言,具有与异种数据库相连的网关。因此它具有速度快、可靠性高的优点。但是,只有硬件平台选择了 IBM 的 AS/400,才能选择使用 DB2 数据库管理系统。

DB2 能在所有主流平台上运行(包括 Windows),最适合处理海量数据。

在企业级的应用中,DB2 的使用最为广泛,在全球 500 家最大的企业中,几乎 85% 以上的企业都选择使用 DB2 数据库管理系统。

8. 达梦数据库

达梦数据库是具有完全自主知识产权的高性能国产关系型数据库,英文全称 Database Management,简称 DM。最新的达梦数据库管理系统是 8.0 版本,简称 DM8。DM8 采用达梦数据提出的基于统一内核的多集群体系架构,通过基于状态机的虚拟机执行器和指令系统实现不同集群在数据库内核的有机统一,在保证大型通用的基础上,针对可靠性、高性能、海量数据处理和安全性做了大量的研发和改进工作,极大提升了产品的性能、可靠性、可扩展性,目前达梦数据库整体技术达到国内领先、国际先进水平,已在电力、建筑、民航、能源、运营商等诸多行业的央企中有了大量部署及应用。

9. 云数据库 GaussDB

GaussDB 是华为公司基于 20 余年的战略投入和软硬全栈协同创新研发的一款软硬协同、全栈自主、国产分布式关系型数据库,具备高可用、高性能、高安全、高弹性、高智能、易部署、易迁移等关键能力,是企业核心业务数字化转型升级的坚实数据基础。

在 2023 年 6 月 7 日全球智慧金融峰会上,华为发布了新一代数据库 GaussDB(高斯),"高斯"数据库将深耕金融市场,打造金融企业首选的数据库品牌。随着云计算、人工智能、大数据等技术和应用的快速发展,越来越多的新型数据库陆续出现,它们具有灵活性高、扩展性强、分布式部署、成本较低等优势,而 Oracle 数据库则在竞争中逐步落后,给国产数据库提供了快速发展的机会,各大数据库厂商奋起直追,中国国产自主可控数据库系统逐步向中国高端金融市场转移,占领了原本由国际厂商垄断的份额。"高斯"数据库已经成为华为面临美国极高压力态势下研发出的核心技术成果。目前,华为 GaussDB 数据库已经在一些金融机构开展了广泛部署,先后与帆软、同盾、安硕、恩核等生态伙伴联合发布智能解决方案,并在中国工商银行、中国交通银行以及广东农信、威海市商业银行等多个银行落地。

3.8.6　物联网工程项目中数据库的选型

教学课件
数据库选型

1. 物联网工程项目中数据库系统的重要作用

物联网中的设备通过感应器来感知信息,然后通过中间传输网来传送信息,最后在数据处理中心进行智能处理和控制。

微视频
数据库选型

随着物联网技术的广泛应用,将面对大量异构、混杂、不完整的物联网数据。在物联网的万千终端收集到这些数据后,如何对它们进行处理、分析和使用成为物联网应用的关键。

对所有的物联网设备而言,如果没有使用合适的数据模型,那么其产生的海量数据也将不能发挥任何作用。因此,数据库系统将是物联网架构构建中最为重要的一个环节。

在物联网工程项目中所需要的数据模型,必须能够支持高速率的传感器等感知数据,并能满足其他多种需求。为了吸收和分析这些数据之中的信息,数据库的读/写性能应能满足高速产生的海量数据的需要。

2. 数据库系统的分类

（1）层次结构模型

数据库系统的层次结构模型实质上是一种有根节点的定向有序树,树根与枝点之间的联系称为边,树根与边之比为 $1:N$,即树根只有一个,树枝有 N 个。

（2）网状结构模型

按照网状数据结构建立的数据库系统称为网状数据库系统。用数学方法可将网状数据结构转化为层次数据结构。

（3）关系结构模型

关系型数据结构模型是把一些复杂的数据结构归结为简单的二元关系的方法。由关系型数据结构组成的数据库系统被称为关系型数据库系统。

3. 关系型数据库系统

目前,比较常用的是关系型数据库。结构化查询语言（Structured Query Language, SQL）是关系型数据库的标准语言,几乎所有的关系型数据库管理系统软件都支持 SQL。

该类型的数据库具备下列优缺点:

（1）优点

① 容易理解。二维表结构是非常贴近逻辑世界的一种数据表示方式,关系模型相对于网状、层次等其他模型来说更容易被理解。

② 使用方便。通用的 SQL 语言使得操作关系型数据库非常方便。

③ 易于维护。丰富的完整性（实体完整性、参照完整性和用户定义完整性）大大降低了数据冗余和数据不一致的概率,使关系型数据库更易于维护和管理。

（2）缺点

① 难以满足高并发读写需求。由于物联网数据终端较多,多终端同时使用将导致系统难以满足高并发读写需求。

② 海量数据影响数据库读写效率。物联网的多终端会实时采集和上传数据,海量数据将严重影响数据库的读写效率。

③ 扩展性和可用性要求高。物联网中终端设备类型不一,这对数据库的扩展性和可用性提出了更高的要求。

4. 非关系型数据库系统

非关系型数据库（NoSQL）提出一种新理念,以键值对的方式来存储数据,且结构不固定,每一个元组可以有不一样的字段,不会局限于固定的结构,这样可以减少一些时间和空间的开销。使用这种方式,用户可以根据需要去添加字段。因此,为了获取用户的不同信息,就不需要像在关系型数据库中,要对多表进行关联查询。由于非关系型数据库约束较少,它更适合存储一些较为简单的数据。

该类型的数据库具备以下优点:

① 灵活性高。NoSQL 的非结构化数据模型,能存储所有类型的新数据,包括事件、时序、文字、图像以及其他各种类型的数据,不需要专门设计新表。

② 可水平扩展。NoSQL 数据库的分布式存储架构,带来了优秀的水平扩展性。

③ 能实时进行数据分析。NoSQL 支持多种多样的大数据架构,它的实时分析系统

提高了分析的性能和效率,能做到及时收集并反馈信息。

5. 数据库系统选型

根据不同数据库的特点,结合实际应用场景需求,进行数据库系统选型。

① ORACLE:适合超大型或非常重要的商业环境首选。

② MySQL:与 Linux 系统的兼容性好,适用于 PHP 开发语言环境,适合技术力量强的科技公司。

③ SQL Server:与 Windows 系统的兼容性好,适用于 ASP、C#开发环境,适合需要技术支持的 Windows 平台产品。

④ SQLite:体积小,适用于轻量级设备、嵌入式设备以及单机环境,如智能手机。

⑤ NoSQL:反应速度快,扩展性强,适配性好,适用于需要实时数据分析的复杂数据类型应用场景以及扩展性需求较强的应用场合。

3.8.7　物联网云平台简介

1. 物联网云平台的分类

（1）按逻辑关系分类

物联网云平台也有分层关系,按逻辑关系可将其分为连接管理平台 CMP（Connectivity Management Platform）、设备管理平台 DMP（Device Management Platform）、应用使能平台 AEP（Application Enablement Platform）和业务分析平台 BAP（Business Analytics Platform）四部分,如图 3-68 所示。

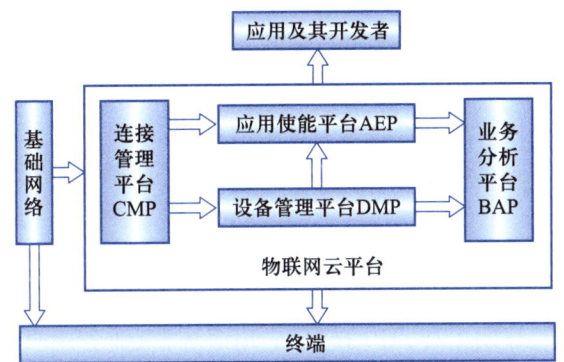

图 3-68　物联网云平台按逻辑关系分类

目前市面上的任意一个物联网云平台,都没有将这四种类型全部包含,而只含其中的 2~3 种（不含 BAP,可以没有 CMP）,例如华为的 OceanConnect 平台就只包含了 CMP、DMP 和 AEP 三种功能类型。

1）连接管理平台（CMP）

连接管理平台通常指基于电信运营商网络（如蜂窝,LTE 等）,能够提供可连接性管理、优化、终端管理、维护等功能的平台。这些功能通常包括号码/IP 地址/Mac 资源管理、SIM 卡管控、连接资费管理、套餐管理、网络资源用量管理、账单管理、故障管理等。多数运营商不会选择自建 CMP 平台,而是选择与专门化的 CMP 平台供应商进行合作。

目前全球化的 CMP 主要有三家：思科的 Jasper 平台、爱立信的 DCP 平台和沃达丰 GDSP 平台，其中 Jasper 的规模最大，已经与全球超过 100 家运营商以及 3 000 余家企业客户展开合作。在国内三大运营商中，中国移动选择自主研发 One NET 连接管理平台；中国联通选择与 Jasper 展开战略合作，使用其 Control 平台提供物联网连接服务；中国电信先后通过自主研发及与爱立信合作，建立了两套连接管理平台。

CMP 平台是在物联网早期，当运营商需要对物联卡进行大量管理时才出现的。在国内没有纯粹的 CMP 平台，联通的 Jasper 和移动的 OneNET，都是集成了 CMP 和 AEP 的复合平台。一般 CMP 平台的提供商多半都属于运营商，其他的 IoT 平台则更多是 CMP 平台的使用方，尤其是在涉及物联卡（如 3G/4G，eMTC 和 NB-IoT）的情况下。

2）设备管理平台（DMP）

大部分 DMP 平台的提供商，如 DiGi、Sierra Wireless、Bosch 等，本身也是通信模组和通信设备的提供商，拥有连接设备、通信模组、网关等产品和设备管理平台，因此能帮助企业实现设备管理的整套解决方案。DMP 的功能包括用户管理、物联网设备管理（如设备配置、重启、关闭、恢复出厂、升级/回退等）、设备现场产生的数据的查询、基于现场数据的报警功能、设备生命周期管理等。物联网设备管理平台 DMP 往往集成在端到端的全套设备管理解决方案中，并进行整体报价收费；也有少量能单独提供设备管理云端服务的厂商，每台设备每个月收取一定的运营管理费用，如早期的 Ablecloud 就是按接入设备的数量来收费的。

典型的 DMP 平台包括 BOSCH IoT Suite、IBM Watson、DiGi、百度云物接入 IoT Hub、三一重工根云、GEPredix 等。以百度云为例，百度云物接入 IoT Hub 是建立在 IaaS 上的 PaaS 平台，能提供全托管的云服务，帮助建立设备与云端之间的双向连接，支持海量设备的数据收集、监控、故障预测等各种物联网场景。一些垂直领域巨头本身就是设备提供商，他们的业务外延至平台层面，通常能够提供整体解决方案，部分还能够集成客户关系管理（CRM）、企业资源计划（ERP）、制造执行系统（MES）等信息系统。

3）应用使能平台（AEP）

应用使能平台是提供快速开发并部署物联网应用服务的 PaaS 平台。它为开发者提供了大量的中间件、开发工具、API 接口、应用服务器、业务逻辑引擎等资源，此外一般还提供相关硬件设施，如计算资源、存储设备、网络接入环境等。AEP 的存在，极大地降低了软件开发的复杂度和开发门槛。

典型的 AEP 平台提供商包括 PTC 的 Thing worx、艾拉物联、Ablecloud、机智云、Comulo city、AWS IoT、Watson IoT Platform 等。

许多传统公司，如插排工厂，希望将其产品升级为物联网遥控插排，但是该公司没有相应的技术人员，因此他们就可以付费使用 AEP 平台。AEP 平台上汇集了很多物联网解决方案，插排工厂只需在平台上设置产品参数（如插孔数量等）和功能模块（如手机控制开关、定时开关等），就可以直接生成所需的物联网功能。

4）业务分析平台（BAP）

BAP 主要通过大数据分析和机器学习等技术，对数据进行深度解析，以图表、数据报告等方式将其进行可视化展示，并应用于垂直行业，通过大数据让设备的功能更加智能,也可以通过对用户习惯的分析做定制化营销等。由于这个平台涉及大量的数据和业务场景,故绝大部分都是由企业把控。此外,由于人工智能技术及数据感知层搭建的进度有限,目前 BAP 平台的发展仍处于未成熟阶段。

（2）按业务提供方式分类

按业务提供方式还可将物联网云平台分为开源平台、SaaS 平台和一站式通用型物联网平台三类。

1）开源物联网平台

开源物联网平台提供源码,可免费使用,适合应用开发者学习,并能满足用户在项目验证阶段的低成本需求。它也适合小型企业快速部署和落地简单小型的物联网项目。但开源物联网平台通常只提供基础源码,功能有限,且存在隐藏的高昂成本。大型企业在利用开源平台做中大型物联网项目时,同样需要开源平台的收费商业版产品支撑,且需要配备专业的开发团队,成本反而更高,由于源码公开,其安全性也较脆弱。

2）SaaS 物联网平台

SaaS 物联网平台属于通用型平台,适用于需求明确,接入规模不大的小项目或具体的场景搭建。用户可按需付费,使用方便,能节约资金和时间成本,且部署简单,可通过公有云访问简单应用程序自行配置。但 SaaS 平台不支持二次开发,只支持基础的通用化功能,无法满足行业的拓展和定制化需求。此外,由于依赖 SaaS 平台提供持续运维,使用风险较高,且流量和用户数据属于开发商,一旦平台下架,企业将面临丢失数据的巨大损失。同时,平台兼容性较弱,SaaS 一套系统兼容不同类型设备的难度较大。

（3）一站式通用型物联网平台

一站式通用型物联网平台自带现成的项目模板,能提供丰富的功能及完备的组件,使用户可快速构建物联网应用。该平台具备二次开发能力,用户可进行个性化定制以及全场景业务应用的搭建。由于在使用前期需要投入平台采购成本,因此更适合大中型项目长期合作,以及中大型企业自建平台等场景。

2. 不同厂商的物联网云平台介绍

全球范围内知名的物联网云平台有亚马逊的 AWS IoT 平台、微软的 Windows Azure 平台、IBM 的 IBM Watson IoT 平台、美国工业软件公司 PTC 的 ThingWorx 等。国内较有代表性的物联网云平台有中移物联网 OneNET 平台、华为 OceanConnect 平台、阿里云 link 平台、京东小京鱼、腾讯云 IoT Explorer、小米 IoT 平台、浪潮云洲工业互联网平台、新华三物联网、机智云等。

下面对中移物联网 OneNET 平台、华为 OceanConnect 平台（简称 OC 平台）进行简要介绍。

（1）中移物联网 OneNET 平台

OneNET 平台,能够提供丰富的智能硬件开发工具和可靠的服务,助力各种终端设备迅速接入网络,为各种跨平台物联网应用和行业解决方案提供了简便的云端接入、数据存储、计算和展现、数据管理等服务,能快速打造物联网产品应用,降低开发成本。OneNET 平台包括 IoT PaaS 基础服务、SaaS 业务服务、IoT 数据云和开发者社区四部分内容。

① IoT PaaS 基础服务：提供智能设备自助开发工具、后台技术支持服务、物联网专网、短彩信、位置定位、设备管理、消息分发、远程升级等基础服务。

② SaaS 业务服务：提供第三方应用开发平台，快速满足不同业务需求，借助轻应用孵化器快速搭建 Web 和 App 应用。

③ IoT 数据云：提供高扩展的数据库、实时数据处理、智能预测、离线数据分析、数据可视化等多维度的业务运营服务。

④ 开发者社区：高频的开发者社区，汇聚不同的知识源，集合更多的物联网爱好者，共享项目与开发成果。

OneNET 平台架构如图 3-69 所示。

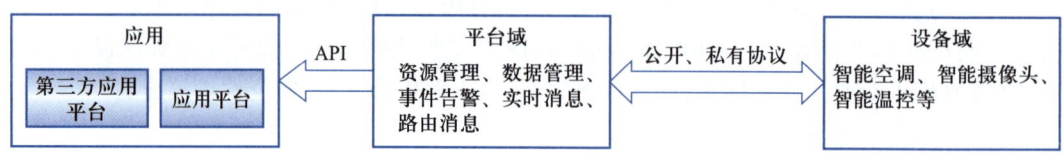

图 3-69   OneNET 平台架构

OneNET 起 PaaS 层的作用，为 SaaS 层和 IaaS 层/设备层搭建连接桥梁，分别向上下游提供中间层核心能力。OneNET 平台具有流分析、设备云端管理、多协议适配、轻应用快速生成、API 在线调试等功能。

（2）华为 OceanConnect 平台

华为 OceanConnect 解决方案分为终端层、接入层、平台层和应用层，其中平台层又分为设备连接层和业务使能层，如图 3-70 所示。OceanConnect 解决方案包括图中全部四层，OceanConnect 连接管理平台（或 OceanConnect IoT 平台，简称 OC 平台），则是专指平台层，即 OC 平台。OC 平台作为连接业务应用和设备的中间层，屏蔽了各种复杂的设备接口，能够实现设备的快速接入；同时提供强大的开放能力，支撑行业用户快速构建各种物联网业务应用。

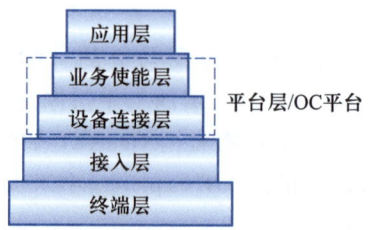

图 3-70   华为云 OceanConnect 解决方案功能架构图

终端层：提供标准的 IoT 代理，集成了网络各层的通信协议，提供给设备网络接入能力，起到隔离上层应用程序与底层操作系统及硬件的中间件的作用，向下提供软件开发工具包，针对不同操作系统和硬件适配，向上可提供与底层资源无关的支持各种上层业务的应用程序接口。

接入层：同时支持无线、固定接入等多种接入方式，通过 IoT Agent 适配不同厂家的传感器，以便于接入海量的设备。

设备连接层:提供统一的接入方式,具有资源和设备管理、SIM 卡连接管理等功能。业务使能层:主要提供 API 开放网关、数据管理、规则引擎等功能。

应用层:华为物联网云平台支持多种 OpenAPI 形式,支持预集成多个行业应用,主要包括智慧家庭、车联网、智能抄表和第三方应用等。

3.8.8　物联网工程项目中云平台的选型

一个完整的物联网云平台,前端应该能够集成各种类型的传感器,后端应当具有海量数据的存储和大数据分析能力,实现与应用系统的集成,支持各种行业应用。因此,在平台选型的过程中,应当选择需求匹配度最高的,同时需要考虑项目规模、需求是否明确、项目人员配置情况、构建平台的可持续规划等。如果是一个长期的项目,还要考虑到平台提供商是否可靠。此外,还要对各类物联网云平台的开放性、易用性、集成能力、弹性伸缩能力、数据分析能力、行业应用功能、多样化服务能力、可扩展性、运行效率、定价模式等进行深入分析和比较。

以下为不同厂商和类型的物联网云平台的特征,可作为选型时的参考:

大量园区的物联网云平台由腾讯或华为部署,市级和区级的智慧城市则较多采用了中移物联网的云平台,地市级以上的智慧城市云平台多是运营商自建。

开源物联网平台虽然节约了购买平台的成本,但严重依赖技术人员,需要投入大量时间才能充分发挥平台潜力,自行开发与长期维护也会带来非常高的运营成本。考虑到长期保障、系统可靠性、安全性等问题,在选择开源物联网平台时需要根据具体情况和应用场景,谨慎决定。

SaaS 物联网平台虽然是很多用户在创业初期进行项目实验时的首选,但用户数据被平台控制,且平台同质化严重,不支持灵活拓展,除了前期节约成本之外,想要长期发展,SaaS 平台并不具备稳定的优势。该平台更适合的客户类型是:项目小,要求低,预算不高,接入规模不大,需要快速交付。

一站式通用型物联网平台前期需要投入平台采购成本。但综合平台能力、稳定性、无须投入自研成本以及长期保障等因素进行考虑,同时从整体成本的角度来看,这类平台的性价比更高,更适配于大中型项目长期合作,以及中大型企业自建平台等场景。

【任务实施】

为李先生家的智能家居项目的应用系统与云平台进行选型。

要求:① 采用自建服务器的部署方式,依据 3.4.4 确定的原则及本任务所学知识为李先生家的智能家居项目选择合适的服务器,列出服务器的参数、厂家、单价、数量、总价,并确定服务器所需的操作系统与数据库软件。

② 采用公有云平台的部署方式,请依据本任务所学知识为李先生家智能家居项目选择合适的云平台,并列出需要上云的设备类型、数量,以及云端需要提供的服务、收费方式。

③ 分别分析以上两种方案的优缺点,并确定一种部署方式作为最终方案。

评估标准：

评估细则	分值
自建服务器的部署方式：详细分析部署方案与需求的匹配程度、与同类产品比较的优劣势	40 分
采用公有云平台的部署方式：详细分析部署方案与需求的匹配程度、与同类产品比较的优劣势	40 分
两种方式优缺点分析及比较	20 分

任务九　设计说明文档编制

教学文件
某酒业溯源实施方案

教学文件
RFID 红酒溯源系统方案设计

教学文件
ETC 后台处理系统方案

教学文件
中兴 ETC 不停车收费系统解决方案

【任务目标】

【知识目标】
- 了解设计说明文档的常用结构与组成内容

【能力目标】
- 能按规范编制设计说明文档
- 能准确地用文字、拓扑图、表格等形式描述与表示设计方案
- 熟练运用 Word、Excel、Visio、AutoCAD 等常用办公与绘图软件

【素养目标】
- 培养文档撰写的能力
- 培养协作、与人交流沟通的能力

【任务描述】

现在需要对李先生家的智能家居项目编制设计说明文档，完成本任务，需要先了解设计说明文档通常包含的基本要素，以及具备按规范编制设计说明文档的能力。

【知识准备】

3.9.1　设计说明文档的内容

从内容上来看，物联网工程项目的设计说明文档一般包括如下几个方面：

① 方案简介：主要介绍方案书目的、项目背景等。

② 方案优势及特点：突出本方案区别于其他设计方案的优势及特点。

③ 方案整体布局及网络拓扑结构：介绍本方案整体布局及组网等基本情况。

④ 系统功能介绍：该模块为整个方案的核心部分，要多利用图形这种方式进行介绍，有利于客户更好地理解整个设计方案。

⑤ 设备清单及设备参数表：介绍主要项目中的设备数量及设备参数。

⑥ 其他：一些设计方案还会包含项目实施计划、售后服务等内容。

在具体编制设计说明文档时,建议首先找一个相关物联网工程项目设计方案中的一个模块作为参考,再结合本项目所需的内容及特点进行撰写。

典型设计说明文档见边侧教学文件。

3.9.2　设计说明文档的编制注意事项

① 整个方案设计应合乎逻辑。

② 多用图表等形式进行表示。如果整个方案大部分内容都采用文字表达,客户会提不起兴趣,不愿意看方案的具体内容。因此,方案中应多采用图表这种形式,来有效地帮助客户理解整个方案的内容。

③ 排版一定要整齐、美观。这看似与"技术"无关,但非常重要,道理与高考写作文一样。

【任务实施】

为李先生家的智能家居项目编制设计说明文档。

要求:结合前面的需求分析、总体方案设计、各子系统详细设计及设备选型结果,图文并茂地进行设计说明文档的编制。

评估标准:

评估细则	分值
内容全面完整,符合规范	30 分
与客户需求结合紧密	20 分
各技术指标正确合理	30 分
文字描述准确、排版美观大方	20 分

【任务拓展】

请为图 3-10 所示样板间户型的智能家居项目编制设计说明文档。

模块四

物联网工程项目实施

　　物联网工程项目实施的直接结果是建立服务于社会各个领域的物联网应用系统。 物联网工程项目实施的进展直接影响物联网应用的进一步拓展。

　　本模块将重点从物联网工程项目实施的施工准备与计划、设备安装与调试、系统测试、故障排查和项目验收等几个方面进行介绍。

任务一　物联网工程项目施工准备与计划

【任务目标】

【知识目标】
- 熟悉物联网工程项目的施工准备内容

【能力目标】
- 能够明确物联网工程项目的分工
- 能够进行设备清单核对
- 能够对物联网工程项目进行施工准备与计划

【素养目标】
- 培养主动观察的意识
- 培养独立思考的能力
- 培养积极沟通的意识
- 培养团队合作的能力
- 培养务实求真的工匠精神
- 培养精益求精的工匠精神

【任务描述】

李先生家智能家居项目现在进入工程实施阶段,你所在的团队需要首先完成该项目的施工准备与施工计划。

【知识准备】

教学课件
确定分工界面

微视频
确定分工界面

4.1.1　物联网工程项目施工准备

1. 确定分工界面

在物联网工程项目的具体实施过程中,工程实施相关方只有分工明确、相互协调,才能保证工程顺利实施。

分工界面从不同的维度又可以分为两种情景。

（1）情景一

情景一为建设方同施工方之间的分工界面,即两个不同公司实体之间的责任界面。假如一个工程可以被细化为很多个任务节点,那么分工界面就是为这些任务节点明确责任主体。

情景一通常通过两种形式来展示分工界面。一种方式为列表式,即以表格的形式展示每一个任务节点对应的责任主体。另一种方式为图纸式,即在施工图纸上标明每一个模块对应的责任主体。

① 列表式。表 4-1 所示为通过列表式展示的机房施工分工界面。整个机房施工工程共分为 13 个模块 36 个任务节点,应为每一个任务节点明确责任界面,R 表示责任

方,S 表示支持方,N 表示不涉及。如模块 10 中机柜的安装这一任务节点,客户为支持方,华为是责任方。这样,工程实施双方就能明确各自的职责、任务,不会相互推脱,从而从客观上确保了工程顺利实施。

表 4-1　列表式机房施工分工界面

机房施工分工界面				
术语解释:R—责任方　S—支持方　N—不涉及				
条目	内容		责任分工界面	
			客户	华为
1	机房场地(建筑物)提供		R	S
2	施工许可证的办理	进局许可证	R	N
		施工许可证	R	N
		动火证	R	N
3	施工条件准备	临时用水用电准备	R	N
		临时办公区提供	R	N
		现场环境协调	R	N
		临时仓库准备	R	N
		仓库管理	R	N
4	机房装修	机房装修设计	R	N
		防静电地板提供及安装	R	N
		机房照明材料采购及实施	R	N
		配电箱/盒材料采购及实施	R	S
		孔洞及封堵	R	N
		天花吊顶	R	N
		墙面装饰	R	N
		地面装饰(含斜坡、踏步)	R	N
		机房隔断设计及施工	R	S
		室内家具(工作台、椅、文件柜等)	R	N
		室内电器(含舒适空调、打印机)	R	N
5	电力供应	提供符合要求的电力接入点到机柜附近	R	S
6	接地	客户需要提供符合标准的接地点	R	S
7	柴油发电机(如果需要配备柴油发电机)	油机系统设计和选型	R	S
		油机采购	R	N
		测试用柴油	R	N
		运行用柴油	R	N

机房施工分工界面				
术语解释：R—责任方　　S—支持方　　N—不涉及				
条目	内容		责任分工界面	
			客户	华为
8	ATS	产品外 ATS 设计、采购及调试	R	N
9	机房消防系统	机房消防系统的设计及供货	R	N
		消防系统的设计报审	R	N
		消防系统的验收	R	N
10	机柜安装	机柜的提供	N	R
		机柜的安装	S	R
11	综合布线	综合布线系统的设计及实施	S	R
		综合布线实施及测试	S	R
12	系统调试	UPS、PAC、ECC 调试	N	R
13	现场清理	清理施工现场	N	R

② 图纸式。图 4-1 所示为通过图纸式展示的移动基站设备安装分工界面。实线框表示设备由厂家提供，通常情况下，某一个设备由厂家提供意味着该设备也由厂家进行安装调试。虚线框表示设备由建设方提供，意味着该设备由建设方进行安装调试。

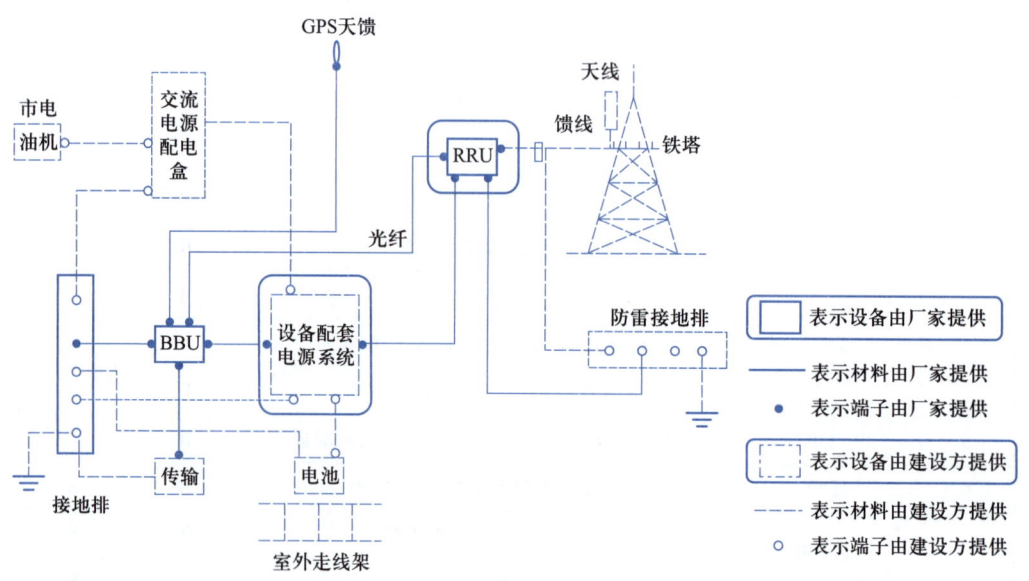

图 4-1　图纸式移动基站设备安装分工界面

在图 4-1 中，RRU、BBU 等设备用实线框表示，则该设备由厂家负责提供并进行安装调试;设备配套电源系统等用虚线框表示,则该设备由建设方提供并进行安装调试。

（2）情景二

情景二为项目组内部的分工界面,如图 4-2 所示为某无线工程项目组织结构图。项目组主要包括管理层、操作层和作业层。下面介绍该项目中各成员的岗位职责。

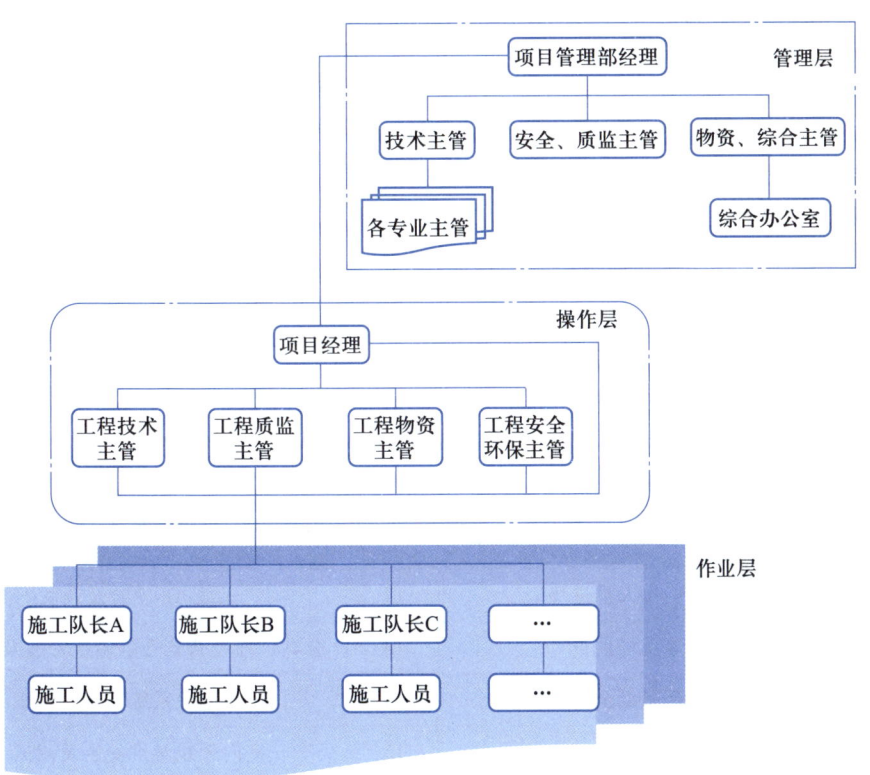

图 4-2　某无线工程项目组织结构图

项目管理部经理职责:领导该无线移动项目,对项目的全面管理与业务支持负责。

项目经理职责:对内向无线移动项目负责;对外向客户、监理单位以及与工程相关的其他外部单位进行联络与沟通,全权负责区域内工程的管理工作。

工程技术主管职责:对项目经理负责,全面负责工程实施过程中的技术接口管理工作。

工程质监主管职责:独立对项目经理负责,全面负责工程实施过程中的工程质量监察管理工作。

工程物资主管职责:全面负责工程材料的接收、检验、仓储、运输、配供工作;确保工程材料的质量,并能准确、及时地满足施工现场的需要;协助并配合技术负责人的工作。

工程安全环保主管职责:协助项目经理组织、检查、指导安全生产和环保工作。对施工人员进行安全、环保教育和岗前培训。负责项目的安全生产和环境管理,定期进行检查,对发现的隐患或存在的问题及时进行纠正。

施工队长职责:负责组织施工和现场管理,兼任质检员和安全员,监督各道工序的质量,记录随工情况,处理、解决各种现场问题,实现安全、文明施工。

2. 核对设备清单

当设备到达施工现场后,在正式施工前,要严格对照设备清单逐一核对各类设备的型号、数量等,确保现场设备与设备清单表一致。

4.1.2　物联网工程项目施工计划

教学课件
施工计划的撰写

微视频
施工计划的撰写

1. 施工计划的撰写

施工进度计划是施工组织设计的中心内容,它要保证建设工程在合同规定的期限内能够交付使用。施工中的各项工作必须围绕并适应施工进度计划的要求进行安排。

施工计划的撰写主要包括两方面内容:任务分解和施工计划。

（1）任务分解

任务分解就是将整个工程项目细化成很多个小的任务点。表 4-2 所示为某弱电施工项目对应的任务分解表,将该工程分成了 21 个任务点。

表 4-2　某弱电施工项目任务分解表

弱电施工项目			
序号	任务名称	序号	任务名称
1	现场工作人员进场	12	无线 AP 安装及调试
2	工地现场勘查	13	公共广播及背景音响系统安装及调试
3	结合图纸全阅	14	有线电视系统安装及调试
4	施工准备	15	室内无线对讲安装及调试
5	材料采购	16	电话系统安装及调试
6	室内桥架、配管安装	17	红外报警,紧急按钮安装及调试
7	线缆敷设	18	机房工程安装及调试
8	设备采购、检测、检验	19	UPS 配电调试
9	综合布线测线 3~5 次	20	系统集成
10	监控系统安装及调试	21	系统调试,竣工通知验收
11	计算机网络系统安装及调试		

（2）施工计划

施工计划是为每一个任务点分配好时间节点。表 4-3 所示为某弱电施工项目进度计划表,包括 21 个任务点对应的时间周期。

例如,在表 4-3 中计算机网络系统安装及调试这个任务点对应的时间周期为 2024 年 1 月 22 日~2 月 22 日,有线电视系统安装及调试这个任务点对应的时间周期为 2024 年 2 月 4 日~2 月 22 日。

表 4-3 某弱电施工项目进度计划表

弱电施工项目进度计划表

序号	任务名称	2023 年 12 月													2024 年 1 月									2024 年 2 月							
		26	28	30	1	4	7	10	15	16	19	22	26	28	31	1	4	7	10	15	16	19	22	26	28	31	1	4	7	10	15	16	19	22	26	27
1	现场工作人员进场																																			
2	工地现场勘察																																			
3	结合图纸全阅																																			
4	施工准备																																			
5	材料采购																																			
6	室内桥架、配管安装																																			
7	线缆敷设																																			
8	设备采购、检测、检验																																			
9	综合布线测线 3～5 次																																			
10	监控系统安装及调试																																			
11	计算机网络系统安装及调试																																			
12	无线 AP 安装及调试																																			
13	公共广播及背景音响系统安装及调试																																			
14	有线电视系统安装及调试																																			
15	室内无线对讲安装及调试																																			
16	电话系统安装及调试																																			
17	红外报警,紧急按钮安装及调试																																			
18	机房工程安装及调试																																			
19	UPS 配电调试																																			
20	系统集成																																			
21	系统调试、竣工通知验收																																			

2. 工程施工进度的保障措施

工程施工进度的保障措施主要包括以下内容：

（1）及时上报工程进度

需要及时发送工程进度的日、周报给相关单位人员，确保项目整体按计划进行。

（2）做好物资供应

为保证工程需要，需根据施工进度安排来制定材料、设备的供应计划。当主设备、配套设备、材料、配件等供应厂家不能按计划及时供货时，要及时与建设单位、物流单位沟通协调，催促到货进度，最大限度缩短到货时间的延迟。

（3）优化施工组织设计

在施工中，根据施工现场条件的变化不断优化施工组织设计，加大平行作业力度，处理好工序之间的施工衔接，确保施工的连续性；减少施工干扰，避免不必要的返工。

（4）严格进行计划管理，落实工期目标责任制

根据建设单位对工期的计划和要求，对工程项目进行合理安排，将工期目标横向分解到各部门，纵向分解到个人，以确保各部门和个人都明确各自的责任，推动工程的顺利实施。

（5）以质量保进度

大力开展员工的技术规范培训，提高员工的质量意识，降低工程整改率，争取各站点施工一次性达标，减少人力资源及时间的浪费，从而保障工程进度。

（6）加强安全文明施工教育

确保员工将安全意识植根心中，防止因安全事故引发的停工整顿，避免不必要的冲突发生，从而节约施工时间，保障工程顺利实施。

3. 施工安全规范

工程施工过程中工种繁多，如何做到忙而不乱、杂而不混、科学有序地组织施工，确保施工人员的人身安全和生产设备、工程建设的安全尤为重要。施工安全规范主要包括建立安全管理机构、施工现场安全用电、机器设备安全防护、施工人员安全防护等。

物联网工程施工中，需要遵循相关的工程安装施工规范，这些规范可以参考国家标准、地方标准、行业标准，也可以根据企业实际情况专门制定。

（1）建立安全管理机构

安全管理机构主要成员及其职责见表4-4。

表4-4 安全管理机构主要成员及其职责

项目经理	技术负责人	安全监理	施工组长
全面负责现场的安全措施及安全生产等，保证施工现场的安全	制定项目的安全技术措施和分项安全方案，督促安全措施落实，排除施工过程中不安全的因素	督促施工全过程的安全生产，纠正违章，配合有关部门排除施工不安全因素，安排项目内安全教育的开展，监督劳动用品的发放和使用	负责上级安排的安全工作的实施，进行施工前安全交底工作，监督并参与班组的安全学习

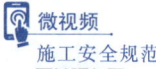
教学课件
施工安全规范

微视频
施工安全规范

教学文件
安装施工规范示例

教学文件
技术标准和要求

教学文件
通信设备工程安装施工规范

教学文件
重庆移动交换、无线、传输专业施工实施细则

教学文件
程控交换设备工程安装施工规范

（2）施工现场安全用电

施工现场安全用电注意事项如下所述：

① 现场设配电房，并且具备一级耐火等级。

② 现场施工用电原则执行一机、一闸、一漏电保护的"三级"保护措施。电箱设有门、锁，并且要注明编号和负责人。

③ 照明使用单相 220 V 工作电压，室内照明主线使用单芯 2.5 mm 铜芯线，分线使用 1.5 mm 铜芯线。

④ 机器设备必须执行工作接地和重复接地保护措施。

⑤ 现场施工人员必须经过培训，考核合格后方可上岗。

（3）机器设备安全防护

机器设备安全防护主要包括以下内容：

① 要按照施工操作规范对施工现场各种机器设备进行使用。

② 所有施工设备均不允许"带病"作业。

（4）施工人员安全防护

施工人员安全防护注意事项如下所述：

① 进场施工人员，必须经过安全培训教育，考核合格后方可上岗。

② 施工人员必须遵守现场纪律和国家法令、法规的要求，必须服从项目经理部的综合管理。

③ 施工人员进入施工现场必须佩戴工作牌。

④ 施工人员高空作业时禁止赤脚、穿拖鞋施工。

⑤ 施工人员不得任意拆除现场一切安全防护设施，如工作需要，必须经项目负责人同意。

⑥ 施工人员工作前不许饮酒，进入施工现场不准嬉笑打闹。

⑦ 施工人员应立足本职工作，不得擅自动用不属于本职工作范围内的设备。

4. 施工注意事项

施工注意事项是指在工程实施过程中，针对可能遇到的各类问题而制定的制度与措施。主要包括以下四个方面：

（1）材料、设备的管理措施

① 要求物资管理人员树立牢固的质量意识、服务意识，对工程材料要严把质量关、数量关，确保施工器材的质量标准。

② 各施工队应制定详细的物资管理办法，并严格执行。

③ 各施工队应对所有工程器材妥善保管，收、发料要有严格手续，工程结束后及时编制出施工材料平衡表，做到账、料一致。

④ 仪表需具备产品"合格证"和计量中心的定期有效的计量合格证。同时，应建立专人使用专人保管制度。

⑤ 简单的常用施工工具由个人保管，大型机具由专人保管和保养，发现损坏后应及时修理，避免影响工程进度。

（2）工程质量保证措施

① 严格按照国家标准、行业标准、施工图设计文件要求、建设单位颁发的各工程规

教学课件
施工注意事项

微视频
施工注意事项

定、要求进行施工。

②依据施工图设计,组织相关人员参加由建设单位组织的施工图设计会审,并做好会议记录。向参加施工的项目组进行工程交底,具体问题落实到相关人员,并制定相应的处理措施。

③在项目工序开工前,逐级做好详尽的技术交底,并填写交底记录,留档备查。

④在工程准备阶段,根据工程需求配备相应的仪器、仪表、大型工机具,并确保它们的状态良好。

⑤在工程施工阶段,技术人员应严格按照施工图设计和验收规范进行施工,由施工队长对每个站和每道工序进行检查,以确保工程质量。

⑥对于在质量检查中发现的问题,由质检员进行跟踪检查,施工责任人负责按要求在规定期限内进行整改,直至问题得到解决并达到合格的质量标准为止。

（3）施工安全注意事项

施工安全注意事项主要包括以下几个方面:

①施工人员应经过必要的业务培训,有专业上岗证后方可上岗操作,并要掌握应知应会的施工安全技术,施工前应穿戴好工作服,方可进行施工操作。

②施工现场严禁烟火,应有相应的防火措施,配备必需的灭火设备等消防器材,施工现场不准摆放易燃、易爆物品。

③操作人员必须佩戴安全带,在有高低跨或立体交叉作业时,必须戴安全帽。

④穿拖鞋、高跟鞋、赤脚或者赤膊人员均不准进入施工现场。

⑤施工人员酒后不准上班操作。

⑥未经有关人员批准不得任意拆除安全设施和安装装置。

⑦在施工过程中,有关安全技术的工作,如高空作业、垂直运输、卫生防护等,都应严格按照国务院颁发的《建设工程安全生产管理条例》和国家其他相关的专门规定执行。

（4）文明施工措施

①应严格按照施工组织设计的布置方案进行施工,不得随意占用道路或场地。

②注意保护环境,尽量减少施工噪声。

③做到工完场清,随时清运施工垃圾,不得随意堆放。

【任务实施】

请对李先生家智能家居项目做施工准备与计划。

要求:

班组成员以小组合作或独立工作的形式,完成项目施工准备与施工计划。

评估标准:

评估细则	分值
确定分工界面	40分
核对设备清单	20分
撰写完整的施工计划	40分

任务二 物联网工程项目感知层设备安装与调试

【任务目标】

【知识目标】
- 掌握物联网工程项目常用工具的使用方法
- 掌握物联网工程项目感知层设备安装与调试方法

【能力目标】
- 学会使用常用的安装配置工具
- 能够对物联网工程设备进行安装与调试

【素养目标】
- 培养主动观察的意识
- 培养独立思考的能力
- 培养积极沟通的意识
- 培养团队合作的能力

【任务描述】

李先生家的智能家居项目进行到了设备安装与调试阶段,现在你所在的团队需要为该项目进行感知层设备的安装与调试。

【知识准备】

教学课件
常用工具使用说明

4.2.1 常用工具使用说明

在物联网工程项目的施工过程中,需要经常使用相关工具来协助施工,如图 4-3 所示为常用工具示意图。下面将对这些常用工具进行介绍,包括他们的管理要求和使用要求。

微视频
常用工具使用说明

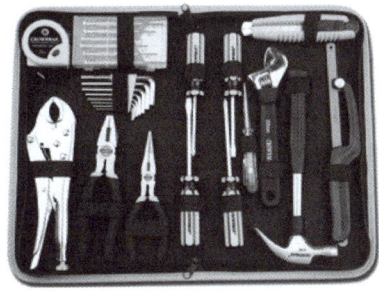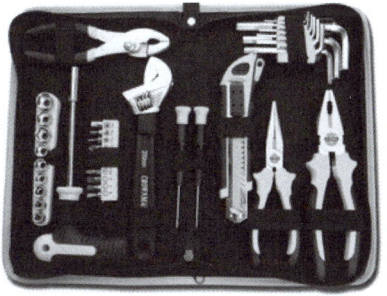

图 4-3 物联网工程项目施工中的常用工具

1. 管理要求
工具使用的管理要求,包括使用前准备和安全要求两个方面。

（1）使用前准备

在使用工器具前，使用者必须确认其符合以下条件：

① 进行目视检查，确认工器具处于完好、紧固、牢靠状态，严禁使用腐蚀、变形、松动、故障、破损等不合格的工器具。

② 工器具符合原设计目的和设计能力，同时应确保专用，没有获得批准之前禁止挪作他用。

③ 工器具已有防护且未经改装。如有改装，其改装在使用前应已经过危害分析并确认合格。

④ 工器具的附件是原件，或者是经过批准的适合本项工作的附件。

⑤ 在特殊环境，如湿热、雨雪以及存在腐蚀性气体等场所，使用的工器具必须符合相应的安全技术要求。

（2）安全要求

① 使用人员在工作时，应采用正确的姿势并保持稳定，处于工器具防护罩的保护范围之内。

② 工器具应摆放整齐，暂不使用的工器具应放置在安全位置。

③ 对于工器具尖锐的牙口、刃口及其转动部分，应始终保证防护装置的有效性。

④ 不得在电动、气动和液压工器具切断动力源之前进行修理。

⑤ 工作人员在使用刀具剥线时必须戴防割手套。

⑥ 不可把有尖头的工器具直接装入口袋。

⑦ 在使用电动工器具结束后，应拿住插头将其缓慢拔出，严禁直接拉扯电线来拔出插头。

⑧ 对承包商使用的工器具，在使用前应由甲方组织确认合格后方可使用。

2. 使用要求

（1）试电笔

试电笔又被称为电压指示器或电笔，是用来检查导线和电气设备是否带电的工具，如图 4-4 所示。

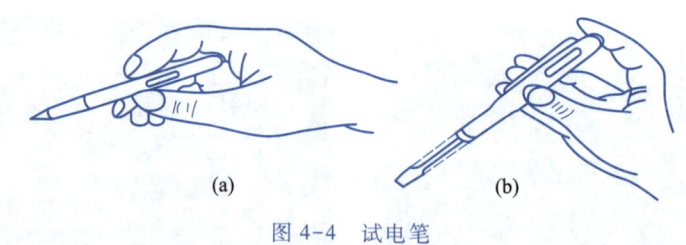

（a）　　　　　　　　　　　　（b）

图 4-4　试电笔

试电笔的作用：

① 区别电源相（火）线和中性（零）线。试电笔在接触相线时会发光，而接触零线、地线时不发光。

② 区别直流与交流。当被测电压为直流时，试电笔氖灯里只有一个极发光；而当被测电压为交流时，氖灯里两个极都发光。

（2）螺丝刀

螺丝刀俗称起子,是一种用来紧固或拆卸螺钉的工具,如图4-5所示。一般分为一字形和十字形两种。

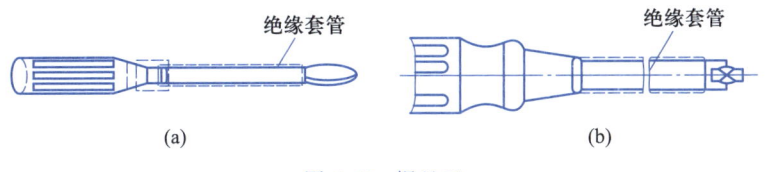

(a) (b)

图4-5　螺丝刀

（3）固定扳手

固定扳手(简称呆扳手)的扳口为固定口径,不能调整,但使用时不易打滑,如图4-6所示。

在使用扳手扳动时,以拉动为好,若必须推动,为防止伤手,可用手掌推动,扳手使用姿势如图4-7所示。

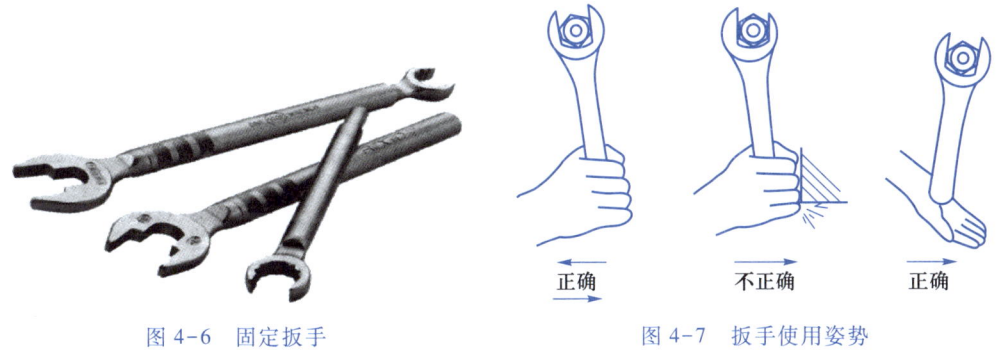

图4-6　固定扳手

正确　　不正确　　正确

图4-7　扳手使用姿势

（4）活动扳手

活动扳手(简称活扳手)是用于紧固和松动螺母的一种专用工具,主要由活扳唇、呆扳唇、扳口、蜗轮、轴销、手柄等构成,如图4-8所示。

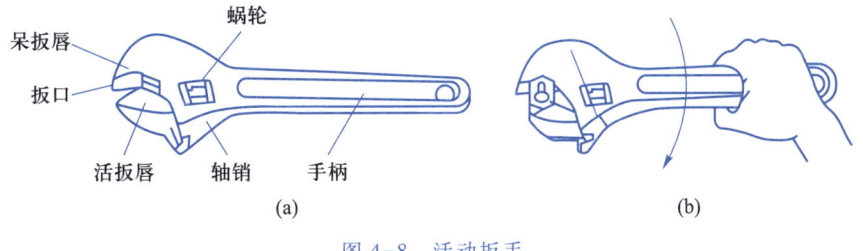

蜗轮

呆扳唇

扳口

活扳唇　轴销　手柄

(a) (b)

图4-8　活动扳手

活动扳手的开度可以自由调节,适用于不规则的螺栓或螺母。

（5）电工刀

电工刀是用来剖切导线或电缆的绝缘层、切割木台缺口、削制木枕的专用工具,如图4-9所示。

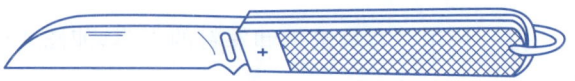

图 4-9   电工刀

在使用电工刀时应注意以下几点：

① 切勿用力过大，以免不慎划伤手指和其他器具。

② 刀口应朝向外侧再进行操作。

③ 电工刀的手柄一般不绝缘，严禁用电工刀进行带电操作。

（6）钢丝钳

钢丝钳又名老虎钳，如图 4-10 所示，是用于夹持或弯折薄片形、圆柱形金属零件及切断金属丝的工具。

（7）尖嘴钳

尖嘴钳如图 4-11 所示，用法与钢丝钳相似，其特点是适用于在狭小的工作空间进行操作，能夹持较小的螺钉、垫圈、导线及电气元件等器件。在安装控制线路时，尖嘴钳能将单股导线弯成接线端子（线鼻子），有刀口的尖嘴钳还可剪断导线或剥削导线的绝缘层。

图 4-10   钢丝钳   图 4-11   尖嘴钳

（8）剥线钳

剥线钳如图 4-12 所示，是用来剥落小直径导线头部的表面绝缘层的工具。钳口部分设有多个刃口，用以剥落不同线径的导线绝缘层。

（9）压线钳

压线钳如图 4-13 所示，是用来压制水晶头的一种工具。常见的电话线接头和网线接头都是用压线钳压制而成的。

图 4-12   剥线钳   图 4-13   压线钳

（10）网线测试仪

网线测试仪如图 4-14 所示,用于测试网线的好坏。它可以对双绞线 1、2、3、4、5、6、7、8、G 线进行逐根测试,并可区分判断哪一根错线、短路和开路。

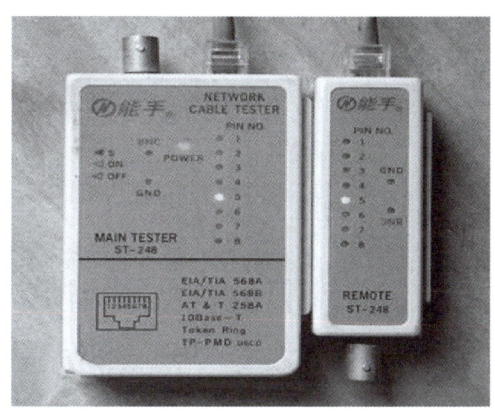

图 4-14　网线测试仪

注意,RJ45 头铜片在没有完全压下时不能进行测试,否则会导致端口永久损坏。

4.2.2　串口调试小助手使用说明

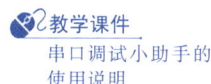

教学课件
串口调试小助手的
使用说明

串口调试小助手是一款通过串口进行调试的工具。在物联网设备的安装调试过程中会经常用到这个小工具。用串口线将需要调试的设备与计算机相连,这样就可以通过串口调试小助手对该设备进行配置。串口调试小助手使用方便,功能强大。串口调试小助手的使用界面如图 4-15 所示。

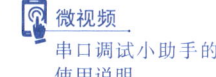

微视频
串口调试小助手的
使用说明

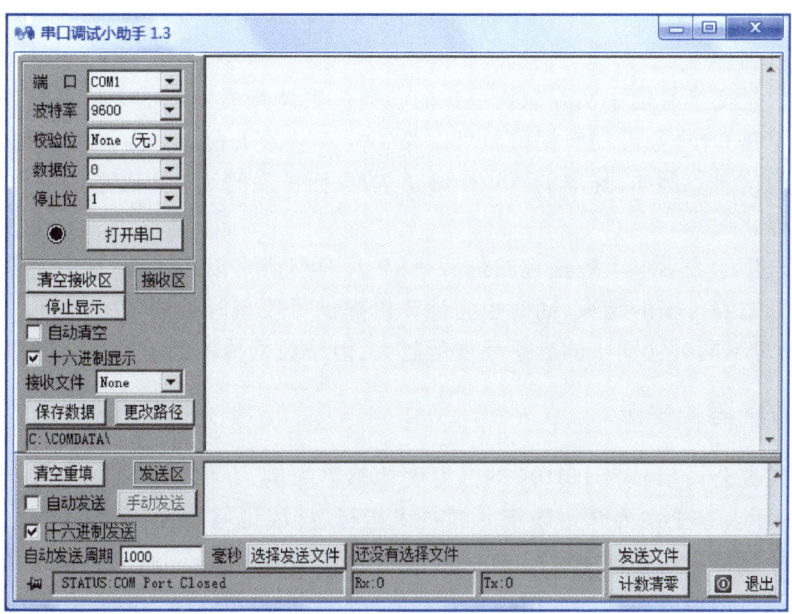

图 4-15　串口调试小助手的使用界面

1. 实现功能

① 自动搜索串口,并打开串口。

② 支持多串口。

③ 支持自定义波特率,支持非标准波特率。

④ 支持发送历史记录。

⑤ 接收数据时,可以在十六进制和 ASCII 之间切换。

⑥ 接收数据时,光标可定位在指定行或在最后一行。

⑦ 可以以十六进制或 ASCII 格式,向指定串口发送数据。

⑧ 可定时发送数据。

⑨ 可以将接收数据保存为文件,也可以打开已保存的数据文件。

⑩ 在串口打开过程中,可修改通信参数,如波特率。

⑪ 自动记录上次操作参数,如串口号、波特率等。

2. 参数设置说明

(1)端口

串口调试小助手启动后将自动识别所有可用的串口,用户只需要在下拉框中选择即可。

(2)波特率

波特率是衡量通信速率的参数,表示每秒传送的符号个数。高波特率常常用于放置很近的仪器间通信。常用的波特率一般是 9 600 Baud 和 115 200 Baud。

(3)校验位

校验是串口通信中一种简单的检错方式。常用的四种校验方式为偶校验、奇校验、校验位始终为 **1** 和校验位始终为 **0**。当然也可以没有校验位,None 即表示没有校验位。

(4)数据位

数据位是衡量通信中实际数据位数的参数。当计算机发送一个信息包时,实际的数据不一定是 8 位,标准的数据位数可以是 5 位、7 位或 8 位。如何设置数据位数取决于想传送的信息。例如,标准的 ASCII 码是 7 位,而扩展的 ASCII 码是 8 位。

(5)停止位

停止位用于表示单个数据包的最后一位,其典型值可以是 1 位、1.5 位或 2 位。停止位不仅标志着传输的结束,同时也为计算机提供了校正时钟同步的机会。停止位的位数越多,对不同时钟同步的容忍程度就越大,但是数据传输的速度也会越慢。

4.2.3　传感器的安装

以九纯健公司型号为 JCJ102 的温湿度传感器为例,介绍传感器的安装,该产品如图 4-16 所示。这里主要介绍该产品的技术指标、接线说明和使用注意事项这三个方面。该款传感器采用标准 RS232 通信接口和国际标准 Modbus 通信协议,可直接连接至计算机进行通信。典型的应用场合有药店、办公室、超市、生产车间、仓库、机房等。

1. 技术指标

JCJ102 传感器的主要技术指标如图 4-17 所示。该传感器的工作电压为 12 V,特

教学课件
传感器的安装

微视频
传感器的安装

别要注意在使用时不要接错电源,如果接入过高电压,容易烧坏传感器。该传感器的波特率为 9 600 Baud,在调试过程中,需要选择对应的波特率,波特率不一致会导致误码。该传感器对应的通信接口为 RS232,可以通过串口线直接与计算机相连接。

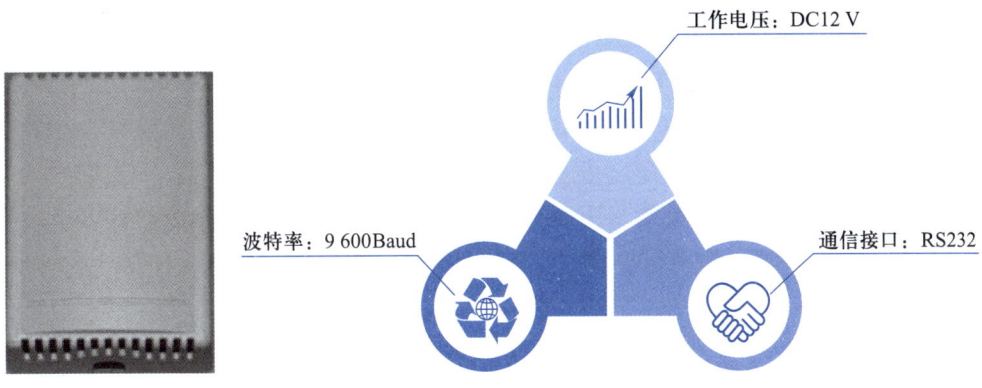

图 4-16　JCJ102 温湿度
　　　　　传感器

图 4-17　JCJ102 传感器的主要技术指标

2. 接线说明

JCJ102 传感器的接线图如图 4-18 所示。最简单的连接方式是将该传感器接 12 V 电源,同时通过串口线将传感器和计算机相连接,这样即可通过指令获取传感器温湿度值。图示为 RS232 串口连接说明,其中数据发送端 TX 连接计算机的串口 3 针,数据接收端 RX 连接计算机的串口 2 针,电源连接计算机的串口 5 针。

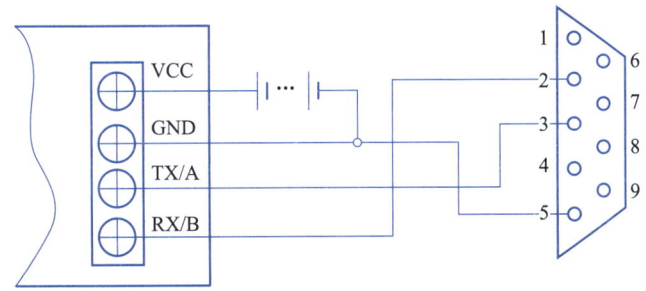

图 4-18　JCJ102 传感器的接线图

3. 使用注意事项

JCJ102 温湿度传感器的使用注意事项如下所述:

① 该产品不适用于在长期结露或存在化学污染的环境下使用。

② 传感器能正常工作的温度环境为-40~80 ℃。

③ 在传感器上电前,需确认各处接线是否正确。

④ 在为传感器和计算机连接数据线时,请先关闭它们各自的电源,防止误操作将通信电路烧坏;同样,在断开通信数据线时,也要先关闭电源。

⑤ 在不使用传感器时,应将其置于良好的环境(建议在湿度 30%~70%RH,室温)下保存。

教学课件
传感器配置与调试

微视频
传感器配置与调试

4.2.4　传感器配置与调试

以九纯健公司型号为 JCJ102 的温湿度传感器为例,介绍传感器的配置与调试,包括指令解析、工具说明和实验过程这三个方面。

1. 指令解析

关于温湿度传感器的指令解析,主要关注以下两方面内容:

① 如何通过指令获取温湿度测量值。

② 如何通过指令修改温湿度传感器地址。

由于 JCJ102 温湿度传感器采用 Modbus 通信协议,而该协议下指令的数据格式具有通用性,因此,其他采用 Modbus 通信协议的传感器,它们的指令格式与 JCJ102 类似。

下面,重点介绍指令解析这部分内容。

首先,介绍获取温湿度测量值的指令内容。例如,发送指令为 01 04 00 00 00 02 71 CB。其中,01 是传感器当前地址;04 是读取温湿度测量值对应的通信指令;00 00 是寄存器起始地址;00 02 表示读取温度和湿度两组数据;71 CB 是 CRC 校验码,在"工具说明"部分会介绍如何通过 CRC 校验工具来快速获取校验码。

如果通信连接正常,就会返回一串接收指令。例如,接收指令为 01 04 04 01 02 02 D8 5A 82。其中,01 02 是十六进制的温度值,转换为十进制即为 25.8 ℃;02 D8 是十六进制的湿度值,转换为十进制即为 72.8%RH。

其次,介绍修改温湿度传感器地址的指令内容。例如,将传感器地址从 01 修改为 02,对应的指令为 01 06 00 00 00 02 08 0B。其中,01 是传感器当前地址;06 是修改温湿度传感器地址对应的通信指令;00 00 是寄存器起始地址;00 02 表示修改后的地址;08 0B 是校验码。如果返回数据与发送数据一致,说明修改成功。

2. 工具说明

传感器的配置与调试主要涉及两款小工具,一个是串口调试小助手,另一个是 CRC 校验工具。

首先打开串口调试小助手,如图 4-19 所示。选择对应的端口(本例采用 COM1)和波特率(本例为 9 600 Baud),打开串口,在接收区和发送区分别选中十六进制显示,这样就可以发送和接收数据了。

接着打开 CRC 校验工具,这是一款可以快速获取 CRC 校验码的工具,如图 4-20 所示。在第二个输入框中输入需要校验的数据,如 01 04 00 00 00 02,单击按钮,在第三栏中显示的 cb 71 即为对应的校验码,第一栏为最终完整的数据。

3. 实验过程

利用串口调试小助手获取温湿度测量值的实验过程,如图 4-19 所示。当前传感器地址为 04,发送区的输入指令为 04 04 00 00 00 02 71 9e,接收区返回的十六进制温湿度值为 01 20 02 3F,转换为十进制后,即温度为 28.8 ℃,湿度为 57.5% RH。

利用串口调试小助手修改温湿度传感器地址的实验过程,如图 4-21 所示。将传感器地址从 04 修改成 01,发送区输入指令为 04 06 00 00 00 01 48 5f,接收区返回数据同输入指令一致,表示修改地址成功。

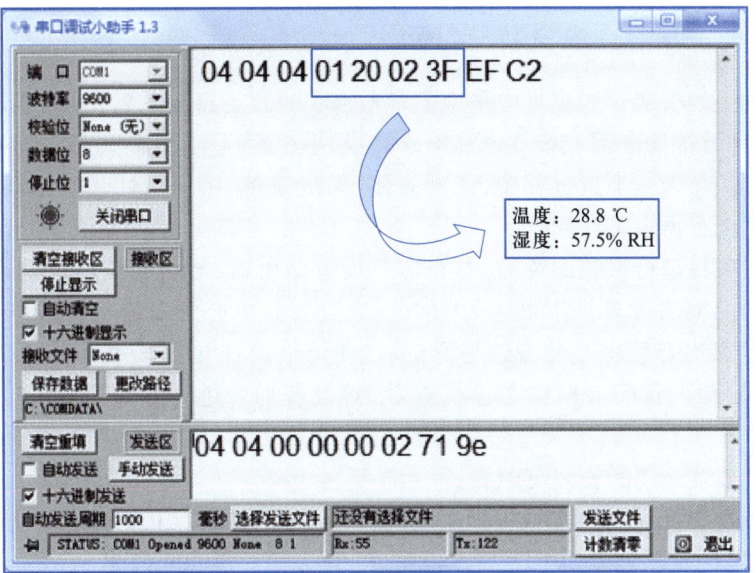

图 4-19　用串口调试小助手获取温湿度值实验

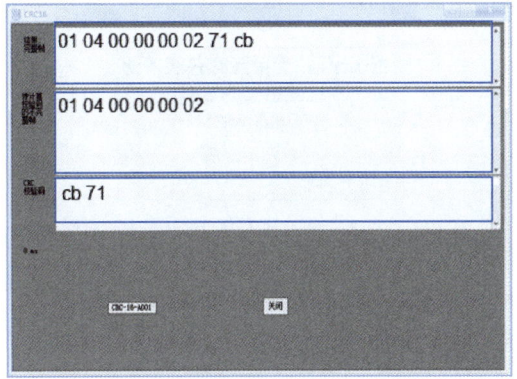

图 4-20　CRC 校验工具

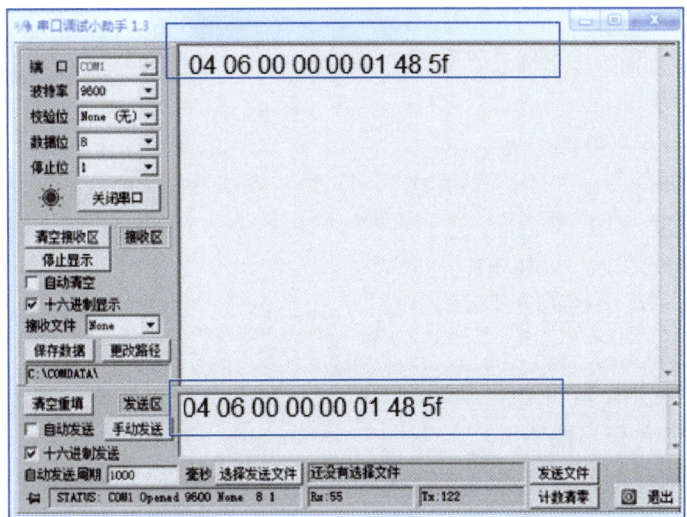

图 4-21　用串口调试小助手修改温湿度传感器地址实验

教学文件
客户端登录及配置
方法

教学文件
客户端 App 常用功
能及操作

4.2.5　智能家居客户端安装与配置

在李先生的智能家居项目中采用了紫光物联的智能家居系列产品,基于其家庭智慧中心(又称智能服务器或智慧家庭服务器)和手机客户端,可极大简化该项目中系列产品的配置。在整个配置过程中,入网方便、调试简单,用户个性化需求调整方便,用户可以根据自身需求灵活配置。

在对该项目进行系统配置时,首先需要配置路由器,然后安装和启动家庭智慧中心。路由器的网络配置见本书 4.3.1 部分,家庭智慧中心的安装与调试详见 4.3.2 部分。完成了家庭智慧中心的安装与调试后,便可借助连接到该家庭智慧中心的手机客户端,对后续设备的入网状态进行查看、对设备列表进行查看、对设备名称进行修改等操作。

下面讲解客户端的安装与配置。

在安卓系统的应用市场或 iOS 系统的 App Store 下载"UIOT 智能家居-超级智慧家"App,或在浏览器搜索"UIOT 超级智慧家"官方网站并进行下载该 App。下载安装后打开 App,在第一次进入时,会弹出如图 4-22 所示对话框,单击"允许"按钮,便可进入启动界面,后续的客户端登录和配置方法见教学文件"客户端登录及配置方法"。

图 4-22　客户端首次打开所弹出的对话框

客户端配置成功后,在后续设备配置中能接收到设备入网提示、确认设备列表、修改设备名称等任务,详见教学文件"客户端 App 常用功能及操作"。

教学课件
报警类设备安装与
调试

微视频
报警类设备安装与
调试

4.2.6　无线 ZigBee 漏水检测器安装与调试

1. 产品外观

无线 ZigBee 漏水检测器外观如图 4-23 所示。

2. 接线说明

本产品为 3.6 V 电池供电。

3. 注意事项

① 工作温度:-10~50 ℃。

② 工作湿度:30%~80% RH。

③ 电路板组件不能泡水。

4. 安装方法

设备为电池供电类,更换电池时需打开设备含有电路板组件的部分,安装电池时需注意电池的正负极不能装反。

将电路板组件部分固定到合适的地方,将探头部分贴在地面,如图 4-24 所示。

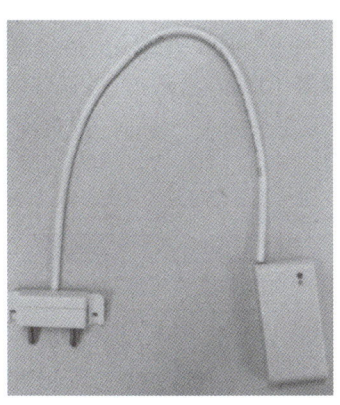

图 4-23　无线 ZigBee 漏水
检测器外观

图 4-24　无线 ZigBee 漏水检测器
安装示意图

5. 入网调试

将干燥的探头触水 2 s 后脱离,即可看到该检测器上第二个 LED 闪烁三次,同时客户端会收到设备入网提示。若设备入网不成功,则重复上述操作。入网成功后可在客户端导航菜单"设备→安全列表"中进行设备确认,同时可修改设备名称,如修改为"卫生间漏水检测"。

4.2.7　无线 ZigBee 红外探测器安装与调试

1. 产品外观

无线 ZigBee 红外探测器外观如图 4-25 所示。

2. 接线方式

本产品为 3.6 V 电池供电。

3. 注意事项

① 红外探测器的探测距离不超过 5 m,在使用时注意安装高度。

② 红外探测器的探测角度在 120°范围内。

4. 安装方法

手握红外探测器,旋转打开探测器的外壳,在底壳固定孔处用自攻螺钉将其固定在方案设计的位置,装入出厂产品所配的电池(注意正负极),扣上外壳,旋转固定,如图 4-26 所示。

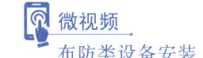
教学课件
布防类设备安装

微视频
布防类设备安装

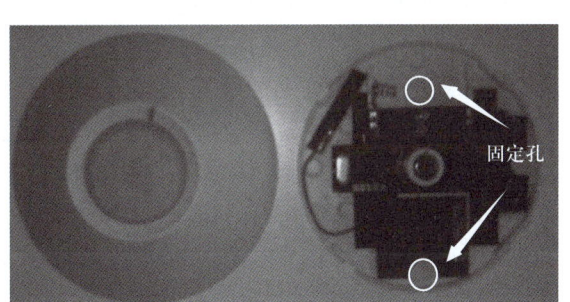
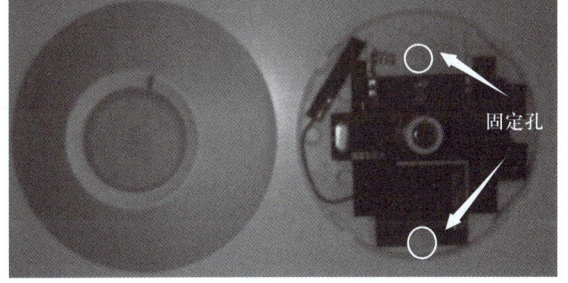

图 4-25　无线 ZigBee 红外探测器外观　　　　图 4-26　无线 ZigBee 红外探测器安装示意图

5. 入网调试

装入电池后按下电路板上的按键,直到指示灯亮,再松开按键,指示灯闪烁 3 下后,客户端会收到设备入网提示。若入网失败,则等 10 s 后指示灯灭,重新按下按键入网即可。入网成功后可在客户端导航菜单"设备→安全列表"中进行设备确认,同时可修改设备名称,如修改为门厅红外感应。

4.2.8   无线 ZigBee 智能插座安装与调试

1. 产品外观

无线 ZigBee 智能插座外观如图 4-27 所示。

2. 接线方式

无线 ZigBee 智能插座接线方式如图 4-28 所示。

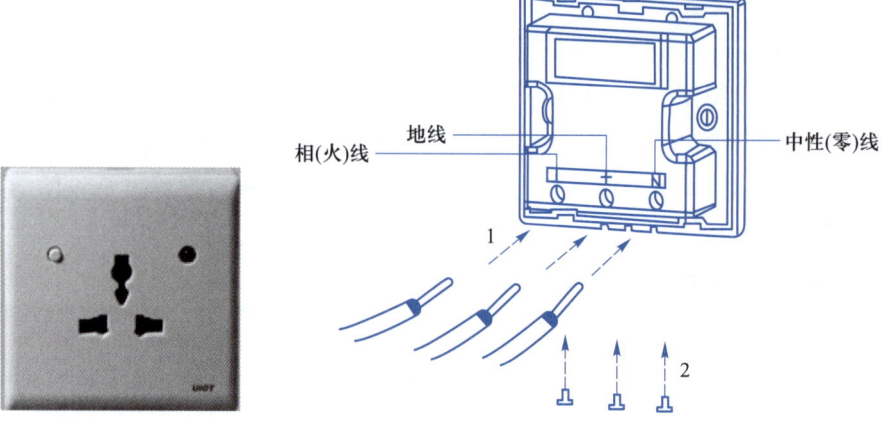

相(火)线   地线   中性(零)线

图 4-27   无线 ZigBee 智能插座外观   图 4-28   无线 ZigBee 智能插座接线示意图

3. 注意事项

① 额定电压:220 V+10%/50 Hz。

② 工作温度:-10~50 ℃。

③ 工作湿度:30%~80% RH。

④ 浪涌电流:20 A。

⑤ 插座最大功率:2 500 W。

⑥ 零线和地线不能互换使用。

⑦ 线头不能裸露,避免推入底盒时发生短路。

⑧ 拧紧开关接线柱上的螺钉,避免电线松动导致接触不良。

⑨ 如果底盒中电线过多,应先整理电线,避免安装时插座无法放入底盒中。

⑩ 需要将红外智能插座带红外发射头的延长线插入插座面板上的耳机插孔,同时将红外发射头通过 3 M 胶固定在红外设备接收位置。

⑪ 固定底壳时需将螺钉拧至底壳与墙面平整无缝为止,不可过度用力以防外壳受损。

⑫ 请勿将异物掉入插座内。

4. 安装方法

① 将一字螺丝刀插入插座下边缘的槽中,轻轻旋转螺丝刀,即可取下插座上的面板,如图 4-29 所示。

② 将电线插入对应的接线柱中,上紧固定螺钉,如图 4-30 所示。注意接线柱中间的为地线,地线和零线不能混用。

教学课件
插座类设备安装与
调试

微视频
插座类设备安装与
调试

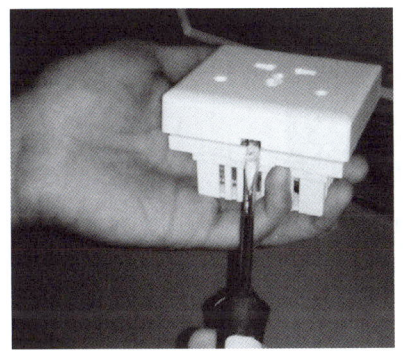
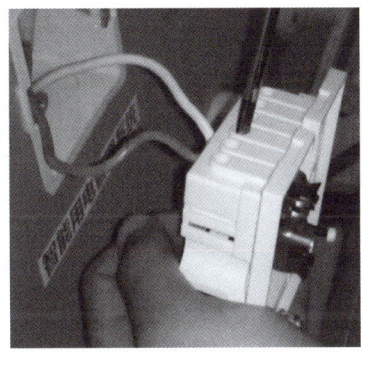

图 4-29　无线 ZigBee 智能插座安装示意图 1　　图 4-30　无线 ZigBee 智能插座安装示意图 2

③ 将底盒中的电线整理好,把插座推入 86 底盒中,上紧插座两边中间的固定螺钉,如图 4-31 所示。注意不可将插座强行塞入底盒,避免损坏电路板。

④ 扣上插座外面板,安装完毕,如图 4-32 所示。注意需要使插座上的指示灯和按键能从插孔中露出来。

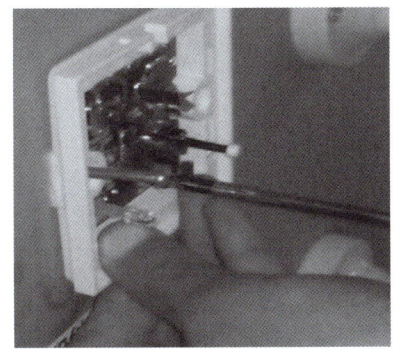

图 4-31　无线 ZigBee 智能插座安装示意图 3　　图 4-32　无线 ZigBee 智能插座安装示意图 4

5. 入网调试

在家庭智慧中心正常工作的情况下,登录客户端,智能插座通电后,开始自动入网,同时客户端会收到设备入网提示。如果客户端未收到提示,请重新上电。智能插座入网成功后可在客户端导航菜单设备→家电列表中进行设备确认,同时可修改设备名称,如修改为客厅饮水机插座。

4.2.9   单体背景音乐安装与调试

1. 产品外观

单体背景音乐 Wi-Fi 协议转换器外观如图 4-33 所示。

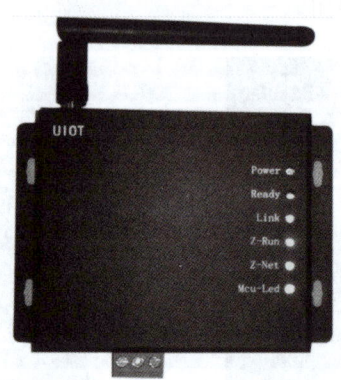

图 4-33   Wi-Fi 协议转换器外观

2. 接线方式

紫光单体背景音乐与 Wi-Fi 协议转换器配套使用,工作电压为 AC 220 V。接线方式如图 4-34 所示。

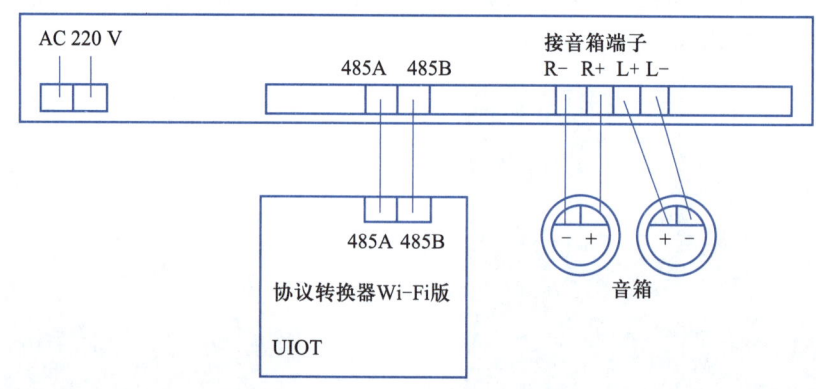

图 4-34   单体背景音乐接线示意图

3. 注意事项

① 在接线时,喇叭正负极要与单体背景音乐相对应。

② 如果采用吸顶安装,需要先预埋音箱线。

③ 控制类型:网口转 RS485。

④ 默认波特率:9 600 Baud;奇偶校验位:无;数据位:8 位;停止位:1 位。

4. 安装方法

① 按照单体背景音乐接线图将喇叭和电源接好。

② 将 Wi-Fi 协议转换器的拨码开关拨至 RS485 方式,如图 4-35 所示。

③ 将协议转换器的 RS485 与单体背景音乐的 RS485 接口对应相连接,如图 4-36 所示。

教学课件
单体背景音乐安装

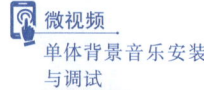
微视频
单体背景音乐安装
与调试

图 4-35 单体背景音乐安装步骤 1

图 4-36 单体背景音乐安装步骤 2

④ 协议转换器插上 6 V 电源适配器,打开单体背景音乐,播放歌曲后检查音箱是否有声音。

5. 入网调试

单体背景音乐入网调试步骤见教学课件"单体背景音乐入网调试"。

4.2.10 无线投影协议转换器安装与调试

1. 产品外观

无线投影协议转换器外观如图 4-37 所示。

2. 接线方式

无线投影协议转换器为 6 V 电源适配器供电。

3. 产品说明

无线投影协议转换器正面示意图如图 4-38 所示。

教学课件
单体背景音乐入网
调试

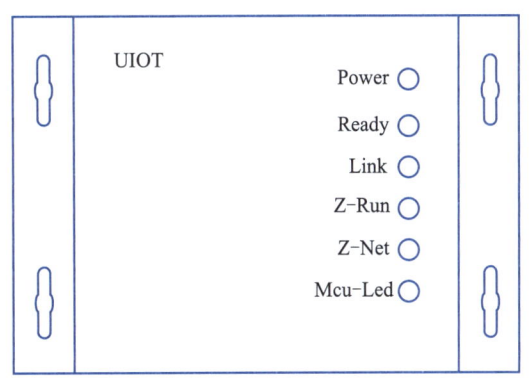

图 4-37 无线投影协议转换器外观 图 4-38 无线投影协议转换器正面示意图

① Power:电源指示灯。

② Ready:在投影仪协议转换器中未使用。

③ Link:在投影仪协议转换器中未使用。

④ Z-Run:ZigBee 运行指示灯。

⑤ Z-Net:ZigBee 网络连接指示灯。

⑥ Mcu-Led:设备入网指示灯。

无线投影协议转换器前侧面示意图如图 4-39 所示。

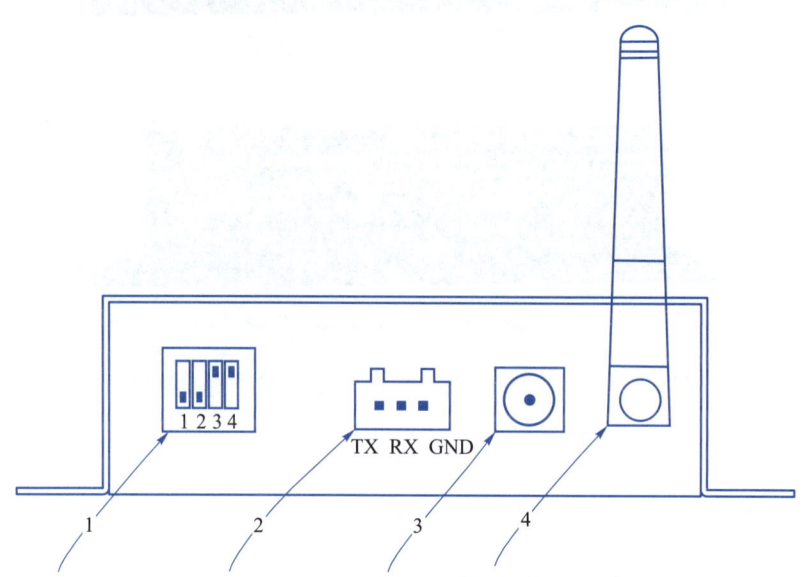

图 4-39 无线投影协议转换器前侧面示意图

① RS232/485 切换拨码,本设备必须如图设置。

② RS232C 接口,从左到右依次为 TX、RX、GND。

③ DC 电源适配器接口。

④ ZigBee 天线。

无线投影协议转换器后侧面示意图如图 4-40 所示。

① Reload 按键,本设备用不到该按键。

② RS485 接口,本设备用不到该接口。

③ 拨码开关,用于选择投影仪品牌和型号。

④ 入网按键,长按 3 s 以上,设备即可入网。

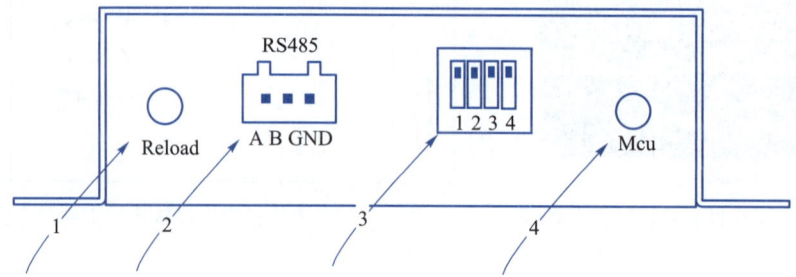

图 4-40 无线投影协议转换器后侧面示意图

4. 安装方法

① 设定 RS232/485 切换拨码，参考图 4-39 中 1。

② 根据投影仪品牌将拨码开关拨至相应位置，参考图 4-41 进行设置。

③ 将协议转换器与投影仪通信线连接，线序如图 4-42 所示（分公头和母头两种情况，不同投影仪采用的 RS232 头可能不同）。

教学课件
投影仪协议转换器
安装

微视频
投影仪协议转换器
安装与调试

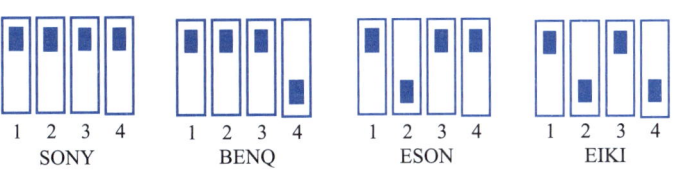

图 4-41　不同投影仪品牌对应的拨码开关设置

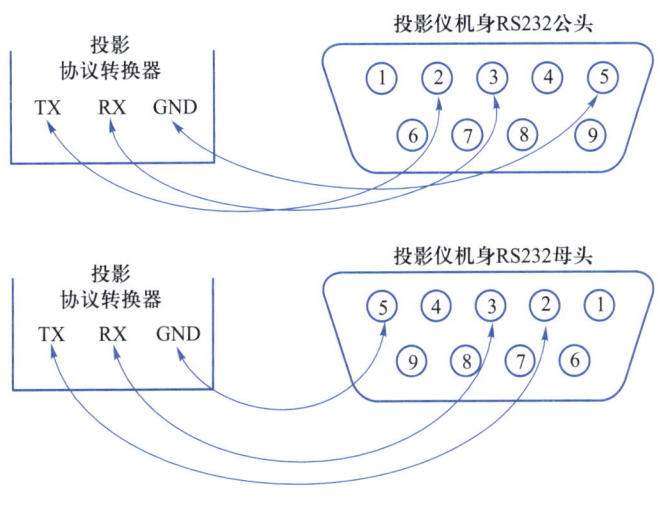

图 4-42　协议转换器与投影仪连线示意图

5. 入网调试

无线投影协议转换器入网调试步骤见教学课件"无线投影协议转换器入网调试"。

教学课件
无线投影协议转换
器入网调试

4.2.11　无线 ZigBee 风光雨传感器安装与调试

1. 产品外观

无线 ZigBee 风光雨传感器及协议转换器外观如图 4-43 所示。

2. 接线方式

风光雨传感器与协议转换器的接线图如图 4-44 所示。GND 端子接电源适配器负极；VCC 端子接电源适配器正极；L1 端子接风光雨传感器的雨量检测信号线（棕色线）；L2 端子接风光雨传感器的光照检测信号线（黑色线）；"+5 V、+12 V、GND"为对外电源输出端，可为风光雨传感器提供电源，"+12 V"端子接风光雨传感器的白色线；"GND"端子接风光雨传感器的蓝色线。

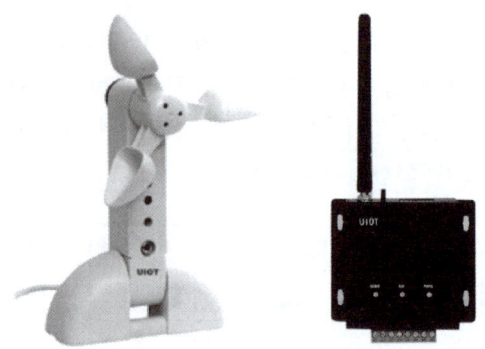

图 4-43　无线 ZigBee 风光雨传感器及协议转换器外观

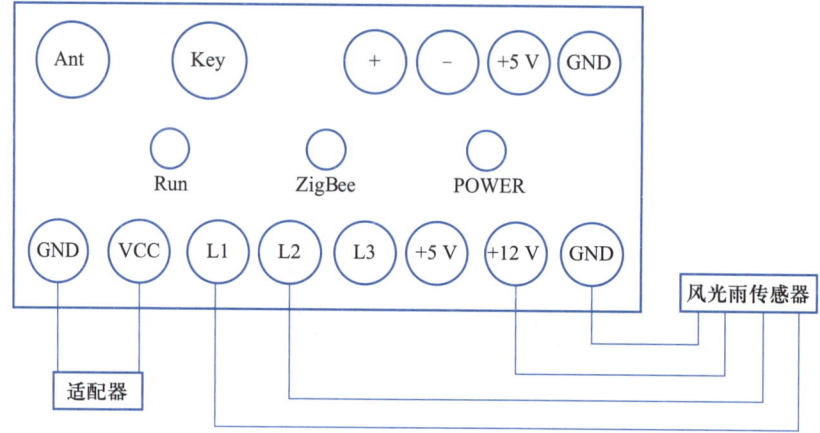

图 4-44　风光雨传感器与协议转换器的接线图

3. 注意事项

① 不能将协议转换器安装在室外。

② 风光雨传感器的工作温度为 -20~85 ℃。

③ 风光雨传感器与协议转换器之间的信号线长度不能超过 3 m。

④ 风光雨传感器的风速检测部分和雨量检测部分不应有遮挡物,正确的安装位置如图 4-45 所示。

图 4-45　风光雨传感器安装位置示意图

4. 安装方法

取下风光雨传感器底座的外壳,用自攻螺钉固定在方案设计的位置,风光雨传感器上棕色线接协议转换器的 L1,黑色线接协议转换器的 L2,蓝色线接协议转换器的 GND,白色线接 12 V。

5. 入网调试

在协议转换器上电后 30 s 内,按下 Key 键 1 s 左右,入网成功后 Run 灯立即闪亮 3 下,客户端即可收到相应设备入网提示。如果入网不成功则没有提示,可继续再次入网。超过 30 s 后如果仍未成功,系统将正常工作。如果 30 s 内多次入网都没有成功,需重新上电并重复上述操作。如果入网提示名称与实际设备不符,打开协议转换器外壳检查拨码开关位置是否与图 4-46 所示一致,若不一致需依照图 4-46 所示位置,调整拨码开关,同时通过软件删除入网设备,重新为设备上电入网。

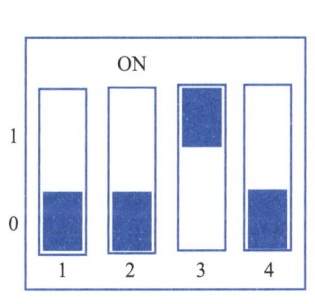

图 4-46　风光雨传感器协议转换器拨码开关设置

4.2.12　无线 ZigBee 光照度传感器安装与调试

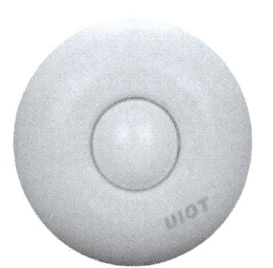

1. 无线 ZigBee 光照度传感器外观

无线 ZigBee 光照度传感器外观如图 4-47 所示。

2. 接线方式

本产品为 3.6 V 电池供电。

3. 注意事项

① 测量范围:0~9 999 lux。
② 工作温度:-10~50 ℃。
③ 工作湿度:30%~80% RH。
④ 需安装在窗户附近避免阳光直射。
⑤ 安装在天花板上时,要固定牢靠,以防脱落砸伤人。
⑥ 装入电池时注意正、负极。
⑦ 请勿在室外使用。

图 4-47　无线 ZigBee 光照度
传感器外观

4. 安装方法

如图 4-48 所示,取下光照度传感器的固定件,用自攻螺钉将其固定在方案设计的位置,注意避免阳光直射。打开光照度传感器外壳,装入电池,注意正、负极。拧紧固定螺钉,将光照度传感器卡入固定件。

5. 入网调试

如图 4-49 所示,按下按键直到指示灯亮,松开按键,指示灯闪烁 3 下后客户端即可收到设备入网提示。若入网不成功则等 10 s 后指示灯灭,重新按下按键入网即可。入网成功后可在客户端导航菜单"设备→环境列表"中进行设备确认,同时可修改设备名称,如修改为客厅光照度检测。

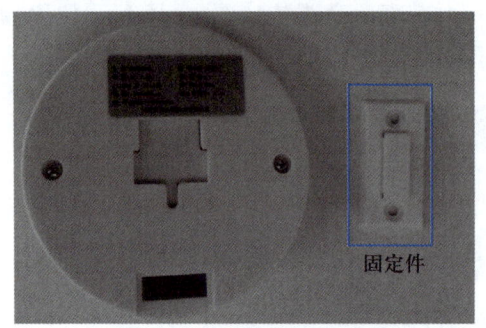

图 4-48　无线 ZigBee 光照度传感器
安装示意图

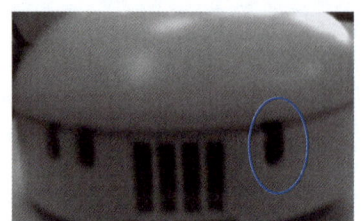

图 4-49　无线 ZigBee 光照度传感器
入网调试按键位置

4.2.13　无线 ZigBee 燃气泄漏监测器及燃气开关机械手安装与调试

1. 产品外观

无线 ZigBee 燃气泄漏监测器及燃气开关机械手外观如图 4-50 所示。

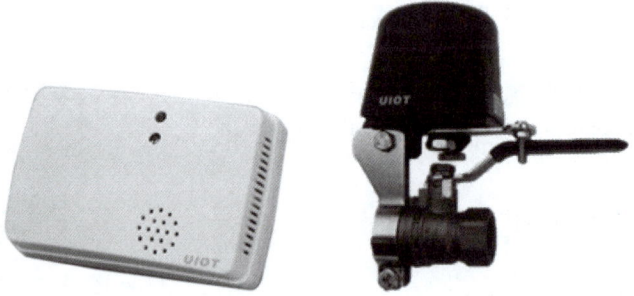

图 4-50　无线 ZigBee 燃气泄漏监测器及燃气开关机械手外观

2. 接线方式

将机械手的引线直接插入燃气泄漏监测器的插接件,燃气泄漏监测器的电源线直接插入插座即可,如图 4-51 所示。

3. 注意事项

① 监测氢气、天然气、城市煤气等比重小于空气的气体时,应将该产品安装在距屋顶 30~60 cm 的位置。

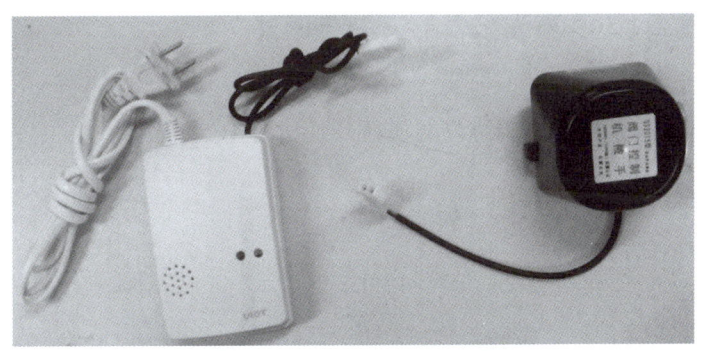

图 4-51   无线 ZigBee 燃气泄漏监测器与燃气开关机械手接线示意图

② 可燃气体的监测浓度为爆炸极限的 4%（报警浓度：煤气 0.1%~0.3%，天然气 0.1%~0.5%，液化石油气 0.1%~0.3%）。

③ 燃气泄漏监测器为塑料材质，需将其安装在离火源 1 m 以外的位置，以防烧坏产品。

④ 不能将燃气泄漏监测器安装在抽油烟机下，以免油烟影响监测器的灵敏度。

⑤ 不能强行转动机械手的机械臂，如果软件提示执行成功，则阀门不动作，将固定机械臂的螺母稍微松一点。

⑥ 煤气阀门有碟阀和直阀两种，应使用对应的机械手进行安装。

4. 安装说明

此设备为 AC220 V 供电，把监测器通过钉子悬挂在可燃气体阀门附近，安装好机械手，交流插头插入插座即可，如图 4-52 所示。

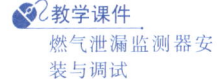

教学课件
燃气泄漏监测器安装与调试

微视频
燃气泄漏监测器安装与调试

图 4-52   无线 ZigBee 燃气泄漏监测器及燃气开关机械手安装示意图

5. 入网调试

设备通电 5 min 以后，按下按键直到指示灯亮，松开按键，指示灯闪烁 3 下后，客户端即可收到设备入网提示。若入网失败则等 10 s 后指示灯灭，重新按下按键入网即可。入网成功后可在客户端导航菜单"设备→安全列表"中进行设备确认，同时可修改设备名称，如修改为厨房天然气监测。

4.2.14　无线 ZigBee 声光报警器安装与调试

1. 产品外观

无线 ZigBee 声光报警器及协议转换器外观如图 4-53 所示。

图 4-53　无线 ZigBee 声光报警器及协议转换器外观

2. 接线方式

本产品为 12 V 供电，需与协议转换器配套使用。接线方式如图 4-54 所示。

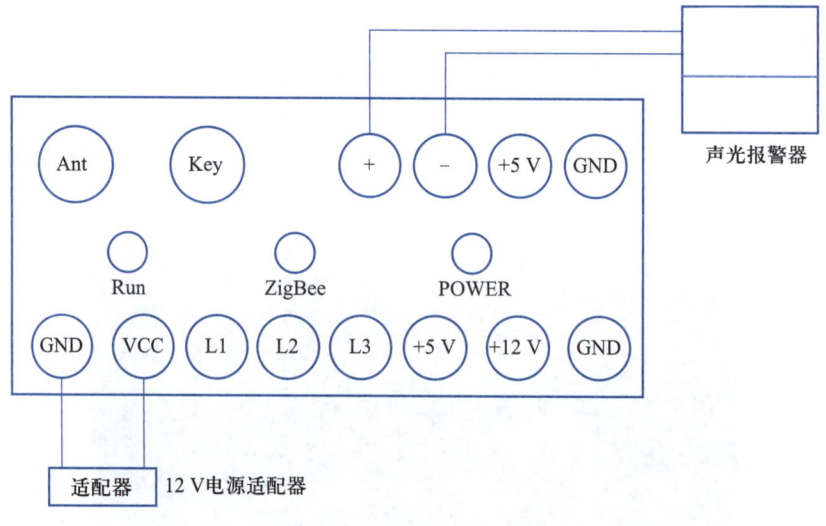

图 4-54　无线 ZigBee 声光报警器与协议转换器接线图

协议转换器的"GND"端接电源适配器负极，"VCC"端接电源适配器正极。

协议转换器的"+"端接声光报警器的红色线，"-"端接声光报警器的黑色线。

3. 注意事项

安装之前应用万用表直流挡检查协议转换器的"+""-"接线端子的输出电压是否为 12 V，如果输出显示 24 V，需打开协议转换器的外壳，将图 4-55 所示的跳线帽调至12 V 端。

4. 安装说明

如图 4-56 所示，将报警器安装在设计的位置处，用自攻螺钉进行固定，与之对接的协议转换器可将其安装在隐蔽的地方，声光报警器的红色线接协议转换器的"+"接

教学课件
声光报警器安装与调试

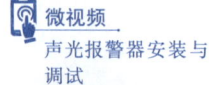
微视频
声光报警器安装与调试

线柱,黑色线接"−"接线柱,协议转换器的 VCC 端接电源适配器的正极,GND 端接电源适配器的负极。

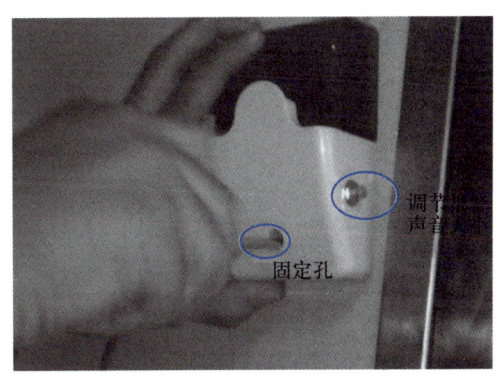

图 4-55　无线 ZigBee 声光报警器协议
转换器跳线帽设置

图 4-56　无线 ZigBee 声光报警器
安装示意图

5. 入网调试

在协议转换器上电后 30 s 内按下 Key 键 1 s 左右,入网成功后 Run 灯立即闪亮 3 下,客户端即可收到相应设备入网提示,如果入网失败则没有提示,可继续再次入网,超过 30 s 后如果仍未成功,系统将正常工作。如果 30 s 内多次入网都没有成功,需重新上电重复上述操作。如果入网提示名称与实际设备不符,打开协议转换器外壳检查拨码开关位置是否与图 4-57 所示一致,若不一致需依照图示位置,调整拨码开关,同时通过软件删除入网设备,重新为设备上电入网。

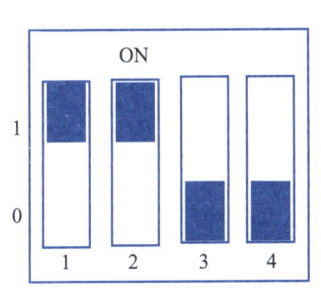

图 4-57　无线 ZigBee 声光报警协议转换器拨码开关设置

4.2.15　无线 ZigBee 智能开关安装与调试

1. 产品外观

无线 ZigBee 智能开关外观如图 4-58 所示。

2. 接线方式

无线 ZigBee 智能开关接线方式如图 4-59 所示。

图 4-58　无线 ZigBee 智能开关外观

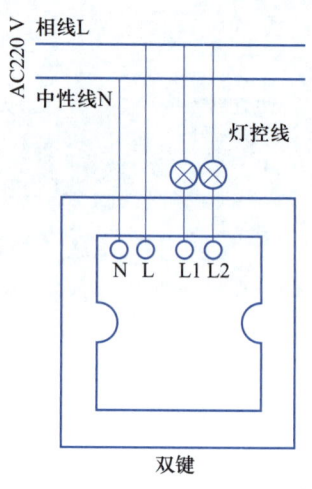

图 4-59　无线 ZigBee 智能开关接线图

3. 注意事项

① 额定电压:220 V+10%/50 Hz。

② 工作温度:-10~50 ℃。

③ 工作湿度:30%~80% RH。

④ 每一路最大负载,阻性为 800 W,感性、容性为 400 W。

⑤ 触摸面板为易碎品,需轻拿轻放。

⑥ 非专业人士勿带电作业。

⑦ 严格按照接线图标操作,相线和中性线不能互换使用。

⑧ 拧紧开关接线柱上的螺钉,避免电线松动导致接触不良。

⑨ 线头不能裸露,避免推入底盒时发生短路。

⑩ 注意排线插座的方向,避免插针弯曲导致接触不良。

⑪ 固定底壳时将螺钉拧至底壳与墙面平整无缝为止,不可过度用力以免外壳受损。

⑫ 请勿使异物掉入开关内。

4. 安装方法

① 用一字螺丝刀插入开关下面的扁槽中,轻轻转动螺丝刀即可拆开面板,如图 4-60 所示。

② 将电路板上的排线轻轻拔掉,取下面板放在一旁,如图 4-61 所示。

③ 根据开关后壳上的标记,将电线插入对应的接线柱孔中,用十字螺丝刀将固定螺钉上紧,用手轻拽电线看是否松动并确认其接触良好,如图 4-62 所示。

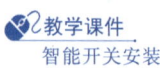
教学课件
智能开关安装

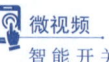
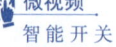
微视频
智能开关安装与调试

图 4-60 无线 ZigBee 智能开关安装步骤 1

图 4-61 无线 ZigBee 智能开关安装步骤 2

④ 将 86 底盒中电线整理好,把开关整体推入底盒中,用螺钉插入开关两边的孔中,将开关固定紧,如图 4-63 所示。注意:开关要水平安装。

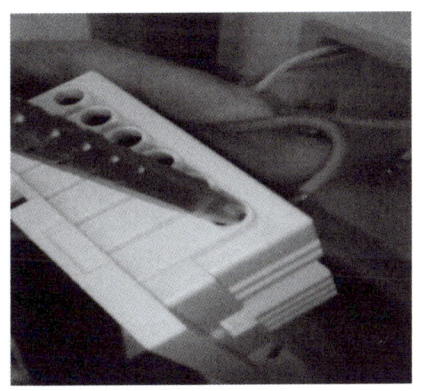

图 4-62 无线 ZigBee 智能开关安装步骤 3

图 4-63 无线 ZigBee 智能开关安装步骤 4

⑤ 将触摸面板的排线插入底盒的排针座,注意插座方向,防止插针弯曲导致接触不良,如图 4-64 所示。

⑥ 从上往下扣紧面板,如图 4-65 所示,安装结束。

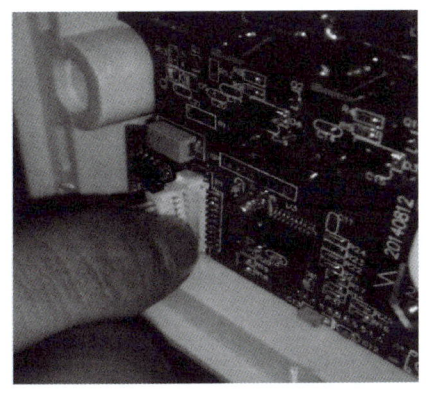

图 4-64 无线 ZigBee 智能开关安装步骤 5

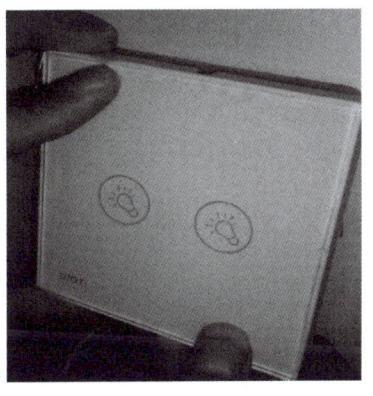

图 4-65 无线 ZigBee 智能开关安装步骤 6

5. 入网调试

在第一路关灯情况下长按按键一 5 s,客户端即可收到设备入网提示,灯会先打开而后自动关闭。如果入网不成功则重复此过程。入网成功后可在客户端导航菜单"设备→照明列表"中进行设备确认,同时可修改设备名称,如修改为客厅主灯。

第二路入网调试方式与第一路入网调试方式相似,但注意要在第一步时长按按键二操作,并在客户端照明列表中选择对应的照明设备。

4.2.16　无线 ZigBee 场景面板安装与调试

1. 产品外观

无线 ZigBee 场景面板外观如图 4-66 所示。

2. 接线方式

无线 ZigBee 场景面板接线方式如图 4-67 所示。

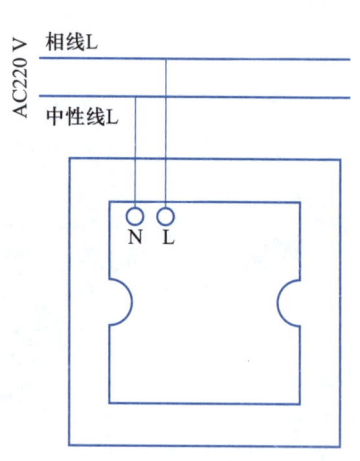

图 4-66　无线 ZigBee 场景面板外观　　　　图 4-67　无线 ZigBee 场景面板接线方式

3. 注意事项

① 额定电压:AC220 V±10%/50 Hz。

② 静态功耗:<0.4 W。

③ 工作温度:-10~50 ℃。

④ 工作湿度:30%~80% RH。

⑤ 触摸面板为易碎品,需轻拿轻放。

⑥ 非专业人士勿带电作业。

⑦ 线头不能裸露,避免推入底盒时发生短路。

⑧ 拧紧开关接线柱上的螺钉,避免电线松动导致接触不良。

⑨ 注意排线插座的方向,避免插针弯曲导致接触不良。

⑩ 固定底壳时将螺钉拧至底壳与墙面平整无缝为止,不可过度用力以免外壳受损。

⑪ 请勿使异物掉入面板内。

4. 安装方法

同 4.2.15 中无线 ZigBee 智能开关的安装方法。

教学课件
无线场景面板安装
与调试

微视频
无线场景面板安装

5. 入网调试

长按按键一(回家)5 s,客户端会收到设备入网提示,听到设备"滴滴滴"慢响三声,如果入网不成功则重复此过程。入网成功后可在导航菜单设备→家电列表中进行设备确认,同时可修改设备名称,如修改为客厅四键场景面板。后续场景的入网调试同"回家",只是第一步所按键和家电列表所添加的设备不同。

4.2.17　无线 ZigBee 窗帘控制器安装与调试

1. 产品外观

无线 ZigBee 窗帘控制器外观如图 4-68 所示。

2. 接线方式

如图 4-69 所示,窗帘电机的两根电源线与窗帘控制器共用一路零火电源,电机的两根强电控制线接入窗帘控制器的"开、关"接线柱,通电操作如与实际情况相反,需调整两根控制线位置。

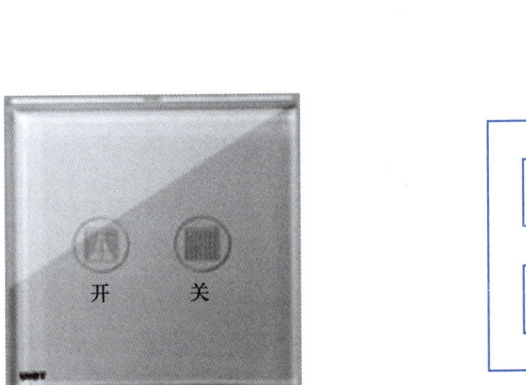

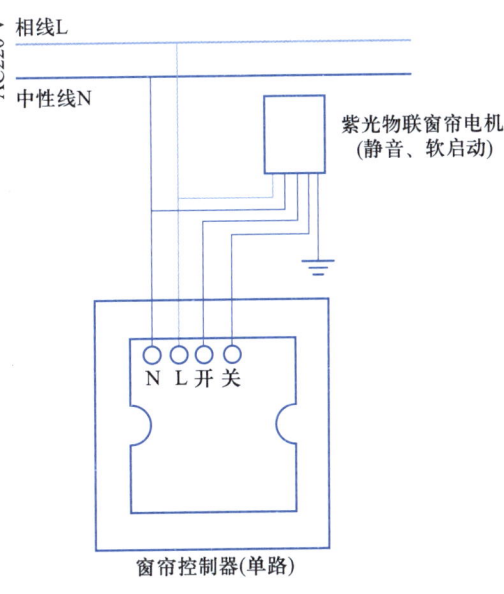

图 4-68　无线 ZigBee 窗帘控制器(单路)　　图 4-69　无线 ZigBee 窗帘控制器接线方式

3. 注意事项

① 额定电压:220 V+10%/50 Hz。

② 工作温度:−10~50 ℃。

③ 工作湿度:30%~80% RH。

④ 每一路最大负载为 200 W。

⑤ 触摸面板为易碎品,需轻拿轻放。

⑥ 非专业人士勿带电作业。

⑦ 参照电机说明书区分电机公共端和正反转控制线,请勿用颜色区分;线头不能裸露,避免推入底盒时发生短路。

⑧ 拧紧开关接线柱上的螺丝,避免电线松动导致接触不良。

⑨ 电机上多余的电线用电胶带包好,不能裸露。

⑩ 注意排线插座的方向,避免插针弯曲导致接触不良。

⑪ 固定底壳时将螺丝拧至底壳与墙面平整无缝为止,不可过度用力以免外壳受损。

⑫ 请勿使异物掉入机内。

4. 安装方法

同 4.2.15 中无线 ZigBee 智能开关的安装方法。

5. 入网调试

长按"关"按键 5 s 以上再松开按键,客户端会收到设备入网提示,同时窗帘会自动打开 1 s,再关 1 s。如果入网不成功则重复此过程。入网成功后可在客户端导航菜单"设备→家电列表"中进行设备确认,同时可修改设备名称如修改为客厅窗帘控制器。

导轨长度录入:先把电机执行到"全关"状态,然后长按"开"按键 3 s 以上再松开按键,电机开始执行全开,当窗帘全部打开后,再次按下"开"按键,则录入导轨长度成功(进入录入状态时,未按下终止键,超过 60 s 后会退出录入程序,因此轨道长度录入不能超过 60 s)。在录入时确保整个录入流程执行完整,如果录入出错可重新录入,覆盖上次录入数据即可。

教学课件
无线窗帘电机安装

微视频
无线窗帘电机安装
与调试
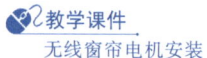

4.2.18　无线 ZigBee 窗帘电机安装与调试

1. 产品外观

无线 ZigBee 窗帘电机外观如图 4-70 所示。

2. 接线方式

无线窗帘电机采用 220 V 供电方式,窗帘电机的蓝、绿电源线接电源零、相线即可。

3. 注意事项

水平拉力 8~9 kg,系统垂直负重 50 kg。

4. 安装方法

将窗帘电机的蓝、绿电源线与预留的电源零、相线相接,把电机插入图 4-71 所示的电动轨道的传速箱内,拨动窗帘电机上的卡扣,卡紧在窗帘轨道上,完成安装。

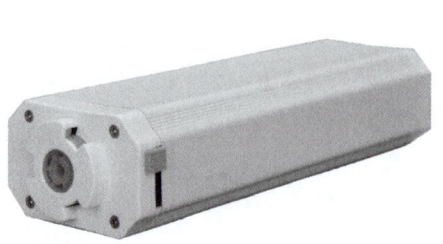

图 4-70　无线 ZigBee 窗帘电机外观

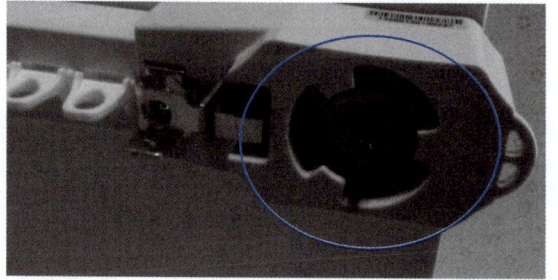

图 4-71　无线 ZigBee 窗帘电机安装示意图

5. 入网调试

在家庭智慧中心正常工作的情况下,登录客户端,将设备通电,即开始自动入网,客户端收到设备入网提示。如果客户端未收到提示,请为设备重新上电。入网成功后可在客户端导航菜单"设备→家电列表"中进行设备确认,同时可修改设备名称,如修改为客厅窗帘电机。

4.2.19 无线 ZigBee 智能红外家电控制器安装与调试

教学课件
无线家电控制器安装与调试

微视频
无线家电控制器安装与调试

1. 产品外观

无线 ZigBee 智能红外家电控制器外观如图 4-72 所示。

图 4-72　无线 ZigBee 智能红外家电控制器

2. 接线方式

该产品使用 6 V 电源适配器供电。

3. 注意事项

① 红外设备与智能红外家电控制器之间应无遮挡。

② 智能红外家电控制器的有效控制距离为 5 m。

③ 通过软件无法控制红外设备时,请调整智能红外家电控制器的位置。

4. 安装方法

将 6 V 电源适配器插入智能红外家电控制器的电源孔,如图 4-73 所示,智能红外家电控制器电源指示灯亮了之后放在红外设备下方即可。

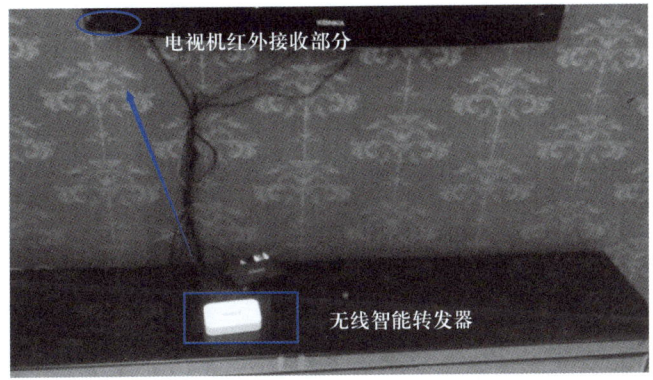

图 4-73　无线 ZigBee 智能红外家电控制器安装示意图

5. 入网调试

按下 RESET 按键,如图 4-74 所示,直到指示灯亮,松开按键,指示灯闪烁 3 下,客户端即可收到设备入网提示,若入网不成功则等 10 s 后指示灯灭,重新按下按键入网即可。入网成功后可在客户端导航菜单"设备→其他列表"中进行设备确认,同时可修改设备名称,如修改为客厅红外转发。

图 4-74　无线 ZigBee 智能红外家电
控制器 RESET 按键示意图

4.2.20　推拉开窗器与无线 ZigBee 开窗控制器安装与调试

1. 产品外观

推拉开窗器及无线 ZigBee 开窗控制器外观如图 4-75 所示。

图 4-75　推拉开窗器及无线 ZigBee 开窗控制器外观

2. 接线方式

如图 4-76 所示,无线 ZigBee 开窗控制器的"GND"端子接 24 V 电源适配器负极,"VCC"端子接 24 V 电源适配器正极,推拉开窗器的两根控制线分别接到无线 ZigBee 开窗控制器的"+""-"端子。如果控制与实际相反,将推拉开窗器的两根控制线互换使用即可。

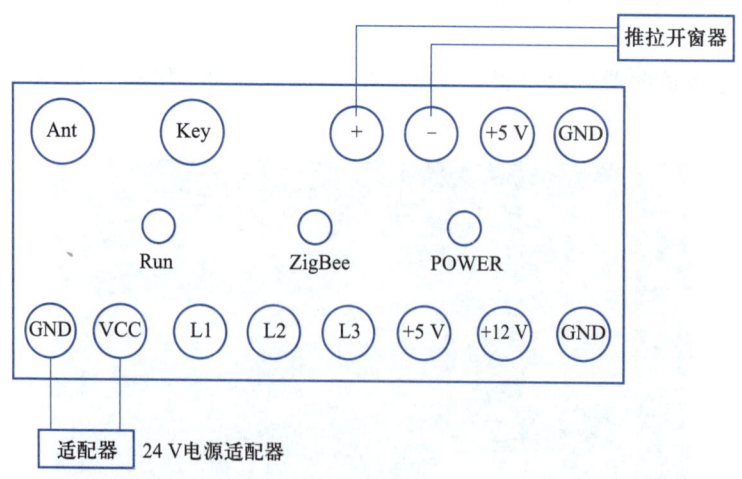

图 4-76　无线 ZigBee 开窗控制器、电源适配器、推拉开窗器接线图

3. 安装方法

如图 4-77 所示,将推拉开窗器固定在窗户上,开窗器需 24 V 电源适配器供电,开窗器的两根控制线接入无线 ZigBee 开窗控制器的"+""−"接线柱,设备入网之后用软件控制开窗器的打开与关闭,如果与实际相反,调整"+""−"接线柱的两根控制线即可。

教学课件
智能家居开窗器安装

微视频
智能家居开窗器安装与调试

图 4-77　推拉开窗器安装示意图

4. 无线 ZigBee 开窗控制器调试

在协议转换器上电后 30 s 内按下 Key 键 1 s 左右,入网成功后 Run 灯立即闪亮 3 下,客户端会收到相应设备入网提示,如果不成功则没有提示,可继续再次入网,超过 30 秒后如果仍未成功,系统将正常工作。如果 30 秒内多次入网都没有成功,需为设备重新上电并重复上述操作。如果入网提示名称与实际不符,需打开协议转换器外壳检查拨码开关位置是否与图 4-78 一致,若不一致需依照图示位置,调整拨码开关,同时可通过软件删除入网设备,重新上电入网。

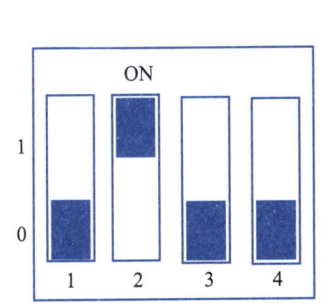

图 4-78　无线 ZigBee 开窗控制器拨码开关设置

5. 推拉开窗器行程测量

在使用时需注意推拉开窗器的行程是否大于窗户外推尺寸,如果大于窗户外推尺寸,请先调节开窗器行程。推拉开窗器的行程测量方法如下:

设备上电入网后,长按开窗器按键,开窗器会自动关窗,到窗户关闭后松开按键(此时设备内部记录当前状态为关窗),再次长按按键,开窗器自动开窗,待窗户完全打开后松开按键,推拉开窗器的行程测量结束(此时设备内部记录当前状态为全开窗)。此后可以正常操作,设备掉电后无须再次测量行程。

6. 手动操作

如果当前处于开窗状态(无论是 1/4 开窗还是全开窗),按下按键 2 s 后松开,将自动关窗;如果当前处于关窗状态,按下按键 2 s 后松开,将自动全开窗。

7. 推拉开窗器入网调试

在家庭智慧中心正常工作的情况下,登录客户端,将设备通电,即开始自动入网,客户端会收到设备入网提示。如果客户端未收到提示,请重新为设备上电。入网成功后可在客户端导航菜单"设备→家电列表"中进行设备确认,同时可修改设备名称,如修改为客厅电动窗户。

4.2.21　智能门锁安装与调试

1. 产品外观

智能门锁产品外观如图 4-79 所示。

2. 接线方式

智能门锁采用 4 节 5 号电池供电,门锁协议转换器使用 6 V 电源适配器供电。

3. 注意事项

① 请使用正品 5 号 1.5 V 碱性电池,如果电池质量太差,将直接影响门锁的正常使用。

② 上压前锁体手柄,主锁舌弹出,下压手柄为空转不能带动锁舌,为上锁状态。下压手柄,主锁舌弹回,为开锁状态。

③ 产品出厂密码为"090723",安装完成后应检测是否能够正常开锁。

④ 需使用机械钥匙,检测是否能够正常开锁。

图 4-79　智能门锁外观

⑤ 设置管理者密码、卡、指纹等,确认已设置的开门钥匙能够正常开关锁。

⑥ 门锁协议转换器距离门锁不能超过 3 m。

4.2.22　摄像机安装与调试

1. 产品外观

摄像机产品外观如图 4-80 所示。

2. 接线方式

将产品所配的电源适配器一端插入网络摄像机的电源接口,另一端插在插座上,用网线将摄像机连接到与家庭智慧中心相连的同一个路由器或交换机上。

3. 注意事项

① 不能将室内摄像机安装在室外。

图 4-80　摄像机外观

教学课件
智能门锁安装

微视频
智能门锁安装

教学课件
智能网络摄像机安装

微视频
智能网络摄像机安装与调试

② 安装室外摄像机时需注意防水、防雷击。

③ Wi-Fi 信号不稳定会影响图像播放，建议使用有线连接方式。

④ 如果无线路由器与摄像机相距 4 m 以上，并且中间有遮挡物，请使用有线连接方式。

⑤ 摄像机和家庭智慧中心主机、路由器必须在同一局域网内，IP 地址段应相同。

4. 安装方法

首先，将网线连接到网络摄像机的 RJ45 网络连接端口上，将产品所配的电源适配器连接到网络摄像机的电源插座上，并插上电源。其次，将信号棒安装到信号接口上，然后将连接到网络摄像机网线的另一端连接到与家庭智慧中心相连的同一个路由器、以太网交换机或者集线器上。最后，检查镜头正下方的光敏电阻是否常亮，以及摄像机网络连接端口两边的小灯是否橙色常亮，绿色闪烁。如果不是，请检查线路和设备是否连接正确。

5. 入网调试

① 调整摄像机时间，如图 4-81 所示。

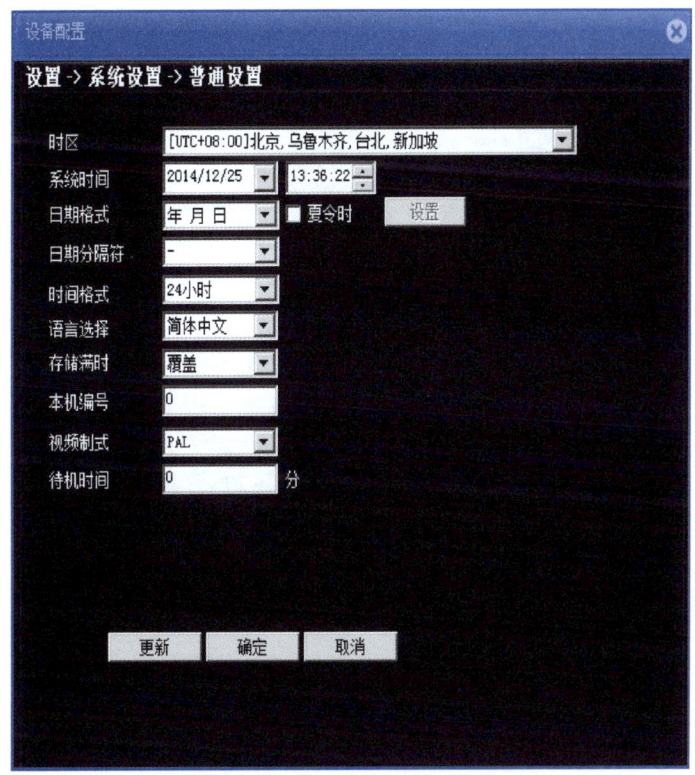

图 4-81　调整摄像机时间

② 调整摄像机画面字符，如图 4-82 所示。

③ 修改摄像机码率，如图 4-83 所示。

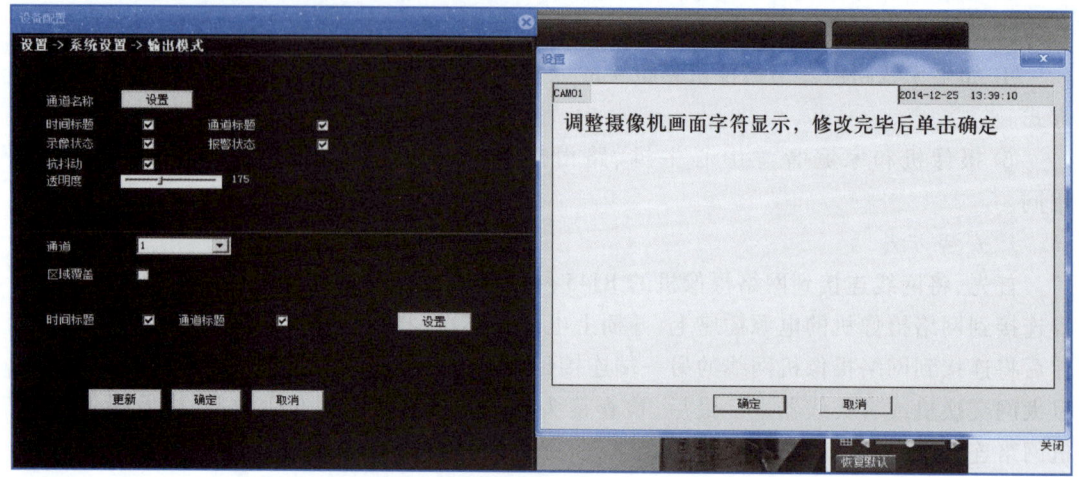

图 4-82　调整摄像机画面字符

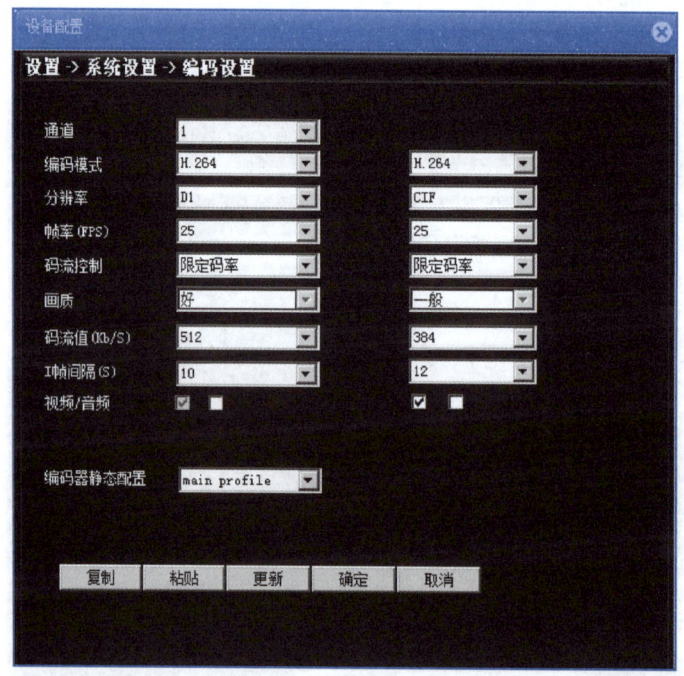

图 4-83　修改摄像机码率

④ 如果系统内连接多台摄像机,需要修改摄像机 IP,如图 4-84 所示。

⑤ 如果视频不能播放请检查 RTSP 流是否开启,如图 4-85 所示。

6. 摄像机的客户端配置

操作步骤见教学课件"摄像机的客户端配置步骤"。

教学课件
摄像机的客户端配
置步骤

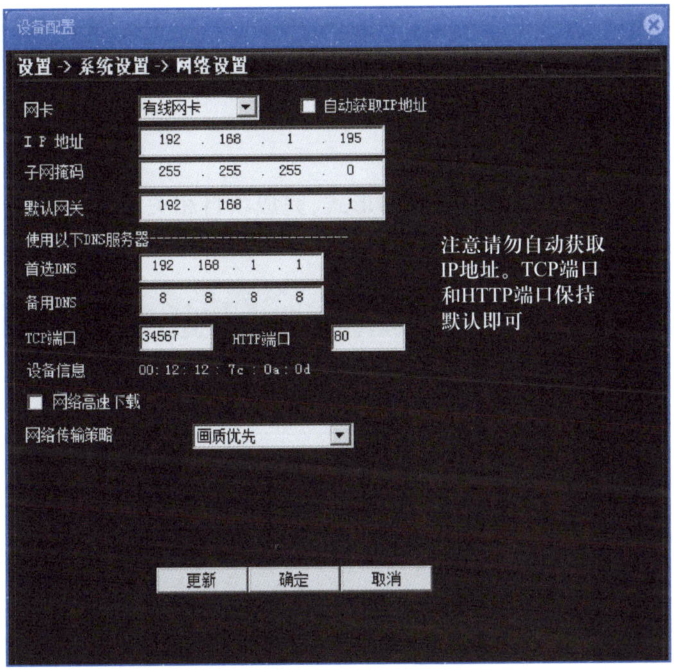

图 4-84　修改摄像机 IP

图 4-85　检查 RTSP 流是否开启

【任务实施】

模拟某家居工程,请运用所学知识进行分析、研究,完成一套智能家居系统工程项目感知层设备的安装与调试。

要求:

班组成员以小组合作或独立工作的形式,完成项目相关内容。

评估标准:

评估细则	分值
熟练使用常用工具	40 分
感知层设备的安装与调试	60 分

任务三   物联网工程项目传输层设备安装配置与布线

【任务目标】

【知识目标】
- 掌握常用的典型网络设备的安装配置方法
- 掌握物联网工程项目的布线方法
- 掌握线缆的布线施工规范
- 掌握光缆的布线施工要求

【能力目标】
- 能够对实际应用场景中的网络设备进行安装与配置,使其正常工作
- 能够按照规范对典型物联网工程项目进行线缆与光缆的布线

【素养目标】
- 培养主动观察的意识
- 培养独立思考的能力
- 培养积极沟通的意识
- 培养团队合作的能力

【任务描述】

李先生家智能家居项目传输层的路由与控制设备选用的是紫光物联家庭智慧中心,即智慧家庭服务器。

同时,宋女士按照物联网项目咨询公司的建议,根据自身家庭网络的实际需求,采购到了合适型号的网络设备。然后,宋女士按照网络组网结构拓扑图,将采购的网络设备进行了物理连接。然而,当她打开笔记本电脑准备上网办公时,发现网络不通。于是,宋女士再次找到物联网项目咨询公司并咨询原因。原来,要使网络设备能正常工作,不仅要进行正确的物理连接,还需要进行相应的软件配置。

【知识准备】

4.3.1　路由器的网络配置

下面以 TL-WR842N 型无线路由器为例介绍路由器的基本配置方法。

用网线连接本地计算机与路由器,将本地计算机 IP 地址设置为自动获取,运行任意一款网页浏览器,在浏览器地址栏输入路由器默认局域网 IP 地址:192.168.1.1,即可进行路由器的配置,详细步骤见教学文件"无线路由器基本配置"。

4.3.2　家庭智慧中心安装与调试

1. 产品外观

家庭智慧中心外观如图 4-86 所示。

2. 产品性能及参数

家庭智慧中心是智能家居系统的神经中枢,是本地智能化控制中心,能接收并处理智能终端设备的数据,指挥家居设备智能地工作。家庭智慧中心具有如下功能:内置 ZigBee 协调器和协议解码库,可与所有终端产品进行通信,进而可以控制及查询设备状态;具备 Wi-Fi 及路由功能、网络状态自动监测及无缝转换功能;内置电池,在断网、断电的情况下均可正常工作;支持短信、电话、邮件、

图 4-86　家庭智慧中心外观

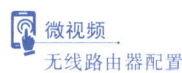

网络等多种报警方式。单个家庭智慧中心最高支持 150 个智能硬件,最多支持 20 个用户,同时提供三种通信模式:ZigBee、ZigBee+联通 3G 模块、ZigBee+电信 3G 模块。

家庭智慧中心的参数如表 4-5 所示。

表 4-5　家庭智慧中心的参数

工作电压/电流	DC15 V/1 A
工作温度范围	-10~75 ℃
平均工作电流	150 mA

3. 接线方式

家庭智慧中心接线端口如图 4-87 所示。

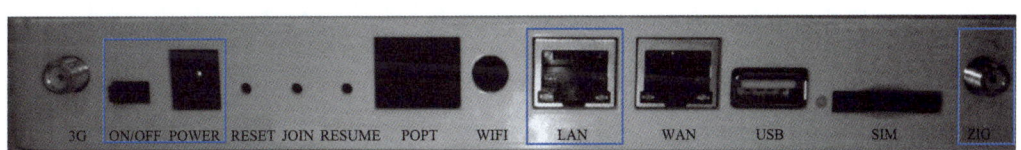

图 4-87　家庭智慧中心接线端口

① POWER：主机电源接口，插入 15 V 电源适配器。

② ON/OFF：主机电源开关，拨至 ON 处，主机正常工作。

③ LAN：主机网络接口，用网线连接在路由器的 LAN 口。

④ RESET：轻按可重启主机。

⑤ RESUME：长按将主机恢复出厂设置。

⑥ ZIG：主机 ZigBee 模块使用天线。

⑦ 3G：主机 3G 模块使用天线。

⑧ SIM：主机 3G 卡插卡位置。

教学课件
家庭智慧中心安装

4. 注意事项

① 家庭智慧中心尽量安装在家庭的中心位置。

微视频
家庭智慧中心安装
与调试

② 家庭智慧中心应与接入的路由器 IP 地址相同，家庭智慧中心出厂 IP 为 192.168.1.188，如果与路由器不符，请修改成一致。路由器 IP 的修改方法见 4.3.1。路由器的网络配置，家庭智慧中心的 IP 在客户端修改。

③ 家庭智慧中心的初始登录用户名为 admin，登录密码为 admin。

5. 安装方法

根据天线功能将天线分别装在家庭智慧中心的 ZigBee、3G 端口位置，将网线插在家庭智慧中心的 LAN 口，网线另一端插入路由器的 LAN 口。将产品附带的电源适配器插入家庭智慧中心的电源插孔，打开家庭智慧中心的电源开关，前面板的 POWER、LAN 和 3G 指示灯亮起，ZIG 指示灯开始闪烁，家庭智慧中心即开始工作。1 min 后 SYS 指示灯开始闪烁，网络指示灯 NET 亮起。如果网络指示灯不亮，请检查家庭网络是否正常，连接网线是否松动。

教学课件
线 缆 的 布 线 施 工
规范

4.3.3　线缆的布线施工规范

线缆的布线施工规范主要包括以下几个方面：施工前的检查、施工过程中要注意的事项、施工结束时要注意的事项和布线施工规范。

微视频
线 缆 的 布 线 施 工
规范

1. 施工前的检查

在安装工程开始之前，必须对施工区域的建筑和环境条件进行检查，具备下列条件方可开工。

① 设备间的土建工程已全部竣工，室内墙壁已充分干燥；设备间门的高度和宽度应不妨碍设备的搬运；房门锁和钥匙齐全。

② 设备间地面应平整光洁，预留暗管、地槽和孔洞的位置及尺寸均应符合工艺设计要求。

教学文件
施 工 及 验 收 规 范
（线路）

③ 电源已经接入设备间，应满足施工需要。

④ 设备间的通风管道应清扫干净，空气调节设备应安装完毕，且其性能良好。

⑤ 在铺设活动地板的设备间内，应对活动地板进行专门检查。地板板块的铺设应严密坚固，符合安装要求，每平方米的水平误差应不大于 2 mm。同时地板应接地良好，接地电阻和防静电措施应符合要求。

2. 施工过程中要注意的事项

① 施工现场督导人员要认真负责，及时处理施工进程中出现的各种情况，协调处

理各方意见。

② 如果现场施工遇到不可预见的问题,应及时向工程单位和项目经理汇报,并提出解决办法供工程单位当场研究解决,以免影响工程进度。施工现场的进度变更与材料变更应及时向项目经理汇报,便于项目经理及时变更报价及调整施工进度。

③ 对工程单位计划不周的问题,要及时妥善解决。每周必须以书面形式向项目经理汇报工程进度。

④ 对工程单位新增加的内容要及时在施工图中反映出来。

⑤ 对部分场地或工段要及时进行阶段性检查验收,确保工程质量。

3. 施工结束时要注意的事项

① 清理现场,保持现场清洁、美观。

② 对墙洞、竖井等交接处进行修补。

③ 汇总各种剩余材料,并把剩余材料集中放置一处,登记其剩余的数量。

④ 做总结材料,主要包括:布线工程图、配线架文档以及测试报告。

4. 布线施工规范

① 在线缆布放前,应核对规格、程式、路由及位置是否与设计规定相符合。

② 布放的线缆应平直,不得产生扭绞、打圈等现象,不应受到外力挤压和损伤。

③ 在布放前,线缆两端应贴有标签,标明起始和终端位置以及信息点的标号,标签书写应清晰、端正和正确。

教学课件
光缆的布线施工

④ 信号电缆、电源线缆、双绞线缆、光缆及建筑物内其他弱电线缆应分离布放。

⑤ 布放线缆应有冗余。双绞线缆在二级交接间、设备间中的预留长度一般为 3～6 m,在工作区内一般为 0.3～0.6 m。特殊要求应按设计要求预留。

微视频
光缆的布线施工

⑥ 布放线缆时,在牵引过程中吊挂线缆的支点相隔间距不应大于 1.5 m。

⑦ 在线缆布放过程中,为避免受力和扭曲,应制作合格的牵引端头。如果采用机械牵引,应根据线缆布放环境、牵引长度、牵引张力等因素选用集中牵引或分散牵引等方式。

4.3.4　光缆的布线施工

教学文件
光缆接线标准

光缆的布线施工主要从以下几个方面进行介绍:FTTH 接入方案、光纤接入的一般要求及光缆敷设方式。详见教学课件"光缆的布线施工"。

4.3.5　服务器的网络配置

服务器是一种用于特殊应用场景的计算机,不仅具备一般计算机主机同样的功能,同时还具备安全、稳定、高效的特性。在物联网项目中,根据实际应用场景的需要,可以选配多个服务器来分别负责不同的业务,也可以选择一个服务器来承载多个应用需求。按照应用需求的不同,物联网项目中的服务器可以分为多种类型,包括数据库服务器、Web 服务器、文件服务器、流媒体服务器、DNS 服务器、FTP 服务器等。

教学课件
服务器的网络配置

微视频
服务器的网络配置

针对不同应用的服务器,需要装载相应的服务管理系统软件,以确保相应业务的高效稳定管理。相应内容的介绍不在本书的涉及范围内,可以参考其他专业资料。无论是哪种类型的服务器,它在所处的物联网网络中,都可被视为网络的一个节点。作为网络节点,就需要和其他网络设备传递信息,具备连通性,因此,就需要对服务器进行网络参数配置。下面,以 DNS 服务器的配置为例,介绍服务器网络配置的一般方法。

1. DNS 服务器的工作原理

DNS,即域名系统,是一种组织成域层次结构的计算机和网络服务命名系统。DNS 命名主要用于 TCP/IP 网络,如 Internet,它通过用户友好的名称来定位计算机和服务。当用户在应用程序中输入 DNS 名称时,DNS 服务可以将此名称解析为与此名称相关的其他信息,如 IP 地址。DNS 数据库中存储着域名与 IP 地址的映射关系。计算机的名称由两部分组成:一部分是计算机本身的名字,称为主机名;另一部分是域名。将这两部分合并在一起后便形成了全限定域名。

DNS 服务器的主要作用如下所述:

① 安全集中管理。

② 软件集中管理。

③ 环境集中管理。

2. DNS 服务器的配置

(1) 配置服务器的 TCP/IP 属性

单击计算机的"开始"→"设置"→"控制面板"→"添加删除程序"→"添加/删除 Windows 组件"→出现"Windows 组件向导"→选择"网络服务"→单击"详细信息"→出现"网络服务"对话框→选中"域名服务系统(DNS)"复选框 →"确定"→"下一步"→完成 DNS 服务器安装。

配置信息如图 4-88 所示。

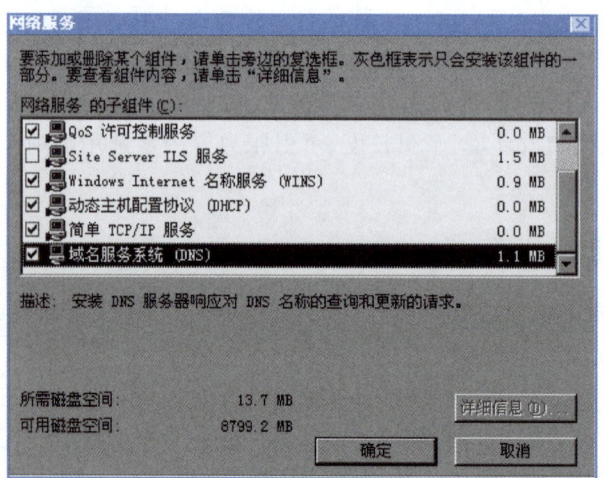

图 4-88　配置 DNS 服务器

安装 DNS 服务器的计算机必须使用静态 IP 地址,并且要进行如下设置:

① 在 TCP/IP 属性对话框中输入静态的 IP 地址,选择"使用下面的 DNS 服务器地址"并输入本机 IP 地址,如图 4-89 所示。

② 单击"高级"命令,在出现的"高级 TCP/IP 设置"对话框中,选择"DNS"选项卡,在"此连接的 DNS 后缀"文本框中输入 DNS 相应的后缀,如"jisuanji.cn"。单击"确定"按钮后即可生效,如图 4-90 所示。

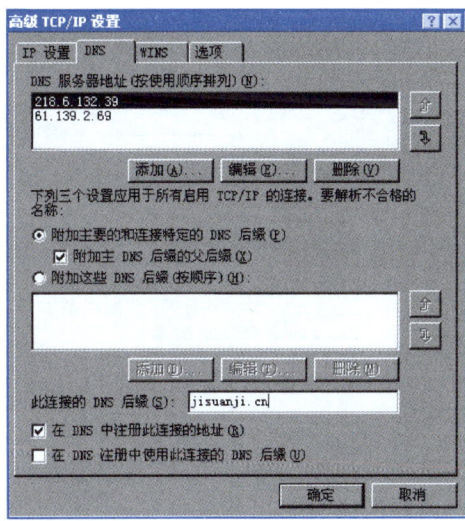

图 4-89 静态 IP 地址配置   图 4-90 高级 TCP/IP 设置

（2）创建 DNS 服务器

单击计算机的"开始"→"程序"→"管理工具"→"DNS"→进入到"DNS 管理工具"→单击"DNS"→进入"DNS"界面，如图 4-91 所示。

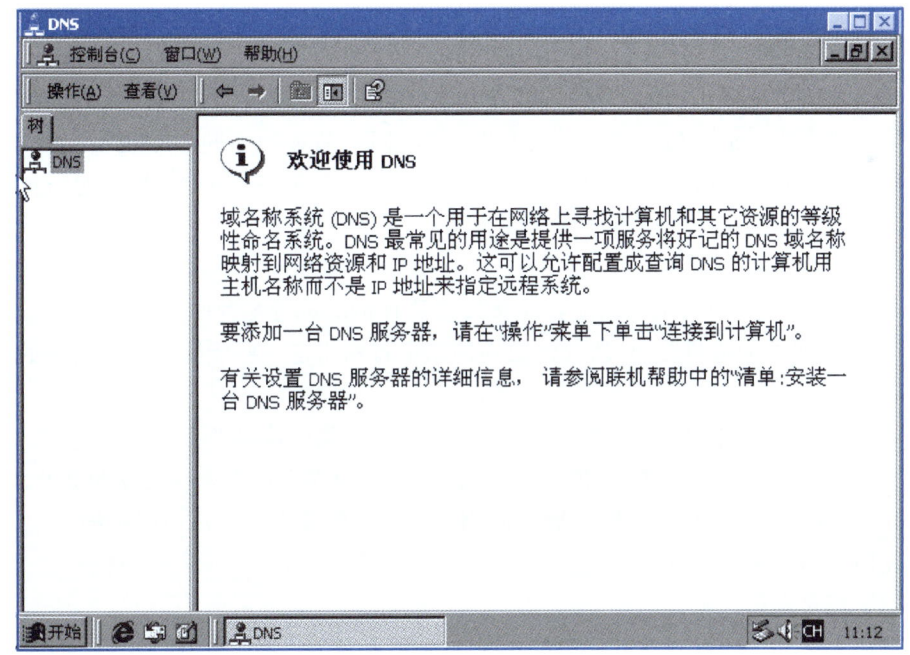

图 4-91 DNS 界面

（3）连接到计算机

右击"DNS"→"连接到计算机"，如图 4-92 所示，选择"这台计算机"→"确定"→完成 DNS 服务器创建。

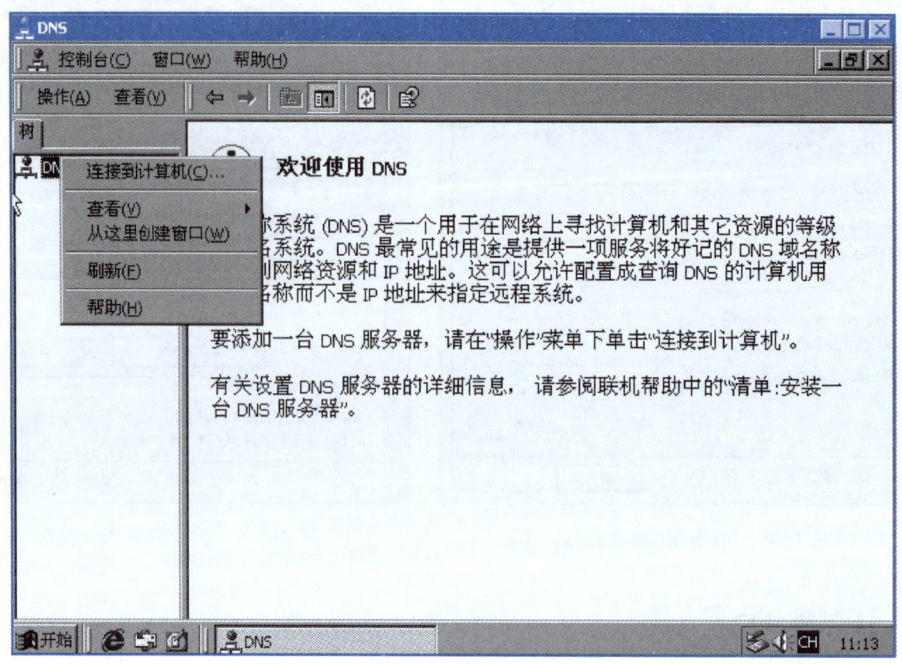

图 4-92　连接到计算机

教学课件
防火墙配置

微视频
防火墙配置

4.3.6　防火墙的网络配置

防火墙按照物理结构的不同,可以分为软件防火墙和硬件防火墙两大类。防火墙的具体配置方法不是千篇一律的,不同品牌甚至同一品牌的不同型号也会有所不同。下面将对一些通用的防火墙配置方法进行基本介绍。需要注意的是,具体的防火墙配置策略会因具体的应用环境不同而有较大区别。

1. 防火墙的基本配置原则

在默认情况下,所有的防火墙都是按以下两种情况进行配置的:

① 拒绝所有的流量:这种情况需要在网络中特殊指定一些能够进入和出去的流量类型。

② 允许所有的流量:这种情况需要特殊指定要拒绝的流量类型。

大多数防火墙都默认选择“拒绝所有的流量”作为安全选项。一旦安装防火墙,需要打开一些必要的端口,以便防火墙内的用户在通过验证之后可以访问系统。

在防火墙的配置过程中,需坚持以下三个基本原则。

（1）简单实用

对防火墙环境的设计来讲,首要原则是越简单越好。这也是任何事物的基本原则,越简单的实现方式,越容易被理解和使用。而且设计越简单,越不容易出错,防火墙的安全功能越容易得到保证,管理也越可靠和简便。

每种产品在开发前都会有其主要的功能定位。例如,防火墙产品的初衷就是实现网络之间的安全控制,而入侵检测产品主要针对网络非法行为进行监控。但是随着技术的成熟和发展,这些产品在原来的主要功能之外,或多或少地增加了一些增值功能。

例如,在防火墙上增加了查杀病毒、入侵检测等功能,而在入侵检测产品上增加了病毒查杀功能。然而,这些增值功能并不是所有应用环境都需要的。在配置时,我们可针对具体应用环境进行配置,而不必对每一功能都详细配置,否则不但会大大增强配置难度,同时还可能因各方面配置不协调,引发新的安全漏洞,得不偿失。

（2）全面深入

单一的防御措施往往难以保障系统安全,只有采用全面的、多层次的深层防御战略体系,才能实现系统的真正安全。在防火墙配置中,我们不应仅仅关注几个表面的防火墙语句,而应系统地看待整个网络的安全防护体系,尽量使各方面的配置相互加强,从深层次上防护整个系统。这可以体现在两个方面:一方面体现在防火墙系统的部署上,构建多层次的防火墙部署体系,即采用集互联网边界防火墙、部门边界防火墙和主机防火墙于一体的层次防御;另一方面体现在将入侵检测、网络加密、病毒查杀等多种安全措施结合在一起的多层安全体系。

（3）内外兼顾

防火墙的一个特点是"防外不防内",即防御外部攻击而忽略内部威胁。在现实的网络环境中,80%以上的威胁都来自系统内部,所以我们要树立"防内"的观念,从根本上改变过去"防外不防内"的传统观念。对于内部威胁,可以采取其他安全措施进行防护,比如入侵检测、主机防护、漏洞扫描及病毒查杀等。这体现在防火墙配置方面就是要引入"全面防护"的观念,最好能部署与上述内部防护手段一起联动的机制。然而对目前的技术来说,要做到这一点还比较困难。

2. 防火墙的配置

下面以 Cisco PIX 525 防火墙为例介绍硬件防火墙的基本配置方法。

Cisco PIX 525 防火墙的配置是通过控制端口（Console）与 PC（通常是便携式笔记本电脑）的串口连接,再通过 Windows 系统自带的超级终端（HyperTerminal）程序进行选项配置。

与路由器一样,防火墙也有四种用户配置模式,即:普通模式（unprivileged mode）、特权模式（privileged mode）、配置模式（configuration mode）和端口模式（interface mode）。

普通模式无须特别命令,启动后即进入。

进入特权模式的命令为"enable";进入配置模式的命令为"config terminal";而进入端口模式的命令为"interface ethernet( )"。

防火墙的基本配置方法如下所述:

① 用一条串行电缆将计算机的 COM 口连到 Cisco PIX 525 防火墙的 Console 口。

② 开启所连计算机和防火墙的电源,进入 Windows 系统自带的"超级终端",通信参数可按系统默认进行设置。进入防火墙初始化配置,其中主要的设置有:Date（日期）、time（时间）、hostname（主机名称）、inside ip address（内部网卡 IP 地址）、domain（主域）等,完成这些设置后,就建立了一个初始化设置。此时的提示符为:pix255>。

③ 输入"enable"命令,进入 PIX 525 特权模式,默认密码为空。

如果要修改此特权模式密码,则可用"enable password"命令,命令格式为:enable password password[encrypted],这个密码必须大于 16 位。"encrypted"选项是确定所改密码是否需要加密。

④ 定义以太端口。首先必须用"enable"命令进入特权模式,然后输入"configure terminal"(可简称为"config t"),进入全局配置模式。具体配置过程如下:

```
pix525>enable
Password：
pix525#config t
pix525(config)#interface ethernet0 auto
pix525(config)#interface ethernet1 auto
```

在默认情况下,"ethernet0"属于外部网卡(outside),"ethernet1"属于内部网卡(inside),内部网卡(inside)在初始化配置成功的情况下已经被激活生效,而外部网卡(outside)必须通过命令配置才能被激活。

⑤ 指定接口的安全级别。指定接口安全级别的命令为"nameif",应分别为内、外部网络接口指定适当的安全级别。在此要注意,防火墙是用来保护内部网络的,而外部网络会通过外部接口对内部网络构成威胁。因此,要从根本上保障内部网络的安全,需要为外部网络接口指定较高的安全级别,而内部网络接口的安全级别则可以稍低,这主要是因为内部网络通信频繁且可信度高。在 Cisco PIX 系列防火墙中,安全级别的定义是由"security( )"这个命令的参数决定的,数字越小安全级别越高。因此,"security0"是最高的安全级别,随后通常以 10 的倍数递增,安全级别也相应降低。具体配置过程如下所示:

```
pix525(config)#nameif ethernet0 outside security0    # outside 是指外部接口
pix525(config)#nameif ethernet1 inside security100 # inside 是指内部接口
```

⑥ 配置以太网接口 IP 地址。所用命令为"ip address"如要配置防火墙上的内部网接口 IP 地址为:192.168.1.0 255.255.255.0,外部网接口 IP 地址为:220.154.20.0 255.255.255.0,其配置方法如下:

```
pix525(config)#ip address inside 192.168.1.0 255.255.255.0
pix525(config)#ip address outside 220.154.20.0 255.255.255.0
```

⑦ 配置访问列表。所用配置命令为"access-list",合格格式比较复杂,如下所示:

标准规则的创建命令:access-list[normal|special]listnumber1{permit|deny}source-addr[source-mask]

扩展规则的创建命令:access-list[normal|special]listnumber2{permit|deny}protocol source-addr source-mask[operator port1[port2]]dest-addr dest-mask[operator port1 [port2]|icmp-type[icmp-code]][log]

这是防火墙的主要配置部分,上述格式中带"[ ]"部分是可选项,"listnumber"参数是规则号,标准规则号(listnumber1)是 1~99 之间的整数,而扩展规则号(listnumber2)是 100~199 之间的整数。它主要是通过访问权限"permit"和"deny"来指定的,网络协议一般有 IP、TCP、UDP、ICMP 等。例如,若只允许通过防火墙对主机 220.154.20.254 进行 www 访问,则可按以下方法进行配置:

```
pix525(config)#access-list 100 permit 220.154.20.254 eq www
```

【任务实施】

对典型场景(如智能家居或寝室网络)中的网络设备进行软件配置,使其能够正常工作,并模拟该场景进行工程布线。

要求:

① 以寝室网络为例,分析寝室上网的应用场景需求,并结合该需求对网络设备的各项软件参数进行适当地配置。

② 模拟某一智能家居工程,运用所学知识进行分析、研究,完成该智能家居系统的工程布线。

评估标准:

评估细则	分值
正确地配置路由器	20 分
正确地配置交换机	20 分
正确地配置服务器	20 分
正确地配置防火墙	20 分
配置方案和实际需求是否契合	10 分
正确地进行布线	10 分

任务四　物联网应用部署

【任务目标】

【知识目标】

• 掌握 Windows 及 Linux 环境下 Java 运行环境的配置、环境变量的配置、Web 服务器 Tomcat 的安装与配置、应用系统的安装配置、数据库的安装配置

• 掌握物联网应用的公有云平台部署方式

【能力目标】

• 能够分别在 Windows 及 Linux 环境下配置 Java 运行环境、配置环境变量、安装和配置 Web 服务器、在 Web 服务器中安装和配置应用程序、安装配置 MySql 数据库

• 能够将设备接入物联网公有云平台并成功部署业务逻辑

【素养目标】

• 培养主动观察的意识

• 培养独立思考的能力

• 培养积极沟通的意识

• 培养团队合作的能力

【任务描述】

物联网应用的部署有通过自建服务器或私有云部署,以及通过公有云平台部署等多种方式。前者为单一机构或企业提供服务,后者基于互联网向公众或大型用户群体提供服务。在本任务中,我们需要对自建服务器和通过公有云平台这两种物联网应用部署方式进行学习和掌握。前者需要我们学习和掌握基于 Windows 和 Linux 系统搭建应用环境、安装应用系统和数据库,后者需要我们学习如何利用云平台进行设备接入、设备管理、协议适配、监控运维、数据应用等操作。

【知识准备】

4.4.1 应用环境搭建及应用系统的安装(基于 Windows)

教学课件
智能家居项目应用环境搭建及应用系统的安装(基于Windows)

微视频
智能家居项目应用环境搭建及应用系统的安装(基于Windows)

典型的物联网应用系统由四个层次的软件构成:操作系统、Java 虚拟机、Web 服务器和物联网应用系统软件。其中,操作系统、Java 虚拟机和 Web 服务器构成了物联网应用系统软件的运行环境。下面从以下几个方面进行介绍:Java 相关概念、JRE 的安装、Web 服务器的安装与配置以及应用程序的安装与部署。关于操作系统的安装与配置请大家参考其他资料。

1. Java 相关概念

Java 语言的一个非常重要的特点就是与平台的无关性。而使用 Java 虚拟机是实现这一特点的关键。一般的高级语言如果要在不同的平台上运行,至少需要被编译成不同的目标代码。而引入 Java 语言虚拟机后,Java 语言在不同平台上运行时不需要重新编译。Java 虚拟机屏蔽了与具体操作系统平台相关的信息,使得 Java 语言编译程序只需生成在 Java 虚拟机上运行的目标代码(字节码),就可以在多种平台上不加修改地运行。正因为 Java 语言的这些特性,目前基于 Web 的应用及手机 App 大多采用 Java 进行开发。因此,在部署物联网应用系统时,往往需要安装 Java 运行环境。

Java 相关概念如图 4-93 所示。JDK(Java Development Kit)是针对 Java 开发员的产品,是整个 Java 的核心,包括了 Java 运行环境 JRE、Java 工具和 Java 基础类库。JRE(Java Runtime Environment)是运行 Java 程序所必需的环境的集合,包含 JVM 标准实现及 Java 核心类库。JVM(Java Virtual Machine)是整个 Java 实现跨平台的最核心的部分,能够运行用 Java 语言编写的软件程序。

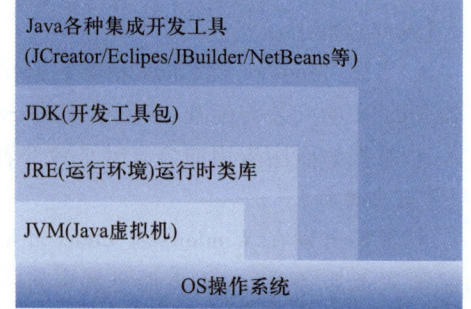

图 4-93 Java 相关概念

在计算机开发语言的历史中,从来没有哪种语言如同 Java 那样受到如此众多厂商的支持,并有如此多的开发工具。

(1)JDK(Java Development Kit)

JDK 是 Java 开发工具包,是 Sun Microsystems 为 Java 开发员提供的产品。JDK 是

整个 Java 的核心,包括了 Java 运行环境 JRE、众多 Java 工具(javac/java/jdb 等)和 Java 基础的类库(即 Java API,包括 rt.jar)。

在 JDK 的安装目录下有一个名为 jre 的目录,其中有两个文件夹 bin 和 lib,在这里可以认为 bin 中的内容就是 jvm,lib 中则是 jvm 工作所需要的类库,而 jvm 和 lib 合起来就构成了 jre。

Java 的版本主要有以下三种:

① SE(J2SE),Standard Edition,标准版,是我们通常使用的一个版本,从 JDK 5.0 开始,改名为 Java SE。

② EE(J2EE),Enterprise Edition,企业版,该版本主要用于开发 J2EE 应用程序,从 JDK 5.0 开始,改名为 Java EE。

③ ME(J2ME),Micro Edition,主要用于移动设备、嵌入式设备上的 Java 应用程序,从 JDK 5.0 开始,改名为 Java ME。

Java 的金字塔结构如图 4-94 所示,其中 JDK 包含了 JRE、JVM 及其他组件。运行 Java 程序一般都要求在用户的 PC 上安装 JRE 环境。没有 JRE,Java 程序将无法运行;而没有 Java 程序,JRE 也就无法发挥作用。

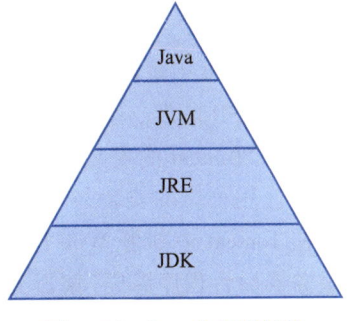

图 4-94　Java 金字塔结构

(2)JRE(Java Runtime Environment)

JRE 是运行基于 Java 语言编写的程序所不可缺少的运行环境。通过 JRE,Java 的开发者才能够将自己开发的程序发布到用户手中,让用户使用。

JRE 包含了 Java Virtual Machine(JVM),Runtime Class Libraries 和 Java Application Launcher,这些都是运行 Java 程序的必要组件。

与 JDK 不同,JRE 是 Java 的运行环境,并不是一个开发环境,因此没有包含任何开发工具(如编译器和调试器),主要面向需要运行 Java 程序的用户。

(3)JVM(Java Virtual Machine)

JVM 就是我们常说的 Java 虚拟机,它是整个 Java 实现跨平台的最核心的部分,所有的 Java 程序首先会被编译为.class 的类文件,这种类文件可以在虚拟机上执行。

也就是说,.class 类文件并不直接与机器的操作系统相对应,而是经过虚拟机间接与操作系统交互,由虚拟机将程序解释给本地系统执行。

然而,只有 JVM 还不能完成.class 类文件的执行,因为在解释.class 类文件的时候,JVM 需要调用解释所需要的类库 lib,而类库 lib 包含在 JRE 中。

JVM 屏蔽了与具体操作系统平台相关的信息,使得 Java 程序只需生成在 Java 虚拟机上运行的目标代码(字节码),就可以在多种平台上不加修改地运行。

2. JRE 的安装

如果只是运行 Java 程序,则只需在系统中安装 JRE。JRE 即 Java 运行环境,是运行 Java 程序所必需的环境的集合,包含各种类库。用户可以在 Oracle 网站上进行下载安装。JRE 的安装分为两个步骤,分别是 JRE 软件包的安装和 Java 运行环境变量的配置。JRE 软件包的安装过程详见教学文件"JRE 的安装"。

教学文件
JRE 的安装

3. Web 服务器的安装与配置

Web 服务器一般指网站服务器,是指驻留于因特网上某种类型计算机的程序。它不仅可以向浏览器等 Web 客户端提供文档,也可以放置网站文件,让全世界的用户浏览;同时还可以放置数据文件,供全世界的用户下载。目前,最主流的三个 Web 服务器分别是 Apache 、Nginx 和 IIS。

Tomcat 是一个开源的,基于 Java 的 Web 应用软件容器,能够运行 Servlet 和 JSP Web 应用程序。Tomcat Server 是根据 Servlet 和 JSP 规范进行执行的,因此 Tomcat Server 也实行了 Apache-Jakarta 规范,且优于绝大多数商业应用软件服务器。

Tomcat 是 Java Servlet 2.2 和 Java Server Pages 1.1 技术的标准实现,是基于 Apache 许可证下开发的自由软件。Tomcat 是完全重写的 Servlet API 2.2 和 JSP 1.1 兼容的 Servlet/JSP 容器。Tomcat 使用了 JServ 的一些代码,特别是 Apache 服务适配器。随着 Catalina Servlet 引擎的出现,Tomcat 第四版的性能得到提升,使得它成为一个值得考虑的 Servlet/JSP 容器,因此许多 Web 服务器都采用了 Tomcat。Tomcat 的安装过程详见教学文件"Tomcat 的安装过程"。

教学文件
Tomcat 的安装过程

4. 应用程序的安装与部署(智能家居系统)

在 Tomcat 中部署 Web 应用非常简单,只需要将 Web 应用程序包"智能家居阿里云服务器后台程序源码"解压到 Tomcat 的 Web App 目录即可。

解压完成后,通过浏览器访问 http://127.0.0.1:8080,即可看到如图 4-95 所示界面。

教学文件
智能家居阿里云服务器后台程序源码

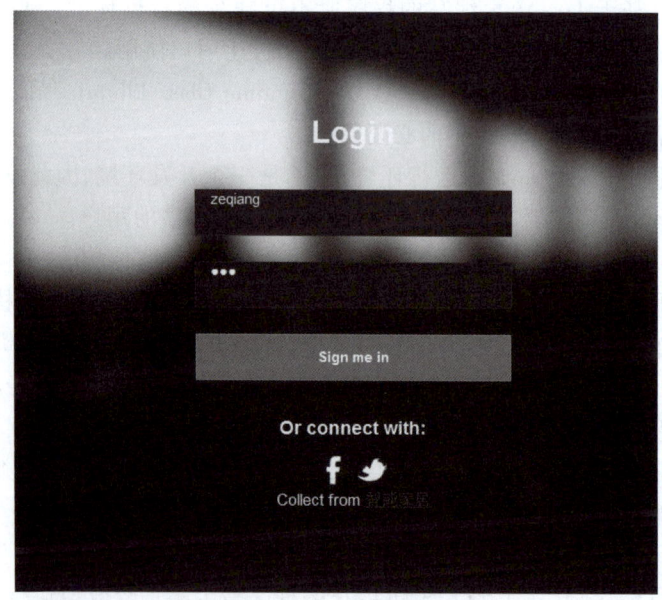

图 4-95   智能家居应用安装成功登录界面(基于 Windows)

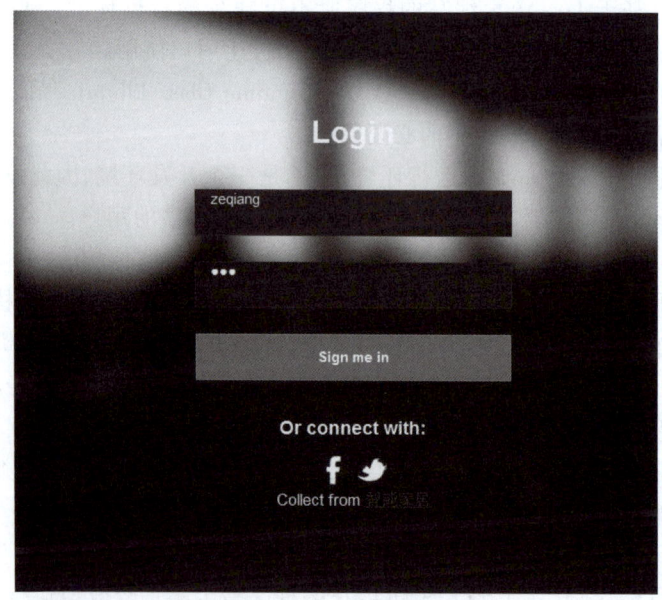
教学课件
智能家居项目应用环境搭建及应用系统的安装(基于 Linux)

如果未看到此界面,说明安装配置不正确,需要检查前面的安装步骤。当然,要使系统能正常登录使用,还需要配置数据库服务器,数据库的安装配置将在后续章节介绍。

4.4.2 应用环境搭建及应用系统的安装(基于 Linux)

微视频
智能家居项目应用
环境搭建及应用系
统的安装(基于
Linux)

在 Linux 下部署物联网应用系统与在 Windows 下部署一样,也需要安装 JDK、Web 服务器、数据库及应用程序。详见教学文件"Linux 下应用环境搭建与应用系统安装"。

部署完成后,在浏览器中输入 127.0.0.1:8080/admin,运行成功会显示如图 4-96 所示页面。

教学文件
Linux 下应用环境
搭建与应用系统
安装

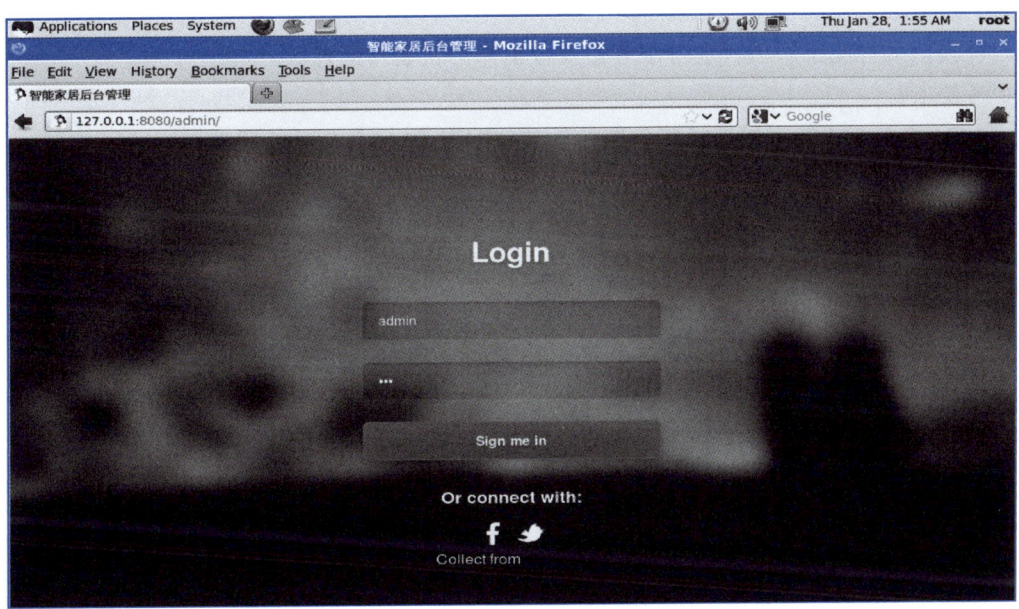

教学文件
Windows 下 MySQL
数据库的安装与
配置

图 4-96 智能家居应用安装成功登录界面(基于 Linux)

4.4.3 数据库的安装与配置

在物联网应用系统中,数据库有着非常重要的地位,因此需要掌握数据库的基本知识、数据库的选型以及数据库的安装与配置等知识和技能。在后期的物联网系统管理与维护过程中,还需要掌握数据库的操作及数据库的备份和维护等相关知识。

1. Windows 下 MySQL 数据库的安装与配置

详见教学文件"Windows 下 MySQL 数据库的安装与配置"。

2. Linux 下 MySQL 数据库的安装与配置

详见教学文件"Linux 下 MySQL 数据库的安装与配置"。

教学课件
智能家居项目数据
库的安装与配置
(基于 Windows)

教学课件
智能家居项目数据
库的安装与配置
(基于 Linux)

4.4.4 公有云平台部署

下面以华为 OceanConnect 物联网平台为例,基于模拟的设备进行操作,即在 OC 平台上直接模拟烟温复合探测器,该设备为 NB-IoT 终端,采用 CoAP 协议与 OceanConnect 平台对接,实现设备与云平台间双向数据收发。

要实现公有云平台部署,需要提前对 OC 业务流程、Profile 文件在线开发流程以及编解码插件在线开发流程有一定的理解。相关知识请读者自行查阅官方资料进行

微视频
智能家居项目数据
库的安装与配置
(基于 Windows)

微视频
智能家居项目数据
库的安装与配置
(基于 Linux)

学习。

具体部署步骤为:登录 OC 平台—创建产品—开发 Profile—开发编解码插件—注册设备—上报设备数据—命令下发。详见教学文件"基于华为 OC 平台部署烟温复合探测器操作示例"。

【任务实施】

1. 自建服务器部署

模拟某智能家居项目进行服务器及数据库的安装与配置。

要求:

① 给出该智能家居项目服务器的软硬件配置,并准备相关软硬件。

② 请你以应用工程师的身份,完成 Windows 及 Linux 下应用服务器、Web 服务器的安装与配置。

③ 请你以应用工程师的身份,完成数据库服务器在 Windows 及 Linux 下的安装与配置。

④ 在实验室完成安装与配置。

评估标准:

评估细则	分值
列出服务器软硬件配置清单	5 分
Windows 及 Linux 下应用服务器的安装与配置	25 分
Windows 及 Linux 下 Web 服务器的安装与配置	25 分
Windows 及 Linux 下数据库服务器的安装与配置	25 分
安装操作熟练程度及独立解决问题能力	20 分

2. 公有云平台部署

要求:模拟某智能家居项目,采用任一公有云平台进行设备上云及应用部署。

评估标准:

评估细则	分值
列出需要上云的设备清单	5 分
列出设备与云平台对接的协议	10 分
熟悉云平台上产品创建、协议对接、设备注册、数据通信的流程和步骤	50 分
操作熟练程度及独立解决问题的能力	25 分
设备与云平台成功对接	10 分

任务五　物联网工程项目系统测试

【任务目标】

【知识目标】

- 掌握物联网工程项目系统测试的概念
- 掌握物联网工程项目系统测试的基本方法及规范
- 掌握物联网工程项目系统中主要设备的测试方法
- 掌握物联网工程项目的 Wi-Fi 信号强度测试方法
- 掌握物联网工程项目的光纤衰耗测试方法
- 掌握物联网工程项目的光纤连通性测试方法
- 掌握物联网工程项目的双绞线连通性测试方法
- 掌握物联网工程项目的网络设备功能测试方法

【能力目标】

- 能够对物联网工程项目进行系统测试
- 能够对实际的物联网工程项目系统中的主要设备进行测试
- 能够通过测试结果分析物联网工程项目系统中主要设备的功能和性能指标
- 能够对物联网工程项目的 Wi-Fi 信号强度进行测试
- 能够对物联网工程项目的光纤衰耗进行测试
- 能够对物联网工程项目的光纤连通性进行测试
- 能够对物联网工程项目的双绞线连通性进行测试
- 能够对物联网工程项目的网络设备功能进行测试

【素养目标】

- 培养主动观察的意识
- 培养独立思考的能力
- 培养积极沟通的意识
- 培养团队合作的能力

【任务描述】

李先生家智能家居项目设备的安装与调试已经完成,现在进入项目系统测试环节,需要对系统功能进行测试,包括信号强度测试、连通性测试等。系统测试是物联网工程实施过程中非常关键的一个环节。

宋小姐按照物联网咨询公司的指导,在完成了各项设备的软件配置后,终于可以正常地使用家中的各个物联网设备了。然而,几个月后,宋小姐发现自己不能远程设置地暖的启动和关闭,也不能设置目标温度。于是,宋小姐再次进行咨询,并在咨询公司的指导下,通过对各项设备进行测试,然后分析测试结果,最终定位了问题所在,即路由器出现硬件故障,更换路由器后,问题得到了解决。

【知识准备】

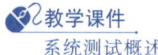
教学课件
系统测试概述

微视频
系统测试概述

4.5.1　系统测试概述

系统测试是指将已经确认的软件、计算机硬件、外设、网络等其他元素结合在一起,进行信息系统的各种组装测试和确认测试。下面将分别介绍系统测试的测试目的、测试对象以及测试方法。

1. 测试目的

系统测试是针对整个产品系统进行的测试,目的是验证系统是否满足了需求规格的定义,同时找出与需求规格不符或与之矛盾的地方,从而提出更加完善的方案。在系统测试中如果发现问题要经过调试找出问题的原因和位置,然后进行改正。

2. 测试对象

系统测试是基于系统整体需求说明书的黑盒类测试,应覆盖系统所有联合的部件。对象不仅仅包括需测试的软件,还要包含软件所依赖的硬件、外设,甚至包括某些数据、某些支持软件及其接口等。

3. 测试方法

比较常见的、典型的系统测试包括恢复测试、安全测试和压力测试。下面对这几种测试方法进行介绍:

（1）恢复测试

恢复测试作为一种系统测试方法,主要关注导致软件运行失败的各种条件,并验证其恢复过程能否正确执行。在特定情况下,系统需具备容错能力。

（2）安全测试

安全测试用来验证系统内部的保护机制,以防非法侵入。在安全测试中,测试人员扮演试图侵入系统的角色,采用各种办法试图突破防线。因此,系统安全设计的准则是要想方设法使侵入系统所需的代价变得更加昂贵。

（3）压力测试

压力测试是指在正常资源下使用异常的访问量、频率或数据量来执行系统测试。

教学课件
系统测试的基本方法及规范

4.5.2　系统测试的基本方法及规范

微视频
系统测试的基本方法及规范

1. 测试内容

（1）功能测试

即测试系统的功能是否正确,其依据是需求文档,如"产品需求规格说明书"。由于功能的正确性是系统最重要的质量因素,所以功能测试必不可少。

（2）健壮性测试

即测试系统在异常情况下可以正常运行的能力。健壮性有两层含义:一是容错能力,二是恢复能力。

2. 测试步骤

系统测试步骤如图 4-97 所示。

（1）制订系统测试计划

系统测试小组各成员共同协商并制订测试计划。测试计划的内容主要包括：测试内容、测试方法、测试环境与辅助工具、测试完成准则以及人员与任务表。

（2）设计系统测试用例

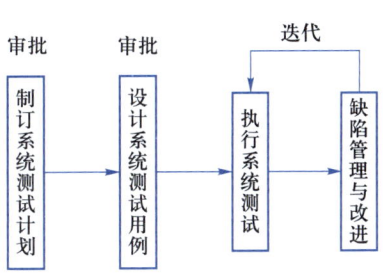

图 4-97　系统测试步骤

系统测试小组各成员依据"系统测试计划"和指定的模板，设计"系统测试用例"。设计完成后，测试组长邀请专家，对"系统测试用例"进行技术评审。

（3）执行系统测试

系统测试小组各成员依据"系统测试计划"和"系统测试用例"执行系统测试。

（4）缺陷管理与改进

开发人员应及时消除已经发现的缺陷，消除缺陷之后应当马上进行回归测试，以确保不会引入新的缺陷。

3. 测试过程

系统测试过程包括以下几个模块。

（1）单元测试

在系统测试的开始阶段，测试对象是每个单元，测试目的是保证每个模块或组件都能正常工作。单元测试主要采用白盒测试方法。

（2）集成测试

集成测试也称为组装测试。它是在单元测试的基础上，将已测试过的模块或组件组装起来，进行集成测试。测试目的是检验与接口相关的模块之间的问题。集成测试主要采用黑盒测试方法。

（3）系统测试

系统测试是将已经集成好的物联网系统与其他外设、某些支持软件、数据和人员等其他系统元素结合在一起，在实际运行环境下，对系统进行的日常测试实践。

（4）验收测试

验收测试是向未来的用户表明系统能够按预定要求工作。通过系统测试之后，验收测试即可开始。

4. 测试文档

测试文档主要包括以下 7 类：测试计划、测试设计规格说明、测试用例规格说明、测试步骤规格说明、测试日志、测试事件报告以及测试总结报告。其中，前 4 项属于测试计划类文档，后 3 项属于测试分析报告类文档。

4.5.3　设备上电前的检查

教学课件
设备上电前的检查

设备上电前的检查主要是指硬件检查，即检查连线和电源情况，避免不当配置后，上电引起短路或者过载，从而损坏设备硬件，造成重大损失。这里主要介绍交换机上电前的检查,其他设备的检查操作与之类似。

在上电之前要对交换机进行如下检查:

1. 检查连线

① 电源线连接是否正确。

② 供电电压是否与交换机要求的一致。

③ 配置电缆连接是否正确,配置使用的终端(可以是 PC)是否已经打开,配置参数是否已经完成设置。

2. 检查电源

电源系统工作正常时,对应的电源模块状态指示灯应保持绿色常亮,否则进行以下检查。

① 交换机电源线是否连接正确。

② 交换机供电电源与交换机所要求的电源是否匹配。

③ 检查交换机的工作温度,保证电源的通风良好。

4.5.4　网络测试的基础工具和命令

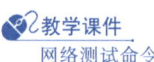
教学课件
网络测试命令

微视频
网络测试命令

当网络出现故障时,需要对网络进行检测和故障排除。故障出现的原因可能有两个方面:一个是硬件方面;另一个是软件配置方面。

首先要排除硬件方面的故障,可以通过观察各个设备的指示灯是否工作正常来进行。如果指示灯工作不正常,请检查连接线路和设备本身是否有问题。当不能确定故障设备或原因时,需要通过软件或工具进行检测。

常用操作系统本身自带了一些基本的检测命令,如 ipconfig、ping、tracert 和 nslookup。

1. ipconfig 命令

ipconfig 命令常用于显示当前设备的 IP 地址配置信息。这些信息一般用来检验人工配置的 TCP/IP 设置是否正确。

(1) ipconfig

如图 4-98 所示为通过 ipconfig 命令查询网络的 IP 地址信息。常用于查看网络设备是否获取到了正确的 IP 地址。

```
C:\Documents and Settings\uo>ipconfig

Windows IP Configuration

Ethernet adapter 本地连接:

        Connection-specific DNS Suffix  . :
        IP Address. . . . . . . . . . . . : 192.168.2.37
        Subnet Mask . . . . . . . . . . . : 255.255.255.0
        Default Gateway . . . . . . . . . : 192.168.2.1

C:\Documents and Settings\uo>_
```

图 4-98　ipconfig 命令

(2) ipconfig/all

如图 4-99 所示为通过 ipconfig/all 命令查询完整的网络信息,信息中包含 DNS 服务器地址。常用于查看网络设备是否获取到了正确的 IP 地址、网关、DNS 等信息。

```
C:\Documents and Settings\uo>ipconfig/all

Windows IP Configuration

        Host Name . . . . . . . . . . . . : ggyuser37
        Primary Dns Suffix  . . . . . . . :
        Node Type . . . . . . . . . . . . : Unknown
        IP Routing Enabled. . . . . . . . : No
        WINS Proxy Enabled. . . . . . . . : No

Ethernet adapter 本地连接:

        Connection-specific DNS Suffix  . :
        Description . . . . . . . . . . . : Broadcom 440x 10/100 Integrated Con
roller
        Physical Address. . . . . . . . . : 00-18-8B-90-53-C7
        Dhcp Enabled. . . . . . . . . . . : No
        IP Address. . . . . . . . . . . . : 192.168.2.37
        Subnet Mask . . . . . . . . . . . : 255.255.255.0
        Default Gateway . . . . . . . . . : 192.168.2.1
        DNS Servers . . . . . . . . . . . : 202.117.128.2

C:\Documents and Settings\uo>
```

图 4-99　ipconfig/all 命令

（3）ipconfig/renew

此命令只用于需要向 DHCP 服务器重新申请 IP 地址的场合。如果是手动分配 IP 地址,则该命令并不适用。ipconfig/renew 命令通常用于自动获取 IP 地址的环境里,特别是当 DHCP 服务器重新启动后,可能存在有 IP 冲突的环境里。

2. ping 命令

ping 命令是 Windows、UNIX 和 Linux 系统中最常用的一个网络检测命令,用于测试网络的连接性。利用 ping 命令可以检查网络是否连通,可以很好地帮助我们分析和判定网络故障。

ping 命令的工作原理是利用网络上机器 IP 地址的唯一性,向目标 IP 地址发送一个数据包,然后请求对方返回一个同样大小的数据包,以此来确定两台网络机器是否连接相通,以及网络的延迟时间。

按照默认设置,Windows 上运行的 ping 命令发送 4 个 ICMP（网间控制报文协议）回送请求,每个 ICMP 具有 32 字节数据,如果一切正常,应能得到 4 个回送应答。

（1）ping 结果分析（正常）

图 4-100 所示为发送 4 个数据包给目标 IP 地址后,已经收到了来自对方的 4 个应答,且没有出现数据包丢失的现象。说明网络的传输性能比较稳定,时延较小。

```
C:\Users\Administrator>ping www.baidu.com
正在Ping www.a.shifen.com [61.135.169.125]具有32字节的数据:
来自61.135.169.125 的回复：字节=32 时间=38 ms TTL=55
来自61.135.169.125 的回复：字节=32 时间=41 ms TTL=55
来自61.135.169.125 的回复：字节=32 时间=39 ms TTL=55
来自61.135.169.125 的回复：字节=32 时间=59 ms TTL=55
61.135.169.125 的 ping 统计信息：
    数据包：已发送 = 4,已接收 = 4,丢失 = 0(0% 丢失),往返行程
的估计时间(以毫秒为单位)：
    最短 = 38 ms,最长 = 59 ms,平均 = 44 ms
```

图 4-100　ping 结果分析（正常）

（2）ping 结果分析（不正常）

图 4-101 所示为发送 4 个数据包给目标 IP 地址后，没有收到对方的应答。

```
C:\Users\Administrator>ping www.sina.com
正在 Ping polaris.sina.com.cn [202.108.33.60]具有32字节的数据：
请求超时。
请求超时。
请求超时。
请求超时。
202.108.33.60 的 ping 统计信息：
数据包：已发送 ＝4，已接收 ＝0，丢失 ＝4(100% 丢失)，
```

图 4-101　ping 结果分析（不正常）

可能的原因如下所述：

① 对方已关机。

② 连接到对方的网络不通。

③ 对方计算机工作正常，但进行了设置，不允许 ping。

（3）ping 结果分析（其他）

① Destination host unreachable：路由不正确。

② Bad IP address：无法解析这个 IP 地址，也可能是 IP 地址不存在。

③ Unknown host：可能是域名服务器有故障，或者其名字不正确。

④ Unknown host name：DNS 地址配置不正确。

3. tracert 命令

tracert 命令用于跟踪路径，即可记录从本地至目的主机所经过的路径，以及到达时间。利用 tracert 命令，可以确切地知道在本地到目的地之间的哪一环节上发生了故障。常用于和目标网络设备不能进行通信时，查询中途的故障点。

图 4-102 所示为在到达目标服务器的路径中，数据经过三次中转后迷失方向，不能到达目的地。如果要进行故障排查，请检查 172.19.46.2 的下一跳是否配置正确。

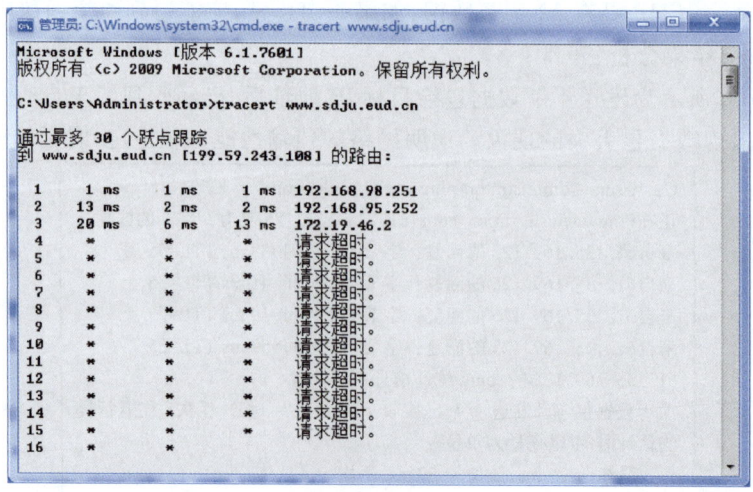

图 4-102　tracert 命令

4. nslookup 命令

nslookup 命令是用于查询 Internet 域名信息或诊断 DNS 服务器问题的命令,常用于网络设备能正常联网,但不能访问到所有网址时的情况。例如,在计算机中可以正常登录和使用 QQ,但是不能访问所有网站时,通常是 DNS 配置不正确或 DNS 服务器出现故障。

语法:

nslookup［ -Option …］［ Host ］［ -NameServer ］

描述:

nslookup 命令提供了两种模式查询域名服务器。交互式模式允许查询域名服务器来获得有关不同主机和域的信息,或打印域中主机列表。非交互式模式允许打印指定的主机或域的名称和请求的信息。

在查询过程中,用户可通过输入 Ctrl+C 来终止查询,或输入 Ctrl+D 或 exit 来退出查询。

图 4-103 所示是向 DNS 服务器查询某个网站的 IP 地址。其中,DNS 服务器的 IP 地址为 172.16.10.35,www.cswu.cn 服务器的 IP 地址为 172.16.11.30。

```
C: \ Users \ Administrator> nslookup
默认服务器：UnKnown
Address：172. 16. 10. 35
>www. cswu. cn
服务器：UnKnown
Address：172. 16. 10. 35
名称：www. cswu. cn
Address：172. 16. 11. 30
>
```

图 4-103　向 DNS 服务器查询某个网站的 IP 地址

查询时可以不用原来的 DNS 服务器,选择更换其他查询服务器,如图 4-104 所示。当更改了服务器地址后,新的查询命令将转发到新的 DNS 服务器进行查询。

```
>server    221. 5. 203. 98
默认服务器：cache3-idc. cqnetcom. com. cn
Address：221. 5. 203. 98
> www. sina. com
服务器：cache3-idc. cqnetcom. com. cn
Address：221. 5. 203. 98
非权威应答：
名称： www. sina. com. domain
Address：221. 204. 244. 41
>
```

图 4-104　更换查询服务器

4.5.5　Wi-Fi 信号强度测试

目前,市面上有很多 Wi-Fi 信号的检测工具软件,合理使用这些软件就可以很好地实现 Wi-Fi 信号强度检测的需求。下面以 Wi-Fi 信号检测工具软件 WirelessMon 为例,介绍使用工具软件进行 Wi-Fi 信号强度测试的方法。

首先,下载 WirelessMon 工具软件并完成安装。

然后,运行该软件,出现如图 4-105 所示的软件界面。从该界面中,可以得到下列主要信息:

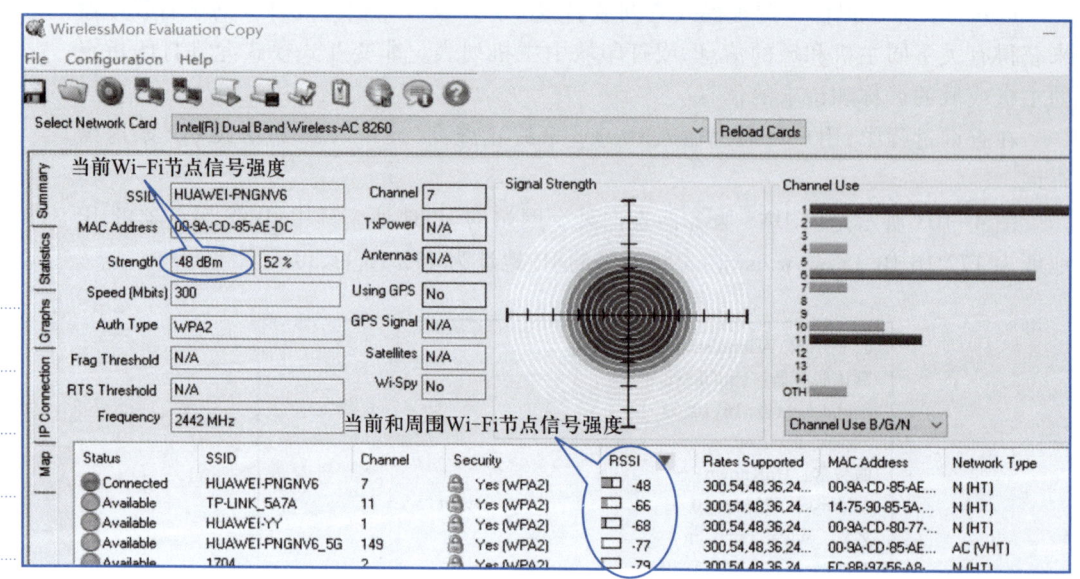

图 4-105　WirelessMon 工具软件使用界面

① 当前所连接 Wi-Fi 节点的工作频率、信号强度、信道号、密钥使用状况、MAC 地址等。

② 检测到的周围 Wi-Fi 节点的信号强度、信道号、密钥使用状况、MAC 地址等。

从上述信息中就可以得到当前连接节点以及周围其他节点的 Wi-Fi 信号强度,并可以按照信号强度大小(RSSI 值)对显示列表进行升序或者降序排列,使得结果更加一目了然。

4.5.6　光纤衰耗和连通性测试

1. 光纤的背景介绍

光纤是一个高度透明的玻璃丝,由纯石英经过复杂工艺拉制而成。光纤一般由三部分组成:纤芯、包层以及防护层,如图 4-106 所示。纤芯的几何尺寸很小,直径通常在 5~50 μm 之间,而包层直径为 125 μm,防护层直径为 250 μm。

按照通过的激光波长种类数量 ,可以将光纤分为多模光纤和单模光纤。光纤有三个适宜的通信窗口:850 nm、1 310 nm 和 1 550 nm。光纤中所通过的激光波长就在这三个通信窗口附近选取。

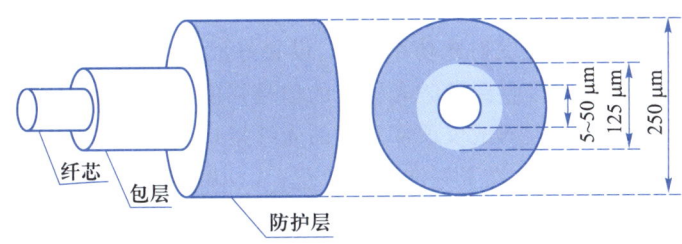

图 4-106　光纤结构示意图

如图 4-107 所示,光纤中激光的传导原理是基于光的全反射原理,当入射到光纤的激光的入射角小于全反射临界角时,激光将在光纤内部成全反射传导。全反射传导使得从宏观角度看,激光在光纤内成直线传播,且不会扩散到光纤外部。

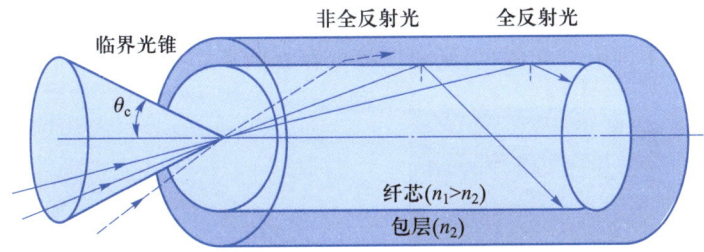

图 4-107　光纤传导原理示意图

激光在光纤中传播会存在衰减现象,当衰减量大到一定门限时,激光信号就无法正常地传递信息。因此,为保证激光信号的传输质量,每传输一段距离,会通过一个光放大器对光纤中传输的激光信号进行中继放大,然后再继续传输。

2. 光纤的衰减和通断测试

一般使用相应的测试仪表,对光纤中传输的激光信号强度进行衰减测试,并可通过衰减量值进行通断判断,或者直接用观察法判断有无断点。下面以宝工(Pro'skit)MT-7602-C 光功率 & 光源二合一测试仪为例(如图 4-108 所示)介绍如何进行光纤的衰减和通断测试。

宝工(Pro'skit)MT-7602-C 光功率 & 光源二合一测试仪产品特性如下所述:

① 支持 6 种波长的光纤光源损耗测试:850/1 300/1 310/1 490/1 550/1 625 nm。

② 具有三种光功率测量单位可供选择:dBm,mW,μm。

③ 支持 2.5 mm 万用光纤接头(ST/SC/FC)。

④ 具有镭射光纤测试笔。

⑤ 可快速检测导通及查找断点。

⑥ 具有恒亮及闪烁两种模式。

（1）衰减测试

测试示意图如图 4-109 所示。

图 4-108　MT-7602-C
光功率 & 光源二合一
测试仪

用一个很短的损耗很小的光纤尾线接入测试仪顶部左侧的光纤接口(另一端接光交换机),启动仪器并设置为发射光功率模式,设置好波长和单位(W、dB、dBw)。测试仪的屏幕就会显示出仪器接收到的激光信号的信号强度,记为强度 A。

将被测光纤的一端接入测试仪顶部左侧的光纤接口(另一端接光交换机),启动仪器并设置为发射光功率模式,设置好波长和单位(W、dB、dBw)。测试仪的屏幕就会显示出仪器接收到的激光信号的信号强度,记为强度 B。

强度 A 和强度 B 的差值即为该段光纤的衰减量值。

通常情况下,交换机侧输出的光信号的强度基本已知,则只需测量强度 B 即可估算出光纤的衰减量值。

(2)通断测试

将被测光纤的一端接入测试仪顶部右侧的光源接口,启动仪器并设置为发射光源模式。如图 4-110 所示,如果在光纤的另一端射出红光,则表明光纤为"通",否则为"断"。如果光纤中间有红光漏出,则表明该处存在断点。

图 4-109　光纤衰减测试示意图

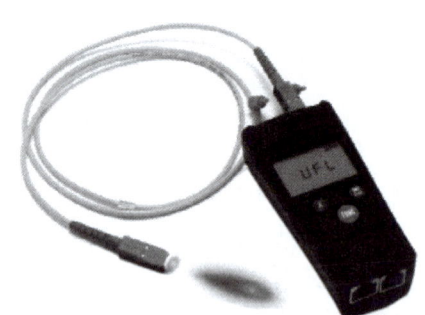

图 4-110　通断测试示意图

4.5.7　双绞线连通性测试

双绞线(twisted pair,TP)一般由两根绝缘铜导线相互缠绕而成。将一对或多对双绞线放在一个绝缘套管中便构成了双绞线电缆。

将两根绝缘的铜导线按一定密度互相绞合在一起,可降低信号干扰的程度,因为每一根导线在传输中辐射出来的电波会被另一根线上发出的电波抵消。

与其他传输介质相比,双绞线在传输距离、信道宽度和数据传输速度等方面都有一定的优势,且价格低廉。

1. 双绞线的分类

双绞线电缆可分为非屏蔽双绞线电缆(unshielded twisted pair,UTP)和屏蔽双绞线电缆(shielded twisted pair,STP)两大类。

非屏蔽双绞线电缆,在电缆的线对外没有金属屏蔽层,这使得电缆的直径较小,但是却不能防止周围的电子干扰。

在实际工程中,非屏蔽双绞线用量最大。

双绞线根据通信性能可分为 1 类、2 类、…多个等级。目前,网络工程中常用的双绞线等级为超 5 类(Cat5e)和 6 类(Cat6),语音通信中常用 3 类和超 5 类。

在网络通信中,单根双绞线的传输距离不能超过 100 m。超 5 类双绞线可以达到 1 000 Mbit/s 的传输速率,6 类双绞线可以达到 1.2~2.4 Gbit/s 的传输速率。

2. 双绞线的组成

双绞线电缆中的每一根绝缘线路都用不同颜色加以区分,如图 4-111 所示,这些颜色具有标准的编码,因此很容易识别和正确端接每一根线路。每个线对都有两根导线,其中一根导线的颜色为线对的颜色加一个白色条纹,另一根导线的颜色是白色底色加线对颜色的条纹,即电缆中的每一对双绞线电缆都是互补颜色。

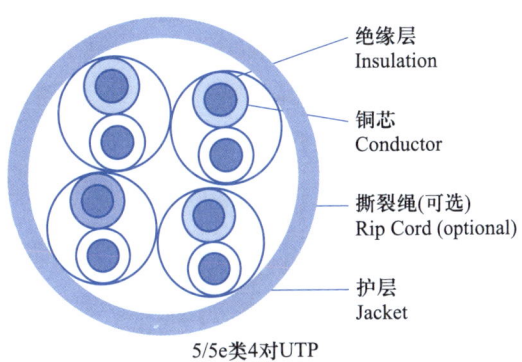

图 4-111 非屏蔽双绞线结构示意图

3. 双绞线接头标准

如图 4-112 所示,EIA/TIA(美国电子工业协会/电信工业协会)定义了网络通信中双绞线线序的标准:TIA/EIA-568。TIA/EIA-568 是 RJ45 端口连接双绞线时使用的一种线序,分为 TIA/EIA-568-A 线序和 TIA/EIA-568-B 线序。

接口	双绞线组	组内编号	颜色 (T568A线序)		接口	双绞线组	组内编号	颜色 (T568B线序)
1	3	1	绿白		1	2	1	橙白
2	3	2	绿		2	2	2	橙
3	2	1	橙白		3	3	1	绿白
4	1	2	蓝		4	1	2	蓝
5	1	1	蓝白		5	1	1	蓝白
6	2	2	橙		6	3	2	绿
7	4	1	棕白		7	4	1	棕白
8	4	2	棕		8	4	2	棕

图 4-112 双绞线线序标准示意图

TIA/EIA-568-A 线序和 TIA/EIA-568-B 线序在实际的工程中都可以使用,但是 T568B 标准更常用一些,建议使用 T568B 标准。

当一根双绞线两头使用同一种线序标准时,称为直通线。而当一头使用 T568A 标准,另一头使用 T568B 标准时,称为交叉线。直通线用于交换机和计算机设备之间,而交叉线用于交换机与交换机之间。

教学课件
双绞线连通性测试

4. 双绞线的测试

双绞线线缆测试分为简易测试和专业测试。简易测试即只测试线缆的通断,判断其能否进行通信。而专业测试则有认证测试和验证测试两种,都需要利用专业仪器进行测试。

常用的简易测试方法有两种,一种是利用线缆通断测试仪测试线缆中每根芯的通

微视频
双绞线连通性测试

断;另一种方法是直接连接到交换机或计算机网卡上,通过观察其指示灯的状态进行判断。下面简要介绍简易测试双绞线连通性的方法。

（1）通断测试仪测试法

可选用图 4-113 所示 VICTOR468 型双绞线线缆通断测试仪测试线缆中每根芯的通断。测试时将双绞线两端的接头分别插入测试仪的主机端和附机端 RJ 45 端口,将电源开关拨至 ON,主机和附机的工作指示灯从 1~8 逐个闪亮,可用于判断双绞线 1、2、3、4、5、6、7、8 中的哪一根(对)错线、短路或开路。其中,如果接的线缆是屏蔽双绞线,则 G 灯会最后被点亮。

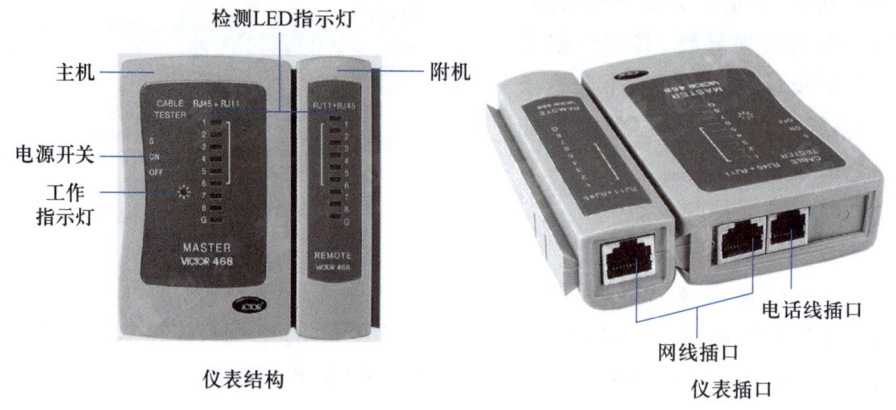

图 4-113   双绞线线缆通断测试仪

若连接不正常,会出现以下状态:

① 当主机和附机对应线号的灯都不亮时,说明该线号导线出现断路现象。

② 当主机和附机指示灯的点亮顺序不对应时,说明两头网线存在乱序现象。

例如,屏蔽双绞线缆出现 2、4 线号乱序,则主机指示灯和附机指示灯的点亮顺序如下:

主机灯:1-2-3-4-5-6-7-8-G

附机灯:1-4-3-2-5-6-7-8-G

③ 当同时出现两个指示灯亮时,说明有两根线芯出现短路现象。

（2）实际使用检测法

在工程中,如果身边没有测试仪器时,可以将网线直接连接到交换机或计算机网卡上,通过观察其指示灯的状态进行判断。

如果交换机或网卡指示灯亮,则可判断该线缆没有问题。

如果出现指示灯闪烁,则表示有数据在进行通信,可以确定线缆能正常使用。

4.5.8   网络设备功能测试

下面以交换机的测试为例,介绍网络设备的功能测试思路和方法。

交换机测试主要包含以下几方面内容:

① 端口类型测试。

② 扩展性测试。

教学课件
交换机功能测试

微视频
交换机功能测试

③ 指示灯测试。

④ VLAN 测试。

⑤ 生成树测试。

⑥ 过滤功能测试。

⑦ 广播包抑制测试。

⑧ 流量控制测试。

⑨ 链路聚合测试。

1. 端口类型测试

通常以太网交换机端口类型一般包括 100Base-TX、1 000Base-TX 和 1 000Base-FX。其中,TX 端口一般具备向下兼容的自适应能力。

测试方法:通过连接相应类型的端口,由端口指示灯状态和链路的连通性来测试端口类型;对交换机端口进行管理配置,改变端口速率,再进行观察和测试。

2. 扩展性测试

交换机的端口有两类:固定式和模块式。固定式交换机的端口被永久安装在交换机上。而模块式交换机有插槽,可以安装指定种类的端口,它提供改变媒体类型和端口速率的灵活性,并可以扩展交换机的端口数量和类型。

本测试项用于检测交换机的扩展性,包括支持的扩展模块和端口类型。

测试方法:目测法。根据产品要求安装扩展模块,并连接相应的端口,从端口指示灯状态和链路连通性来验证是否支持该扩展模块和端口类型。

3. 指示灯测试

指示灯可以为用户提供直接明了的交换机工作状态指示,一般包括电源指示灯、端口连接状态指示灯、端口工作模式指示灯、链路活动指示灯和插槽指示灯。不同的厂家在指示灯的设置策略上会有所不同,因此,这些指示灯在直观性、方便性和美观性上也会有区别。

测试方法:目测法。通过连接相应类型的端口,并发送数据,验证指示灯的工作状态是否正确。

4. VLAN 测试

VLAN 用来将交换机划分成多个子网络,将站点之间的通信限定在同一虚网内,一个 VLAN 就是一个独立的广播域。

802.1Q 是 VLAN 的标准,它将 VLAN ID 封装在帧头,使得帧能够跨越不同的设备,同时也能保留 VLAN 信息。不同厂家的交换机只要支持 802.1Q,VLAN 就可以跨越交换机,实现统一的划分和管理。

测试方法:实验法。在交换机上配置 VLAN,并连接至不同的计算机设备,从而验证 VLAN 的设置方式和 VLAN 的能力。

5. 生成树测试

由于交换机实际上是多端口的透明桥接设备,所以它可能存在"拓扑环"的问题。生成树协议能够自动检测网络中出现的逻辑环路,保留并行链路中的一条,而阻塞其他链路,从而达到消除环路的目的,维持网络中拓扑树的完整性。不支持生成树的交换机,在存在环路的情况下,最终将导致网络崩溃。

测试方法:实验法。利用两台交换机,人为构造环路,测试环路的消除情况,并与不设置生成树协议时的帧转发情况进行对比。

6. 过滤功能测试

过滤的目的是通过去掉某些特定的数据帧来提高网络的性能、增强网络的安全性。典型的过滤策略提供基于源地址、目的地址、交换机端口的过滤,包括广播、多播、单播以及错误帧过滤。交换机应支持基于端口和 MAC 地址的过滤以及非法帧过滤。

测试方法:实验法。为交换机设置过滤策略,通过向交换机发送一定数量的相应类型的数据帧,从转发结果上确认交换机支持的过滤策略。

7. 广播包抑制测试

交换机上的广播风暴会消耗大量带宽,降低正常的网络流量,给网络性能带来很大影响。广播包抑制的目的是通过减少某些特定类型的数据帧来提高网络的性能,增强网络的安全性,保证网络应用正常运行。

测试方法:实验法。为产品设置相应的抑制策略,通过向交换机发送一定数量的广播帧、多播帧和单播帧,从转发结果上验证交换机是否支持广播抑制、多播抑制和单播抑制。

8. 流量控制测试

当通过一个端口的流量过大,并超过了它的处理能力时,就会发生端口阻塞。流量控制的作用是在出现阻塞的情况下防止帧丢失。

测试方法:实验法。为交换机和测试仪器设置流量控制功能和端口类型,选择 3 个端口(A、B、C)同时向 1 个端口(D)以线速发送连续的数据帧,使得端口 D 拥塞,以此验证端口 A、B、C 的发帧速率以及是否存在丢帧,并检测交换机是否存在流量控制。

9. 链路聚合测试

链路聚合为交换机提供了端口捆绑技术,允许两个交换机之间通过两个或多个端口并行连接,能够同时传输数据以提供更高的带宽。

测试方法:实验法。按产品要求将两个交换机进行互连,再通过发送一定流量的数据验证产品是否支持速率提升,然后再随机断开一条链路,检测网络通信是否继续进行。

【任务实施】

模拟某一家居工程,完成各模块的系统测试。

要求:

在完成设备的安装与调试的基础上,熟练使用相关的工具软件、操作命令、仪器进行相关设备的测试,检测网络设备的工作状况。

评估标准:

评估细则	分值
熟练使用操作命令对网络状态进行测试	30 分
熟练使用工具软件对无线 Wi-Fi 信号进行测试	40 分
熟练使用仪器对网线和光纤进行测试	30 分

任务六　物联网工程项目故障分析与排查

【任务目标】

【知识目标】

- 掌握物联网工程日常维护及巡检流程
- 掌握物联网工程故障处理流程
- 掌握物联网工程中常见传感器故障现象及处理方法
- 掌握物联网工程中常见无线传感器节点故障现象及处理方法
- 掌握物联网工程中 RFID 设备和系统故障现象及处理方法
- 掌握物联网工程中网络设备的故障分析与排查方法

【能力目标】

- 能够描述物联网工程日常维护及巡检流程
- 能够分析物联网工程故障处理流程
- 能够描述、分析常见传感器的故障现象,提出处理方法
- 能够描述、分析常见无线传感器节点的故障现象,提出处理方法
- 能够描述、分析常见 RFID 设备和系统的故障现象,提出处理方法
- 当物联网工程系统中的网络设备发生故障时,能够进行问题排查和定位分析

【素养目标】

- 培养主动观察的意识
- 培养独立思考的能力
- 培养积极沟通的意识
- 培养团队合作的能力

【任务描述】

某天夜里,李先生家现场监测数据忽然不能到达监控端,于是李先生电话通知相关人员进行维护。由于缺乏维护资料,导致维护人员无法及时确定故障点。如果有完善的资料和维护流程,维护人员只需根据故障现象就能知道问题出在哪里。

【知识准备】

4.6.1　物联网工程日常维护及巡检流程

对于已经建成的物联网应用系统,日常维护是非常重要的。系统的日常维护应该遵循一定的流程,如图 4-114 所示。

通常,系统维护人员应该通过日志、巡检等手段对系统进行日常检查,并填写检查记录。如果存在异常,那么需要进行故障排查并填写异常处理单。如果问题没有解决,则继续进行异常排查,并提交异常处理单。若问题得到解决,则需补充异常处理单,然后进行跟踪回访。这就是日常维护与巡检所要做的常规流程。

教学课件
物联网工程故障排查流程

微视频
物联网工程故障排查流程

4.6.2　物联网工程故障处理流程

针对具体故障的排查,也应该遵循一定的流程和规范。大致的流程分为信息收集、故障判断、故障定位、故障排除和过程记录几个环节,如图4-115所示。

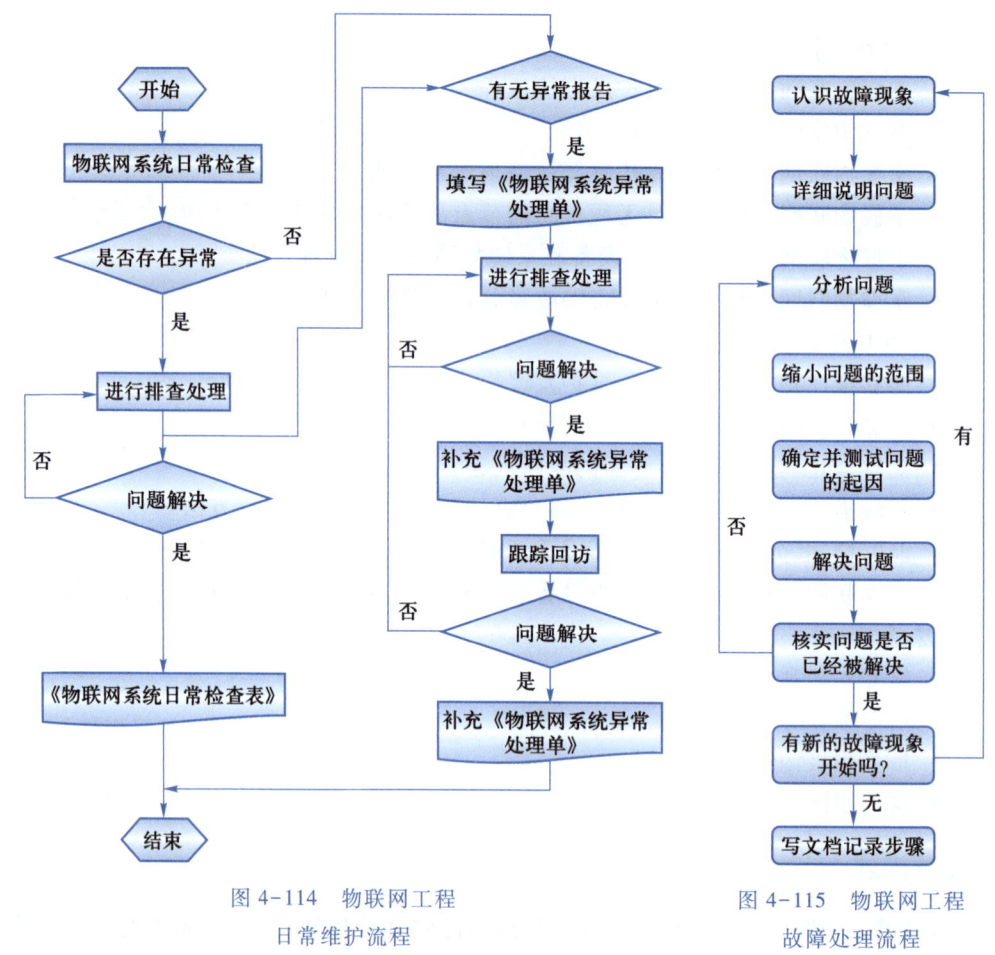

图4-114　物联网工程
日常维护流程

图4-115　物联网工程
故障处理流程

首先应详细认识并说明故障现象,对问题进行分析,并缩小故障范围;其次,应确定并测试问题的起因,尝试解决问题,并核实问题是否被解决。若故障已停止,即问题已被解决,且没有新的故障现象出现,则记录详细分析及处理步骤。如果故障仍未停止或出现了新的故障现象,则重复上述过程,直到全部问题得到解决。

4.6.3　物联网系统故障维护常见表格

通常在巡检及故障处理过程中,会填写和记录一些表格,这些表格包括《×××系统日常检查表》《×××系统异常处理单》《×××系统故障记录表》《×××系统设备维护记录表》等,见表4-6和表4-7。这些表单根据具体系统和使用场合不同,内容也可以有所不同,需要维保人员和单位设计出一套适合自己实际情况的表格,以提高维护保养效率和水平。

表 4-6　信息系统故障记录表

序号	发现日期	故障地点或部门	发现人	故障描述	故障原因及解决办法	需跟进及其注意事项	处理日期	处理人
1								
2								
3								
4								
5								
6								
7								
8								

表 4-7　机房设备系统维护记录表

机房维护记录					
维护责任人			检查时间		
服务器（域服务器、ERP 服务器）					
系统服务正常工作，无宕机、蓝屏、死机、缓慢情况	□正常	□异常	散热风扇正常运转	□正常	□异常
硬盘、内存、电源指示灯正常	□正常	□异常	设备表面、风扇口、电源网格无灰尘、无污渍、无锈蚀	□正常	□异常
网络插头无松动	□正常	□异常	设备及网络线缆标示清晰	□正常	□异常
系统杀毒、更新、清理	□正常	□异常	用户登录、IP 地址	□正常	□异常
数据库备份	□正常	□异常	访问权限	□正常	□异常
交换机及路由器（交换机、路由器、无线路由器、集团电话）					
电源正常工作，无毁损情况	□正常	□异常	风扇正常运转	□正常	□异常
引擎、各模块、端口指示灯正常	□正常	□异常	设备表面、风扇口、电源网格无灰尘、无污渍、无锈蚀	□正常	□异常
网络插头无松动、网络线无交叉、无排列不整齐等凌乱现象	□正常	□异常	设备及线缆标示无污损、字迹清晰	□正常	□异常
光纤收发器					
电源正常工作，无毁损情况	□正常	□异常	电源指示灯、端口指示灯、收发指示灯正常	□正常	□异常

4.6.4　常见传感器故障现象及处理方法

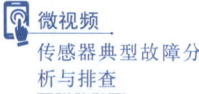教学课件
传感器典型故障分析与排查

微视频
传感器典型故障分析与排查

　　传感器技术是物联网的关键技术之一,在物联网工程中得到了广泛的应用。然而,在使用过程中,我们往往会遇见各种问题。当系统表现出不期望的异常现象,或者动态系统中的部分元器件功能失效,从而导致整个系统性能恶化的情况或事件,就称之为传感器故障。传感器故障通常分为以下四类:完全失效类故障、固定偏差类故障、漂移偏差类故障以及精度下降类故障。完全失效类故障是指传感器测量突然失灵或测量值始终为某一固定值;固定偏差类故障是指测量值与真实值的差值为固定值;漂移偏差类故障是指测量值与真实值之间的差值会随时间变化而变化;精度下降类故障是指传感器的测量能力变差,精度变低。下面以流量传感器和智能数字化传感器为例,介绍传感器典型的故障现象及其排除方法。

1. 流量传感器典型故障及处理

　　当用户长时间外出旅游,回家后发现门上贴着催缴水费的通知,用户常常会感到困惑,家中无人,怎么会产生水费呢? 这种现象时有发生,是因为传感器只要通电,虽无流量,却仍然有输出信号。故障原因可能如下:电源故障、输入信号线断线、放大器某级有故障、元器件损坏、无流量或流量过小、管道堵塞或传感器被卡死、旋涡发生体结垢等。了解可能存在的故障原因后,就可以针对性地处理故障。常见的故障原因与处理方法可参照表4-8。

表 4-8　流量传感器典型故障原因与处理方法

故障原因	处理方法
电源故障	检查电源与接地
输入信号线断线	检查信号线与接线端子
放大器某级有故障	检查工作点,检查元器件
元器件损坏	检查传感器及引线
无流量或流量过小	检查阀门,增大流量或缩小管径
管道堵塞或传感器被卡死	检查清理管道,清洗传感器
旋涡发生体结垢	清洗旋涡发生体
流速过高,引起强烈颤动	调整流量或更换通径大的仪表
产生气穴现象	调整流量和增加液流压力
发生体松动	紧固发生体

　　当然,对于不同的流量传感器,其故障现象可能不同。只要细心观察、耐心总结,找到问题发生的根源,解决问题就变得简单了。

2. 智能数字化传感器典型故障及处理

　　智能数字化传感器典型故障现象往往分为 3 类:设备不工作、传输距离缩短及设备与网关不能正常通信。这些故障现象与对应的处理方法见表4-9所示。针对设备不工作的情况,很可能是电源故障引起的,因此可以用万用表等工具检查电源电压、电流以及接地情况。针对传输距离缩短的故障现象,可能是其他通信设备的干扰。通常

在安放这类传感器的时候,要远离通信设备,远离金属物体。针对设备与网关不能正常通信的故障现象,可能是设备未加入网关,可以重启设备之后,按照说明书进行设置,将设备加入网关中,如果仍然不能解决问题,应该向设备厂家的技术支持人员寻求帮助。当然,智能数字化传感器的故障现象千差万别,既可能是传感器本身出现故障,也可能是数字处理部分出现故障,还可能是通信部分出现故障,需具体问题具体分析。

表 4-9 智能数字化传感器典型故障现象与处理方法

故障现象	处理方法
设备不工作	检查是否上电,或电源是否有电
传输距离缩短	由于通信产品、金属物体等,会减少设备的有效传输距离,且其他无线设备也可能会对设备的通信造成影响。所以请尽量避免将产品放置于上述物体附近,以保证其正常有效的工作。如上述方法均无法解决问题,请将传感器拔下重插,若仍无法解决问题,请及时咨询厂家
设备与网关不能正常通信	该设备可能没有加入网关的网络中,请重新上电入网

4.6.5 ZigBee 节点典型故障分析与排查

教学课件
ZigBee 节点典型故障分析与排查

在物联网系统中,数据采集层的设备形式多种多样,其中智能无线设备占有很大的市场份额。常见的智能无线设备有:无线 ZigBee 智能调光开关、ZigBee 甲醛传感器、ZigBee 场景面板、无线智能排插、DTU、家庭智慧主机等。无论是无线智能传感器还是 DTU 或家庭智慧主机,都有可能出现故障,这些设备的典型故障现象及处理方法见表 4-10。

微视频
ZigBee 节点典型故障分析与排查

表 4-10 ZigBee 智能无线设备典型故障现象与处理方法

故障现象	处理方法
家庭智慧主机无法工作,电源指示灯不亮	这种故障现象往往是因为供电线路出现问题。可能的原因有供电电源损坏、电源连接线缆损坏和设备本身损坏。检查的方法为检查连接电缆是否正确连接,同时检查供电电源是否符合要求,若都没有问题,则有可能是设备损坏,需要联系厂家进行维修处理
设备已完成安装,但是手机无法入网	家庭智慧主机表面看起来一切正常,指示灯正常点亮,但是手机无法入网。这种现象往往是软故障,即配置问题。处理的办法为:首先确认配置是否正确。在产品入网之前一定要打开工程调试模式,再单击保存按钮。如果不能解决故障,可以重新启动设备后再次尝试。如果还无法解决故障,请详细研读设备使用手册,解决配置上的问题,或咨询设备厂商
空调红外插座学习失败	在软件操控界面上,无法控制空调等家电,产生这种现象可能的原因有:红外插座本身损坏(红外接收部分)、红外发送部分损坏、软件配置问题等。排除的原则是先软后硬。如软件配置出错往往使红外学习不正确,重新配置一下即可。具体步骤为按下软件界面要学习的按键,等插座上的指示灯亮,然后熄灭,再亮的时候,拿着遥控器对着红外接收头,保持 5 cm 的距离,按下要学习的按键
DTU 在线指示灯不亮	在线指示灯只有在 DTU 数据终端成功登录网络后才会点亮。如果在线指示灯不亮,请确认所在的区域网络覆盖情况和信号强度,同时请检查 SIM 卡是否正确安装或有效,并检查数据中心服务器软件是否工作正常,是否有防火墙将正常的 TCP 通信数据拦截

4.6.6　RFID 设备典型故障及分析

教学课件
RFID 设备典型故障及分析

微视频
RFID 设备典型故障及分析

　　RFID 读写器就是利用射频技术自动识别标签的设备,又称为"RFID 阅读器",即无线射频识别,通过射频识别信号自动识别目标对象并获取相关数据。通俗地说,RFID 读写器类似于超市收银使用的条码扫描枪,只需要读取商品的条码,就可以读出该商品的具体信息,而 RFID 读写器读取的是 RFID 电子标签,然后将具体信息传输到 RFID 读写器上。

　　RFID 设备的典型故障现象与处理方法见表 4-11。

表 4-11　RFID 设备的典型故障现象与处理方法

故障现象	处理方法
多读写器之间存在干扰	当有两台或两台以上的读写器同时工作时,为了使相邻读写器之间相互不干扰,读写器在安装调试时应满足以下两点要求: 1. 相邻两台读写器的天线之间的中心间距大于 3 m 2. 相邻两台读写器的工作频点分别设置为 920~925 MHz 的跳频,跳频间隔建议 1 MHz
指示灯不亮	1. 供电系统故障。检查电源适配器供电是否正常,交流电源电压是否满足在 100~240 V 之间 2. 如果其他指示灯亮,则说明内部的 MCU 有故障。一旦 MCU 有故障,用户只能联系厂家洽谈维修事宜
网口不能连接	读写器在出厂时设置的缺省 IP 地址为:192.168.0.210,只要 PC 的 IP 地址与读写器的 IP 地址在同一个网段,比如"192.168.0.XXX",就可以和读写器进行可靠连接,如果忘记了读写器的 IP 地址,请找一台有 RS232 串行接口的 PC 对读写器的 IP 地址进行重新设置
串口不能连接	1. 根据使用说明,检查读写器的波特率是否匹配 2. 检查选择的 COM 口是否和读写器与 PC 连接的相符 3. 检查串口电缆是否连接正确,电缆未连接或连接不牢靠会导致 PC 的命令不能下发到读写器
不能读卡	1. 检查串口电缆或网络电缆线是否连接正确,电缆未连接或连接不牢靠会导致 PC 的命令不能下发到读写器 2. 检查天线 SMA 接头是否拧紧,标签是否损坏,否则为读写器的 MCU 故障,用户只能联系厂家洽谈维修事宜 3. 检查天线号设置是否正确。如果天线接 1#射频端口,则演示软件需要选 1#天线 4. 检查标签是否符合 ISO 18000-6B/C 协议。不符合 6B/C 协议的标签将无法被读出 5. 检查标签是否损坏。如果是无法读取 ID 号,则可以尝试换一台读写器重新读这张标签,查看是否为标签损坏。如果是标签被锁定,则只需要将其解锁即可正常使用

续表

故障现象	处理方法
读卡距离近	1. 检查读写器频点设置是否正确。工作模式应选择跳频,跳频频点范围 920~925 MHz,跳频点间隔 1 MHz 2. 检查标签与天线的极化方向是否匹配。如果天线是垂直极化,则需要竖直放置标签 3. 检查标签表面是否覆盖有其他材料。如果是金属材质,由于射频信号无法穿透金属,读写器将无法读取到标签 4. 检查读写器与天线连接的射频线缆。如果射频线缆的接头松动或同轴线缆断开,使得射频信号变得很弱,则直接影响到读取的距离 5. 检查标签的属性。金属标签一般要求安装在金属表面,这样才能充分发挥金属标签的性能。而其他标签,应尽可能远离金属表面进行安装 6. 标签性能正常老化。极少数老化严重现象,也可能导致读取距离变得非常近,需要考虑更换标签 7. 检查距离比阈值是否设置合理。标签距离读写器天线越近,则标签强度越大。如果用户给读写器设置了一个较高的距离比阈值,则标签强度低于这个阈值时将无法被读取到。表现在距离上,即超过某个距离,标签强度将低于这个阈值,将被读写器底层软件过滤掉

4.6.7 网络典型故障分析与排查

网络故障可分为:物理故障、逻辑故障和人为故障。

1. 物理故障

物理故障可分为线路故障和硬件故障。

（1）线路故障

线路故障是因为设备之间的连接缆线、接口等发生了故障而造成网络连接失败。

（2）硬件故障

硬件故障是因为设备的物理接口发生问题,例如网卡、交换机端口、路由器端口等发生故障。

教学课件
网络典型故障与排查

微视频
网络典型故障与排查

2. 逻辑故障

逻辑故障可分为规划故障和协议故障。

（1）规划故障

规划故障是由于对协议理解失误,造成规划出错而引起的故障,例如 IP 地址冲突、VLAN 协议故障、STP 故障、路由协议故障等。

（2）协议故障

协议故障是指在网络通信过程中,有大量不同厂家的产品进行对接,因为协议的不同而造成网络互联的失败,需要进行协议参数的调整来解决故障。

3. 人为故障

人为故障可分为操作故障和配置故障。

（1）操作故障

操作故障是由于操作失误造成硬件损坏而引起的故障,如端口被烧、防静电措施不利、未接地等。

（2）配置故障

配置故障是指在实施项目过程中,因为人为配置失误而造成的网络故障。

4. 故障排查流程

故障排查的流程主要包括收集信息、分析资料消除可能的原因、提出和检验假设。需要不断地收集信息,不断地进行假设,并进行验证,直到最终解决问题。

（1）收集信息

根据故障的发生情况,确定收集信息的范围和内容。收集信息可能需要通过做多种测试才能完成。准确有效的信息收集是解决问题的关键。

（2）分析资料

在对所有收集的信息进行分析后,结合各种专业知识进行故障定位。

（3）消除可能的原因

完成分析资料后,通过对信息的收集和故障现象的分析,排除部分问题,进一步确定故障发生的范围。

（4）提出假设

完成信息收集和原因分析后,一个或更多的潜在问题的原因依然存在。对这些问题的原因,需要对每个可能的原因都进行评估,选择最有可能的原因,并对此提出假设,进一步进行解决。

（5）检验假设

必须对假设进行检验,以证实是否是这个原因造成的故障。最简单的方法是实施提出的假设解决方案,并验证是否解决了问题。如果此方法没有解决问题,那么假设失效,需要继续收集更多的信息并进行分析。

5. 典型故障排查案例

（1）指示灯不亮

网络设备所有指示灯不亮:

① 检查电源是否供电。

② 检查电压是否正常。

个别端口指示灯不亮:

① 检查网线是否完好且连接正确。

② 检查对端设备工作是否正常。

（2）指示灯亮而不闪烁

网络设备所连端口指示灯亮,但是没有闪烁现象,说明线路中没有通信行为发生。

① 检查线路:通过仪器测试线路是否正常,对不合格网线进行更换。

② 检查对端设备:如果是计算机等终端设备,则检查其 IP 地址等网络参数配置是否正确;如果是交换机和其他物联网设备,则检查设备的正常状态和配置情况。

③ 检查本设备:检查网络设备温湿度,是否宕机;检查设备配置是否正确,是否限流。

（3）指示灯频繁闪烁

网络设备所连端口指示灯频繁闪烁,且不能正常通信,说明线路中网络流量较大。一种原因是其他设备通信占用了大量带宽,另一种原因是网络出现了环路或设备故障。

①检查线路:排除出现网络环路的可能。

②检查网络设备:确定设备配置的正确性;排除网络设备的电子故障。

【任务实施】

以寝室或家庭网络为例,当网络出现异常或者断网时,请结合对各个网络设备的测试结果,对故障进行排查定位。

要求:

用 Word 文档准确记录、分析故障。

发言阐述故障现象及解决思路,3~5 分钟。

对故障进行排查定位并解决故障。

评估标准:

评估细则	分值
故障现象记录完整、故障点无遗漏	10 分
清晰地阐述故障现象、故障原因及故障解决办法	5 分
叙述条理性强,表达清晰	5 分
整体汇报文案排版美观,Word 办公软件操作熟练	5 分
故障排查与解决	75 分

任务七　物联网工程项目验收

【任务目标】

【知识目标】

- 掌握物联网工程项目验收流程
- 掌握物联网工程项目验收报告格式与内容
- 掌握物联网工程项目竣工资料的整理与归档

【能力目标】

- 能够协助完成对物联网工程项目的验收
- 能够撰写验收报告
- 能够完成对竣工资料的整理与归档

【素养目标】

- 培养主动观察的意识
- 培养独立思考的能力
- 培养积极沟通的意识
- 培养团队合作的能力

教学课件
物联网工程项目验收流程

微视频
物联网工程项目验收流程

教学文件
无线局域网 WLAN 工程测试验收规范（汇总）

教学文件
室内覆盖系统验收细则

教学文件
光缆工程验收注意事项

教学文件
传输中心外线组验收管理规范

【任务描述】

在物联网工程项目实施过程中，当完成了设备安装调试、系统测试、故障排查等环节后，项目将进入验收阶段。工程项目验收是全面考核建设工作，检查其是否符合设计要求和工程质量的重要环节。李先生家的智能家居项目也进入验收阶段，你所在的团队经过几个月的努力，终于迎来了项目验收这一激动人心的时刻。

【知识准备】

4.7.1 物联网工程项目验收流程

物联网工程项目验收指建设工程项目竣工后，开发建设单位会同设计、施工、设备供应单位及工程质量监督部门，对该项目是否符合规划设计要求以及对建筑施工和设备安装质量进行全面检验。

竣工验收，是全面考核建设工作，检查是否符合设计要求和工程质量的重要环节，对促进建设项目及时投产，发挥投资效果，总结建设经验有重要作用。

1. 施工单位自检评定

在工程完工后，由施工单位对工程进行质量检查，确认其符合设计文件及合同要求后，填写《工程竣工验收申请表》，并应经项目经理和施工单位负责人签字。

2. 监理单位提交《工程质量评估报告》

监理单位收到《工程竣工验收申请表》后，将全面审查施工单位的验收资料，整理监理资料，并对工程进行质量评估，提交《工程质量评估报告》，该报告应经总监及监理单位负责人审核、签字。

3. 勘察、设计单位提交《质量检查报告》

勘察、设计单位对勘察、设计文件及施工过程中的设计变更通知书进行检查，并提交书面《质量检查报告》，该报告应经项目负责人及单位负责人审核、签字。

4. 监理单位组织初验

监理单位邀请建设、勘察、设计、施工等单位对工程质量进行初步检查验收，各方对存在的问题提出整改意见。施工单位整改完成后填写整改报告，监理单位检查整改情况。初验合格后，由施工单位向建设单位提交《工程验收报告》。

5. 建设单位提交验收资料

建设单位应当在工程竣工验收 7 个工作日前确定验收时间。当建设单位对竣工验收条件、初验情况及竣工验收资料核查合格后，填写《竣工项目审查表》，该表格应经建设单位负责人审核、签字。

6. 竣工验收

建设单位主持验收会议，组织验收各方对工程质量进行检查，提出整改意见。

7. 施工单位按验收意见进行整改

施工单位按照验收各方提出的整改意见及《责令整改通知书》进行整改，整改完毕后，建设、监理、设计、施工单位对《工程竣工验收整改意见处理报告》签字盖章确认。

8. 不合格再整改

对不合格工程,按验收规范的要求整改完后,需重新验收。

9. 验收备案

建设单位按有关规定进行备案。

4.7.2　验收报告的撰写

教学课件
验收报告的撰写

微视频
验收报告的撰写

竣工验收报告是指工程项目竣工之后,经过相关部门成立的专门验收机构,组织专家进行质量评估验收以后,形成的书面报告。

工程竣工验收报告是决定该工程能否备案的关键材料。

不同的工程项目对验收报告要求的内容不一样,下面将对验收报告中比较典型的内容模块进行介绍。

1. 项目基本情况

表 4-12 所示为验收报告中的第一部分内容,即项目基本情况,包含了项目的基本信息,如项目名称、合同编号、开工时间、竣工时间、验收时间等。

表 4-12　项目基本情况

项目名称	
项目合同甲方	
项目合同乙方	
项目合同编号	
项目开工时间	
项目竣工时间	
项目验收日期	

2. 项目实施进度情况

表 4-13 所示为项目实施进度情况,主要包含了项目实施进展中不同阶段的起止时间、交付物等信息。项目实施进度情况需要在验收报告中有所体现,反映了整个项目的实施进展情况。

表 4-13　项目实施进度情况

序号	阶段名称	起止时间	交付物列表	备注
1				
2				
3				
4				
5				
6				

3. 项目验收计划

项目验收计划主要包括三部分内容:项目验收原则、项目验收方式和项目验收内容。

（1）项目验收原则

表明了在项目验收过程中需要遵守的具体要求。例如,需要审查提交验收的各类文档的正确性、完整性和统一性以及审查文档是否齐全、合理;审查项目功能是否达到了合同规定的要求;审查项目有关服务指标是否达到了合同的要求;审查项目投资以及实施进度的情况;对项目的技术水平做出评价,并得出项目的验收结论。

（2）项目验收方式

项目验收方式主要记录项目验收的组织方式和参与验收工作的人员情况,见表4-14。

表 4-14　项目验收方式

验收人员	所属单位	所属角色	相关职责

（3）项目验收内容

主要包括硬件设备验收、应用系统验收、项目文档验收以及项目服务响应,如售后服务等。

4. 项目验收情况汇总

项目验收情况汇总这部分内容,主要包括项目验收情况汇总以及专家组验收意见这两部分内容。

表 4-15 所示为项目验收情况汇总表。需要针对每一个验收项目,给出验收意见,即通过或者不通过,以及总体意见。如果验收未通过需给出未通过理由。项目验收情况汇总表需要项目验收组长签字。

表 4-15　项目验收情况汇总表

验收项	验收意见		备注
	通过	不通过	

总体意见:

项目验收组长（签字）

未通过理由:

项目验收组长（签字）

表 4-16 所示为专家组验收意见。在实际验收过程中,通常需要考虑专家组的验收意见。

表 4-16　专家组验收意见表

项目名称	
会议时间	
会议地点	

内容
　　验收专家组听取了现场的系统功能演示和项目的总结报告,审查了项目验收文件,经质询和讨论,形成验收意见如下:
　　1. 提供的项目验收文件齐备、翔实,符合验收条件;
　　2. 该项目符合国内软件开发标准、平台架构、软件及调试等;
　　3. 符合项目合同约定要求。
　　综上所述,验收小组一致同意通过本项目的验收。

专家签字:

专家组组长:

组　　　员:

年　　月　　日

5. 项目验收结论

在项目验收报告中,需要有项目验收的最终结论。例如,该项目符合国家现行的质量标准,同意交付使用。

4.7.3　竣工资料的整理与归档

竣工资料的整理与归档是指针对工程项目建设过程中产生的各类技术管理文档进行归档整理。它记录了工程建设活动的全过程,是施工生产建设成果的真实反映,对于加强工程质量控制,追究工程质量责任以及为日后工程维修,提供了必不可少的技术依据,是非常重要的技术档案。

1. 竣工资料收集的基本原则

竣工资料收集的基本原则,主要包含以下四个方面:及时性、真实性、准确性和完整性。

（1）及时性

资料的收集应杜绝拖沓滞后,闭门造车现象和应付突击式检查的心理。施工资料是对工程项目质量情况的真实反映,因此要求必须按照工程施工的进度及时收集施工资料。

（2）真实性

真实性是竣工资料收集的灵魂,资料必须实事求是、客观准确,不要为了"取得较高的工程质量等级"而歪曲事实。

教学课件
竣工资料的整理与归档

微视频
竣工资料的整理与归档

（3）准确性

准确性是做好竣工资料收集的核心,资料的准确性反映了工程质量的可靠性。

（4）完整性

完整性是做好竣工资料收集的基础,完整的资料是日后维修、改建、扩建的有力依据。

2. 竣工资料的内容

需要整理与归档的竣工资料很多,不同的工程项目所涉及的竣工资料也不同,下面将对几个比较典型的资料进行说明。

（1）开工报告

开工报告是在项目开工前必须完成的一项工作,只有开工报告审批通过,项目才能正式开工建设。图4-116所示为某智能家居项目的开工报告。开工报告由两部分组成。第一部分为开工申请,包括项目目前已经具备的条件以及计划的开工时间,这一部分需项目经理签字。第二部分为审批意见,如图所示该工程已具备开工条件,同意开工,这一部分需总监理工程师签字。

（2）开工协调会记录表

通常在项目开工前,会将建设方、施工方、监理等聚在一起举行开工协调

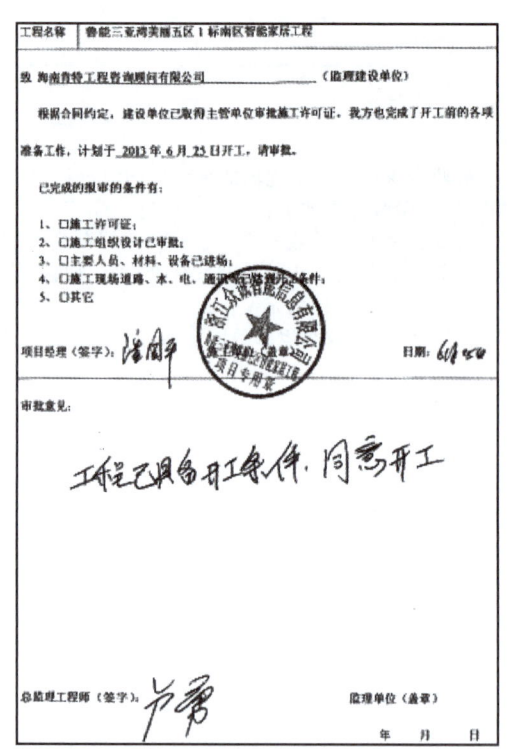

图4-116　某智能家居项目开工报告

会,为项目正式开工做好各项准备。表4-17所示为开工协调会记录表,主要记录会议时间、会议地址、与会人员,以及开工协调会讨论的主要内容。

表4-17　开工协调会记录表

会议时间	年　　月　　日		
用户参加人员			
会议地址			
公司参加人员			
内容概要			
用户代表		监理	业务
注:项目经理要在开工协调会上和用户一起制订《工程进度计划表》			

（3）网络设备安装记录表

表 4-18 所示为网络设备安装记录表，主要包括网络设备的安装情况、加电后的运行状况、设备配置过程以及安装结论。

表 4-18　网络设备安装记录表

设备简要描述			
设备名称		设备型号	
安装记录			
部件名称		安装位置	
注意事项		注意防止静电损坏设备	
操作结果		安装工程师	
加电记录			
加电后设备运行状况： 安装工程师签字：_____ __年__月__日			
设备配置记录（按实际配置调试顺序详细记录）			
配置内容			
操作目的			
注意事项			
配置步骤、输入命令、配置后设备状态： 			
单机调试结论			
设备安装结论： 客户人员签字（盖章）：_____安装工程师签字：_____ 　　　　　　　　　　　　　　　年　　月　　日			

（4）项目实施日报

表 4-19 所示为项目实施日报，主要记录了当日工作内容、工程实施中遇到的问题、问题的处理方法以及下一个工作日的工程实施计划。

表 4-19 项目实施日报

项目实施工程师		项目实施地点	
报告提交日期			
当日工作内容	上午		
	下午		
当日项目实施结果			
工程实施中遇到的问题(详细说明)			
问题的处理方法(详细说明)			
下一个工作日的工程实施计划(简要)			
客户签字确认		日期	

（5）项目初验合格报告

图 4-117 所示项目初验合格报告，主要记录项目名称、验收时间、验收单位、验收内容、工程遗留问题以及验收结论。该报告需要双方负责人签字盖章。工程项目的初验非常重要，这涉及回款问题，通常初验通过可以拿到 50%～70% 的款项。

```
一、项目名称：
二、验收时间：    年 月 日
三、验收单位：
甲方：
乙方：
四、验收内容：
具体内容参见《×××大学_____工程——工程初验方案》
五、工程遗留问题：
详细工程遗留问题参见"工程遗留问题汇总表"，这些遗留问题应不会对系统的试运行产生不良影响。
由乙方造成的遗留问题，乙方保证将在系统试运行结束之前全部解决。
六、验收结论：
×××大学_____工程项目实施已经完成并通过系统联调和初验测试工作，达到了《×××大学
_____工程——工程初验方案》的设计目标，可以进行系统试运行。
七、本初验报告经双方签字后，基于合同卖方提供的产品及集成的整体系统的试运行期将开始计时。
八、本验收报告一式两份，甲乙双方各执一份。
甲方：                          乙方：

负责人签字：_____    负责人签字：_____

签章：                          签章：

日期：                          日期：
```

图 4-117 项目初验合格报告

（6）故障处理报告

表4-20所示为故障处理报告，主要记录故障设备的基本信息、故障现象的回顾、故障处理过程以及故障处理结果。故障处理报告需要客户签字。

表 4-20　故障处理报告

故障处理工程师		项目实施工程师	
故障申报者		申报时间	
设备情况			
故障现象回顾			
故障处理			
结论			
客户签字		日期	

【任务实施】

模拟某一物联网工程项目的验收环节，分小组完成各模块验收。

要求：

班组成员以小组合作或独立工作的形式，完成项目相关内容。

评估标准：

评估细则	分值
物联网工程项目验收流程	30分
验收报告的撰写	40分
竣工资料的整理与归档	30分

参考文献

［1］ 刘修文.物联网技术应用——智能家居［M］.3 版.北京:机械工业出版社,2022.

［2］ 张梅,曹建春,张吉沅.物联网工程项目集锦［M］.北京:机械工业出版社,2018.

［3］ 黄传河.物联网工程设计与实施［M］.北京:机械工业出版社,2015.

［4］ 陈继欣,邓立,林世舒.物联网工程实施与运维(初级)［M］.北京:机械工业出版社,2021.

［5］ 北京新大陆时代科技有限公司.物联网系统部署与运维［M］.北京:机械工业出版社,2023.

［6］ 北京新大陆时代教育科技有限公司.物联网设备装调与维护［M］.北京:机械工业出版社,2023.

［7］ 北京新大陆时代教育科技有限公司.物联网工程设计与管理［M］.北京:机械工业出版社,2023.

［8］ 谢金龙,邓子云,等.物联网工程设计与实施［M］.大连:东软电子出版社,2012.

［9］ 陈天娥,等.智能楼宇弱电设备安装与调试［M］.北京:高等教育出版社,2008.

［10］ 许磊,等.传感器技术与应用［M］.北京:高等教育出版社,2014.

［11］ 吴斌,等.现代建筑智能化系统运行与维护管理手册［M］.北京:中国电力出版社,2014.

读者意见反馈

为收集对教材的意见建议,进一步完善教材编写并做好服务工作,读者可将对本教材的意见建议通过如下渠道反馈至我社。

咨询电话　400-810-0598

反馈邮箱　gjdzfwb@pub.hep.cn

通信地址　北京市朝阳区惠新东街 4 号富盛大厦 1 座
　　　　　高等教育出版社总编辑办公室

邮政编码　100029

资源服务提示

授课教师如需获得本书配套教辅资源,请登录"高等教育出版社产品信息检索系统"(http://xuanshu.hep.com.cn/)搜索下载,首次使用本系统的用户,请先进行注册并完成教师资格认证。